철종의 눈물을 씻다

강화도령 이원범의 삶과 그의 시대사

들어가는 글

역사학은 기본적으로
아무도 살아보지 못한 옛 세상을 다루는 학문입니다.
그래서 아무도 명징하게 꿸 수 없는 한계를 가집니다.
한계라기보다 특성이라고 하는 게 적절할 것 같군요.
우리가 알고 있는 역사에는 그래서 오류가 적지 않습니다.
부분이 전체인 양 이해되기도 합니다.
그게 어쩌면 당연한지도 모르겠습니다.

어떤 사실(史實)에 대한
해석이나 평가가 시대 상황 따라
변하기도 합니다.
역사는 켜켜이 먼지 앉은 과거가 아니라 변주되어 흐르는
강물입니다.

이제 조선 세도정치기의 임금, 철종을 불러냅니다.
강화도에서 귀양 살다가
어느 날 갑자기 왕이 된 그 강화도령, 이원범입니다.
지금, 상식처럼 여겨지는 철종의 형상이

실제와 어느 만큼 간극이 있을지 확인해 봅니다.
그가 살아낸 전후 시대를 요모조모 살펴보고
또 어떻게 인식해야 할지도 다시 생각합니다.

철종의 길로 함께 들어서 주신 당신, 고맙습니다.
손잡고 천천히 걸어 봅시다.
걷다가 힘들면 그냥 풀썩, 주저앉아 쉬지요.
엉덩이에 흙이 좀 묻으면 어떻습니까.
털면 되지.
앉은 김에 땅바닥에 글씨도 써보죠, 뭐. "철종"
당신은 누구십니까.

2023. 4.

강화도에서 이 경 수 올림.

프롤로그

가을이
익고 있었다.

높다란 궁궐 담장 안에도 가을이 내렸다. 하지만 그날 궐 안 공기는 가을이 아니었다. 한겨울 냉기와 한여름 열기가 뒤섞이며 팽팽한 긴장감을 뿜어내고 있었다.
1789년(정조 13) 음력 9월 26일.
지엄한 명이 떨어졌다.
"죄인을 유배지로 다시 압송하라!"

임금 정조의 명이 아니었다. 엄명을 내린 이는 왕대비 정순왕후였다. 죄인은 포도대장과 의금부 당상에게 이끌려서, 갇혀 있던 유배지 강화도로 향한다.
정조는, 몰랐다.
왕대비가 내린 명령을 몰랐고 죄인이 강화로 향한 것도 몰랐다. 임금에게 알리지 않고 벌어진 일이었다. 뒤늦게 보고를 받은 정조가 토해 낸 한 마디.
"어찌 이런 변괴가 있을 수 있는가."

박차고 일어난 정조가 창덕궁 돈화문을 나섰다. 신료들 혼비백산, 정신이 없는데 정순왕후의 연락이 당도했다. 정조에게 빨리 궁궐로 돌아오라는 당부였다. 정순왕후는 정조가 돌아올 때까지 궐 마당에 그대로 서 있겠다고 했다. 일종의 시위다.

그래도, 정조는, 간다. 신하들이 울며불며 임금 가는 길을 막아섰다. 정조가 내뱉었다.

"내 곧장 그가 간 데까지 따라가겠다. 비록 강화라도 그를 따라갈 것이다!"

죄인을 강화로 보내면 임금 자신도 죄인 따라 강화로 가겠다는 선언이다. 생각하기에 따라 임금 자리 때려치우겠다는 의미로까지 해석될 수 있는 말이었다. 결단코 죄인을 강화로 보내지 않겠다는 의지를 드러낸 것이다.

신하들이 임금 탄 가마를 잡고 절규했다.

"기어이 가시려거든 신들을 먼저 죽이고 가소서."

임금은 못 들은 척, 앞으로 나가려 한다.
그러자 터지는 신하들의 절박한 외침.

"신들은 만 번 죽임을 당할지라도, 죽기 전에는 결단코 보내드릴 수 없습니다."

정조가 못을 박는다.
"그대들이 가마를 놓지 않으면 나는 내려서 걸어갈 것이다."

그때, 왕대비 정순왕후의 연락이 또 왔다.
"주상이 계속 이러면 나는 궁궐을 떠나 사제로 물러나 살겠소."

정조가 궁을 떠나겠다고 하자, 왕대비도 궁을 떠나겠다면서 정조를 압박한 것이다.
결국, 정조는 죄인 구해 오려던 걸 포기하고 환궁한다. 죄인은 그렇게 강화도로 끌려갔다. 정조가 졌다. 할머니인 왕대비에게 져야 했다.

궁궐로 돌아오는 길.
신하들은 창덕궁 선화문까지만 임금을 따라올 수 있었다. 정조는 선화문 들어서자마자 문을 잠가 버렸다. 쾅! 아무도 들어오지 못했다.[1]

혼자였다. 바람 서늘했으나 정조는 그저 뜨거웠다. 치열했던 하루가 저물었다. 그 밤, 정조는 홀로 쓴 술 몇 잔 들이켰을지 모른다.
 죄인은 누구인가, 어떻게 유배지 강화에서 한양으로 왔는가, 정조는 왜 그리도 간절했을까, 이 사건이 철종과 도대체 무슨 관계가 있는가?

목차

들어가는 글 02
프롤로그 04

I. 사극과 역사

강화도령 15
임금님의 첫사랑 19
팩션의 그늘 24
진짜예요? 27
"지워라, 없애라" 31

II. 그때 그 시대

안동김문의 등장 40
세도정치 44
비변사 50
대동강아, 대동강아 53
원범이 선택된 이유 57
수렴청정 63
대왕대비, 왕대비, 대비 68

III. 강화, 그 질긴 인연

홍국영에서 비롯된 고난 75
은언군, 강화도에 유배되다 79
해후 87

강화도에 나타난 정조?   94
화려한 날은 가고   97
미안하다 아우야   101
끝이 끝이 아니다   107
비로소 눈부신 세상   112
원범이 유배된 까닭   116
교동 거쳐 강화로   121

Ⅳ. 나는 조선의 군주다

"광의 셋째 아들이다!"   129
즉위하러 가는 길   132
'원범'에서 '변'으로   139
어진을 보니   142
무지개가 떴다   147
나무꾼이었나, 농사꾼이었나   152
아니 땐 굴뚝에 연기나랴   159
강화에 베풀다   165
학문은 어느만큼?   170
날 괴롭힌 너를   180
난 늘 술이야 맨날 술이야?   184
전계대원군, 회평군   189
정통성 때문에   194
묘호 이야기   202

Ⅴ. 내 사람이여

과거 제도   213
이시원을 부르다   217
인재를 찾아   222
청렴하면 괴짜   227

외로운 싸움	231
예송 논쟁	238
진종을 조천하다	243
불러도 불러도	250

VI. 노심초사

손발이 묶여도	257
또 꺾인 꽃 한 송이	262
이하전을 생각한다	267
염종수 사건	275
돌도 아프다	282
염보길은 누구인가	288
즉위년과 원년	292

VII. 백성을 살려야 한다

호미 대신 죽창	300
삼정이정청	307
내 탓이다	314
대사간을 유배하다	321
오로지 백성	324
"씹어라, 삼켜라"	327
어사라는 사람들	332
백낙신	338
무정한 하늘	344
상위복!	349
철인왕후도 떠나고	359

Ⅷ. 철종의 자취

용흥궁	367
김상용 순의비	378
쉬는 시간입니다	382
강화나들길	389
철종외가	396
철종왕릉, 예릉	402

발문	412
도움받은 자료	416
미주	421

I. 사극과 역사

강화도령

임금님의 첫사랑

팩션의 그늘

진짜예요?

"지워라, 없애라"

영화 '강화도령' 광고 [출처: 마산일보, 1963.06.07.]

강화도령

첫 직장이 경남 마산, 무학산 기슭에 안긴 한 고등학교였다. 남한 땅 북쪽 끝 강화도에서 남쪽 끝 마산으로 갔다. 그렇게 나는 역사 교사가 되었다. 교실 창가에서 바다가 훤히 내려다보였다. 돝섬 옆으로 커다란 배가 흐르며 부웅! 고동을 울릴 때면 가슴도 덩달아 울렸다.

부임하자마자 별명이 생겼다. 선생님들이 내 고향이 강화도인 걸 알고는 '강화도령'이라고 불렀다. 처음에는 어색했는데 자꾸 불리면서 익숙해졌다. 강화도령이라는 단어가 참 널리 퍼져있구나, 그때 알았다.

'강화도령'은 철종 이원범을 가리키는 호칭으로 쓰인다. 철종이라는 딱딱한 묘호보다 강화도령이 훨씬 친근하고 정겹다. 그러면 철종은 언제부터 강화도령으로 불리게 된 것일까.

철종은 한양에서 태어나 자랐다. 14살에 강화에 유배됐고 19살에 임금이 되어 한양으로 돌아갔다. 강화에서 5년 동안 살았다.

'강화도령'을 철종이 강화에서 귀양 살 때 생긴 별명으로 생각하기 쉽지만, 그때는 강화도령으로 불리지 않았을 것이다. 강화 사람들이 굳이 강화라는 말을 붙여서, 원범을 강화도령이라 부를 이유가 없다. 도령으로 불려야 한다면, 한양에서 왔으니, '한양도령'이라 하면 되는 것이다.

'강화도령'은 강화 섬 바깥에서 생긴 호칭일 것이고 그렇다면, 원범이 강화를 떠나 즉위하게 되는 그 무렵에 생겨난 호칭으로 보는 게 타당하다.

일제강점기인 1928년, 한 신문에 '강화도련님'이라는 표현이 보인다. 물론 철종을 가리킨다. 처음에는 '강화도련님'이나 '강화도령님'으로 호칭하다가 '강화도령'으로 굳어졌을 것이다. '강화도령님'은 윤효정이 동아일보에 연재하던 '한말 비사—최후 육십 년 유사'(1931)에 등장한다.

철종 재위 9년 때 태어난 윤효정(1858~1939)은 독립협회, 대한자강회, 대한협회 등에서 중추로 활동하며 일제에 맞섰던 독립운동가이다. 그는, 도성인민(都城人民)들이 그러니까 한양 사람들이 새 임금을 '강화도령님'으로 불렀다고 썼다. 장가가기 전이라서 그렇게 불렀다고 했다.

철종이 강화도에서 한양으로 즉위하러 갈 때 수많은 사람이 곳곳에서 몰려나와 구경했다. 한양에도 많은 인파가 몰렸다. 평생에 한 번 보기 힘든 장면이니 사람들이 모이는 건 당연했다.

새 임금이 즉위하는 것만도 백성들에게 일대 사건이요, 큰 뉴스인데 하물며 새 임금이 강화에서 온다니! 임금은 궁궐에서 태어나 자라 거기서 왕이 되는 법인데, 그게 아니라 외지에서 모셔온다니! 사람들은 원범의 집안 내력보다는 우선, 강화에서 온다는 자체가 신기했을 것이다.

한양 사람들이 나누는 대화를 가정해 본다.

"세상에! 강화에서 모셔 온다네."

"몇 살쯤 되셨으려나."

"열아홉이라지 아마. 아직 총각이시라는 것 같던데."

"도령님일세, 강화도령님!"

1963년 초, 라디오 연속극 하나가 크게 인기를 끌게 된다. 이서구(1899~1982)가 극본을 쓴 '강화도령'이다. 총 30회가 나갔는데 어느 신문이 연속극의 인기를 보도했다.

> 손으로 못 꼽을 만큼 많은 연속 드라마가 발사되어 그 줄거리마저 기억할 수가 없는 요즈음이지만 KA의 연속극 '강화도련님'(이서구 작·연출)만은 장안의 화제를 모으고 있다.
> 옛날에 나간 장희빈이래 처음 입는 집중은 이 작품에 특출한 소재가 있다기보다는 대중의 구미에 알맞게 얘기를 꾸민 데 있다고 보는데 어수룩한 청취자를 다루는 작자의 솜씨가 보통이 아니다. 어쨌든 이 드라마는 많은 청취자를 끌었으니 '고무신' 관객을 동원할 영화로 만들어질 것은 틀림없을 것 같다.[2]

라디오 연속극 제목 '강화도령'은 '강화도련님'으로도 보도되었다. 기자가 좀 냉소적인 시각으로 기사를 썼다. '고무신 관객'은 지금 말로 '호갱' 정도의 의미인 것 같다. 아무튼, 기자의 예상대로 영화 '강화도령'(1963)이 섬뻑 제작된다.

신상옥 감독에 신영균, 최은희 주연이다. '무식한 섬놈' 출신 임금임을 강조하려는 듯 영화는 철종의 궁궐 생활을, 어리바리한 왕의 좌충우돌로 묘사했다. 당시 어느 기자는 영화가 재밌다고 평하면서도 "코메디 과잉으로 때로는 만화를 보는 느낌"³이라고 지적했다. 하여간 영화는 대흥행!

물 들어올 때 노 젓는다고 영화 '강화도령'의 속편, '철종과 복녀'(1963)까지 나온다. 1963년은 가히 '강화도령'의 해였다. 아마도 이 무렵부터 대중에게 강, 화, 도, 령, 네 글자가 또렷하게 기억되기 시작했을 것이다.

그런데 강화도령이라는 호칭이 정겨움과 친근함의 상징으로만 쓰이지는 않는다. 한편에서는 철종에 대한 부정적 인식을 응축한 상징어처럼 쓴다. 조롱과 비아냥의 의도를 내포한 호칭으로도 활용된다. '강화도령'은 종종 작금의 정치판으로도 불려간다.

김영삼의 민주당이 여당인 민정당 등과 합당하여 민자당이 되었다. 1992년에 김영삼은 민자당 대통령 후보로 나서서 당선된다. 그런데 대통령 선거 얼마 전 민자당의 옛 민정당 쪽 인사들이 김영삼을 '강화도령'이라고 칭했다.⁴ 2008년, 노무현 대통령이 퇴임한 뒤에는 한 정치인이 이런 말을 했다. "그를(노무현을) 우리가 강화도령으로 앉혀놓은 것이나 다름없다."⁵

툭!

뭔가 생각할 거리를 툭 던져 준다. '강화도령'이.

임금님의 첫사랑

　라디오 연속극과 영화의 인기에 힘입어, 드디어 원범을 주인공으로 하는 TV 드라마가 등장하게 된다.

　1975년부터 1976년까지 TBC(지금 KBS2)에서 방영된 사극, '임금님의 첫사랑'이다. 신봉승(1933~2016)이 극을 썼다.

　'임금님의 첫사랑'이라는 제목이 이때 처음 나온 것은 아니다. 1967년에 개봉한 영화 '임금님의 첫사랑'이 있었다. 그런데 신성일과 문희가 주연한 이 영화는 강화도 원범이의 이야기가 아니다.

　TV 사극 '임금님의 첫사랑' 줄거리는 대략 이러하다.

　원범(김세윤 분)이 강화에서 살 때 양순이(김미영 분)와 사랑하게 된다. 첫사랑이다. 풋풋하고 눈부신 나날이다(라디오 연속극 '강화도령'에서는 원범의 여인 이름이 '봉이'였고, 영화 '강화도령'에서는 '복녀'였다).

　그런데 원범이 급작스럽게 임금이 되고 만다. 원범은 강화에 두고 온 양순이를 궁궐로 불러올리려 했으나 하지 못했다. 그저 그리워만

I. 사극과 역사　19

TV 드라마 '임금님의 첫사랑' 주인공
원범 역 김세윤, 양순이 역 김미영이다. 사진은 블로그 '꿈속의나비'에서 빌려왔다.

했다. 중전의 도움으로 양순이가 잠시 궐에 들었으나 정말 잠시였다. 서로 지독하게 원했지만 지독하게도 둘은 만날 수 없었다. 결국, 양순은 머리를 깎고 스님이 된다. 원범은 양순이를 부르다, 부르다, 숨을 거둔다.

방영 당시 중앙일보가 이 드라마를 소개했다.

> TBC-TV의 일일연속극 『임금님의 첫사랑』(하오 9시 35분)이 35회 만에 강화도에서 현지 「로케」를 했다. 이 「드라마」가 시작되자 현지 주민들은 많은 편지를 보내 주인공 김미영 양 등에게 고증을 알려주며 현지 「로케」를 와달라고 부탁했었다. 「드라마」가 강화도령이 마침내 혜종(-헌종의 착오)의 뒤를 이어 철종이 되어 궁중 생활이 시작됨에 따라 현지 「로케」를 하게 된 것. 김세윤·김미영·이순재 등 출연진과 「스탭」진은 주민들의 열렬한 환대를 받기도.[6]

'임금님의 첫사랑'은 말 그대로 장안의 화제였다. 전남 백양사에서 보내준 삭도(머리 깎는 칼)로 서울 봉원사에서 삭발의식을 치른 양순이 역 김미영, 여배우 최초의 삭발이라 당시 커다란 관심을 끌었다. 양순이 어머니 역의 사미자는 강화 사투리를 능수능란하게 구사해서 또한 화제였다. "저 아주머이, 뭐이꺄?" 강화 사람들도 놀랐다.

주제가 가사는 이렇다.

강화섬 꽃바람이 물결에 실려 오면
머리 위에 구름이고 맨발로 달려 나와
두 마리 사슴처럼 뛰고 안고 놀았는데
갑고지 나루터에 돛단배 떠나던 날
노을에 타버리는데 임금님의 첫사랑

어려서 같이 놀던 그리운 강화섬에
흐르는 세월 따라 꽃은 피고 지는데
보고픈 그리운 님 언제나 오시려나
갑고지 나루터에 빈 배만 돌아오네
어디로 가시려나 임금님의 첫사랑

1900년대 초 갑곶나루 [출처: 인천시립박물관]

'갑고지 나루터'의 갑고지는 강화 동쪽 해안, 뭍에서 강화로 들어가는 관문 격인 갑곶(甲串)을 말한다. 흔히들 갑고지, 갑구지(가꾸지)라고 불렀다. 지금 강화대교 아래에 갑곶나루가 있었다. 원범이 임금 되어 갈 때도 갑곶나루를 통해 한양으로 향했다.

팩션의 그늘

팩트(fact)와 픽션(fiction)을 섞은 팩션(Faction)의 파급력이 상당하다. 다큐멘터리와 드라마를 혼합했다는 팩추얼(factual) 사극 역시 넓게 보아 팩션의 영역에 포함된다고 할 수 있다.

역사학에서 '상상'은 제한적으로 신중하게 활용되지만, 팩션에서는 자유롭다. 그래서 사람 냄새를 더 리얼하게 담을 수 있다. 기록된 역사가 모두 진실일 수는 없다. 오히려 팩션을 통해 진실에 더 다가갈 수도 있다. 사극은 기본적으로 팩션의 영역이다. 팩션이라는 단어가 널리 쓰이기 전에 제작된 오래전 사극들도 팩션의 범주에 든다. 팩션을 통해 역사는 촉촉해지고 대중화된다.

초·중·고 10여 년 영어를 배웠어도 외국인 앞에서 입이 제대로 열리지 않듯, 학교에서 십여 년 배우고 또 배운 한국사가 영 가물가물하다. 그렇게 된 이유 가운데 하나가, 앞 시대 사람들을 살피고 생각하는 한국사가 아니라, 시험 문제 풀기 위한 한국사를 배웠기 때문이다. 문제 속에는 옛사람의 눈빛도 음성도 냄새도 없다. 사극에는 그게 있다.

하지만!

시청자들이 허구를 사실로 믿게 하는 부작용이 문제다.

라디오 연속극, 영화, TV 연속극을 통해 철종의 강화 유배 생활 장면 장면이 사람들 기억 속에 들어와 자리잡았다. 이를테면, 원범이는 강화에서 농사꾼으로 살았다, 글도 모르는 무지렁이였다, 양순이와 사랑을 나눴다, 한양에서 모시러 왔을 때 자신을 죽이러 오는 줄 알고 도망갔다, 살려 달라고 애원했다, 즉위해서도 양순이만 그리워하다가 자식 하나 낳지 못하고 죽었다, 그래서 흥선대원군의 아들이 고종으로 즉위하게 된다, 이런 기억들.

그런데 이렇게 기억된 철종의 모습은, 이제 살펴볼 테지만, 사실이 아니거나 너무 과장됐다. 그럼에도 역사적 사실로 수용되고 재인용되어왔다. 자연스럽게 다음과 같은 결론에 도달했다.

"철종은 주색에 빠져 살았던, 정치에 무관심하고 무능력했던 임금이다. 무식한데다가 안동김씨 권세에 눌려 기를 펴지 못했으니, 술이나 마시고 여인이나 안으며 소일할 수밖에…."

2010년, 신봉승 작가가 한 신문과 인터뷰했다. 기자는 신봉승이 쓴 '임금님의 첫사랑'을 물었다. 그랬더니 신봉승의 첫마디가 "창피하다."였다. "그때만 해도 역사의 행간을 읽는 능력도 별로 없었고 특히 정치랄까 권력의 이면에 주목하지 못했다. '국가적 맥락'의 중요성도 몰랐다."고 했다. 철종이 강화도에 두고 온 연인을 데려와야 하느냐 말아야 하느냐, 이런 문제에만 초점을 맞추고 말았다며 아쉬워했다.

그리고 덧붙였다. "어느 임금이건 허수아비에 만족하는 임금은 없었다. 일단 임금이 되고 나면 독자적인 권력을 가지려 모든 노력을 다한다. 실패했을 뿐이지. 그런데 '임금님의 첫사랑'에서는 철종을 그저 주어진 운명에 만족하는 임금으로 묘사했다."[7]

어느 칼럼은 이렇게 썼다.

"옛날이나 지금이나 사람들은 철종이 어리석었다고 믿고 싶은 것 같다. 나라가 기운 책임을 개인한테 떠넘기고 싶어서 그럴 것이다. 드라마를 통해 어수룩한 이미지가 널리 퍼졌다. 실상은 그렇지도 않았나 보다."[8]

그러하다. 철종은 그렇지 않았다.

진짜예요?

작가가 사극을 쓰려면 상상력만으로는 안 된다. 해당 시대에 대한 자료를 모으고 연구해야 극본이 나온다. 현장 답사도 필요하다. '강화도령'이나 '임금님의 첫사랑' 작가도 우선 역사 공부부터 했을 것이다. 기존의 역사 지식에 공부를 더해서 원범의 강화도 시절을 구상했을 것이다. 그런데 작가들의 철종 관련 지식이나 새롭게 학습한 내용 대개가 사실에서 벗어난 왜곡된 기억이었다.

왜곡된 기억의 시작은 《근세조선정감》으로 보아야 할 것 같다. 1886년(고종 23)에 박제형이 쓴 《근세조선정감》에 강화의 원범이 "총각으로 마을에 살며 매우 가난하여 몸소 농사를 짓고 신을 삼고 있었다."[9]라고 나온다.

이 책은 역사서라고 하기에는 너무 허술하다. 각종 오류도 만만치 않다. 그런데 이후 출간되는 역사책들이 《근세조선정감》의 내용을 거의 그대로 끌어다 쓰면서 오류가 반복되고 또 확산하는 결과를 초래했다.

I. 사극과 역사

유인식은 《대동사》(1920)에 "철종은 섬에서 생장하여 자질이 어리석고 무식하였다. 급기야 하루아침에 왕위에 올라서는 아무것도 하지 않고 외척의 명이나 들으면서 한 일이 없었"다고 평했다.

김택영(1850~1927)은 《한사경》에서 철종이 여러 해 여자에 빠져 지내는 바람에 몸이 허약해져서 앓다가 사망했다고 했다.[10] 사망 원인이 지나친 정력 소모? 잘못된 진단일 것이다.

이러한 책들의 영향인 것 같은데, 1928년 9월 30일 자 조선일보에 "안동김씨 일파가 짚신 삼고 나무하다가 '임금이 됩시사' 하니까 너무도 놀랍고 무서워서 엉엉 울며 싫다던 강화도련님…"이라는 표현이 보인다.

한편, 다보하시 기요시라는 일본인 학자는 《근대일선관계의 연구》(1940)에 이렇게 적었다.

> 원범은 당시 19세였고, 유배 중이었기 때문에 매우 궁핍해서 직접 밭을 갈아 간신히 호구할 정도였다. 따라서 아직 관례도 행하지 않았고 문자도 알지 못했다. 당연히 자신이 국왕으로 봉영(奉迎)되리라고는 꿈에도 상상하지 못했으니,… 왕은 그 성품이 암약(闇弱, 어리석고 미련함)해서 정무를 직접 다스릴 능력이 없었다. 왕은 일체의 정무를 척신에게 맡기고 자신은 주색에 빠져들었다.[11]

철종에 대한 '종합판'이요, '완성판'이다. 다보하시 기요시의 이 기록은 광복 이후 편찬된 국내 역사서에 거의 그대로 수용된다.

최양업(1821~1861) 신부의 글도 검토할 필요가 있다. 그가 1851년 (철종 2)에 르그레즈와 신부에게 보낸 편지 중에 이런 내용이 있다.

> 현재 조선 왕국을 통치하고 있는 임금님은 왕족 출신이기는 하지만 매우 불명예스러운 가문에서 태어난 열아홉 살 된 청년입니다.…현재 임금님은 사냥꾼으로 불리었고 자기 친척 집에서 종노릇을 하였습니다. 장날이 되면 값싼 일꾼 노릇을 하였고 인정머리가 털끝만큼도 없는 주인에게서 거의 매일 채찍을 맞았습니다.[12]

최양업의 글은 일단, 신뢰할 만한 여건을 갖췄다. 그는 성직자이고 더구나 철종 재위 당시의 인물이다. 하지만, 아무리 곱씹어 봐도, 현실성이 너무 떨어진다. 채찍 맞는 종이라니! 어디선가 들은 풍문을 편지에 쓴 것으로 보인다. 아마도, 강화에서 죄인으로 살다 하루아침에 임금이 된, 신분이 극에서 극으로 바뀐 원범에 대한, 갖가지 추정과 소문이 저자에 떠돌았던 것 같다.

그런데 박제형, 유인식, 김택영, 다보하시 기요시, 그 누구도 자기 글의 전거를 밝히지 않았다. 어느 글에 나오는 것인지, 어디서 들은 이야기인지, 출처를 제대로 말하지 않았다.

이들의 기록이 사실 여부 검증 없이, 진실과 거리가 먼데도, 그대로 후대로 전해지고 섞이고 보태져서 철종의 이미지로 굳어진 것 같다. 이렇게 전파된 철종의 형상이 '강화도령', '임금님의 첫사랑' 등 영화와 드라마에 자연스럽게 반영되었다. 그래서 우리네 인식에 철종은 농사꾼이었다는 이야기가 확고한 사실로 자리 잡게 되었을 것이다.

    여기쯤에서, 철종의 첫사랑부터 빼앗아야겠다. '강화도령' 작가 이서구는 원범이와 봉이의 사랑 이야기가 사실이 아니며 자신의 순수 창작이라고 거듭 밝혔다고 한다. 아마 작가에게 "진짜예요?" 묻는 사람들이 많았던 모양이다. 마찬가지로 영화 속 복녀와 TV 연속극의 양순이도 실존 인물로 보기 어렵다. 작가가 원범의 러브스토리를 만들어가면서 '창조' 해낸 가공의 인물일 것이다.

"지워라, 없애라"

《철종실록》 1849년(철종 즉위년) 9월 12일 기록에 이런 내용이 있다.

> 대왕대비가 은언군 집안에 관련된 일이 기록된 전후의 문서를 모조리 세초(洗草)하라고 명하였다.

세초의 '세'는 세수하다, 할 때의 세(洗), 씻는다는 뜻이다. '초'는 실록의 초벌 원고 정도의 의미로 쓰였다. 실록이 완성되면 초고를 흐르는 물에 씻어 글씨를 지웠는데, 이를 세초라고 한다. 누가 보지 못하게 하는 것이다. 종이는 재활용한다.

대왕대비가 철종의 할아버지인 은언군 집안 관련 기록을 모두 세초하라고 했는데, 여기서 '세초'는 본디 의미가 아니라, 그냥 없애버린다는 뜻으로 쓰였다. 왜, 없애라고 명했을까.

이론상 역적 집안이다. 철종도, 철종 아버지 이광도, 철종 할아버지 은언군 이인도 모두 역모와 연관돼서 강화에 유배됐었다. 이런저런 기록들이 임금 철종에게 불리하게 작용할 것으로 보고 삭제하라고 지시한 것이다.

안동김문 역시 은언군 집안을 핍박했던 주요 세력이다. 관련 기록을 없애버리는 것이 대왕대비 순원왕후를 비롯한 안동김씨들이 조정을 장악하는 데도 유리하게 작용할 것이다. 대왕대비의 아버지인 김조순은, 더럽고 흉한 것을 없애 종사(宗社)를 안정시켜야 한다며 은언군 이인을 사형에 처하라고 주장했었다.[13]

대왕대비의 명에 따라 각종 역사서와 공문서 등에서 해당 기록이 사라졌다. 실록만 건드리지 못했다. 글자를 칼로 긁어내기도 하고 해당 페이지를 통째로 잘라내 없애기도 했다. 참으로 무지하고 건방지고 야만적인 짓이었다. 영조도 사도세자 죽음과 관련된 기록을 없애게 했고 사관이 쓰지도 못하게 했었다. 하지만 철종 대의 '세초'에 비하면 아무것도 아니다.

《철종실록》에 따르면, 대왕대비가 세초 명령을 내린 때가 1849년(철종 즉위년) 9월 12일이다. 철종이 즉위한 날이 6월 9일이니, 즉위하고 3개월 지나서 명을 내린 것이다. 그런데 이때가 처음이 아니다. 이미 7월 12일에 대왕대비가 세초를 지시했었다. 《승정원일기》에 그렇게 나온다. 삭제해야 할 해당 시기는 '영조 신묘년(1771) 이후 70여 년'[14]으로 잡았다. 1771년(영조 47) 신묘년은 은언군(당시 18세)이 제주도로 귀양 간 해이다.

삭제 작업이 지지부진했다. 당연했다. 누가 열심히 하겠는가. 역사를 지우는 작업이다. 손 떨리고 가슴 떨리는 일이다. 절대 떳떳할 수 없다.

세검정 [출처: 국립중앙박물관]
일제강점기에 촬영된 서울 종로 세검정이다. 실록 기초 자료에 대한 세초가 행해지던 곳이라고 한다.

그러자 영의정 정원용이 대왕대비에게 건의했다. 승지 4명과 주서 2명을 뽑아 작업할 장소를 따로 마련해 주고 이 일을 전담하게 하자.[15] 그렇게 하게 됐다. 정원용은 또 전국 각 관아에 통지해서 은언군과 관련된 기록이 있으면 모두 없애게 하자고도 했다. 대왕대비가 따랐다.

한편 실무를 맡은 이들은 계속 힘들어했다. '이건 지워야 하나, 놔둬야 하나.', '어디서부터 어디까지 지워야 하지?', '여길 없애면 앞뒤 문장이 전혀 연결이 안 되는데.' 머리를 싸맨다.

어느새 11월이 되었다. 도승지 서염순이 아뢴다.

"《승정원일기》 가운데 세초할 곳에 모두 쪽지를 붙여 표시했고 상소문 등은 잘라냈는데 임금께서 내리신 글들은 마음대로 할 수가 없어 여쭙니다. 어떻게 할까요?" 대왕대비는 영의정 정원용, 판중추부사 권돈인, 좌의정 김도희 등의 의견을 듣는다.[16] 참 피차 고단하다.

1851년(철종 2). 삭제의 칼끝이 《승정원일기》에 이어 《일성록》 그리고 《국조보감》까지 왔다. 대왕대비가 명했고 철종이 동조하고 정원용이 총대를 멘 역사 죽이기 사건이다. 대왕대비, 철종, 정원용, 모두가 죄인이다.

여기서 끝이 아니었다. 1854년(철종 5)에 영의정 김좌근은 민간의 문서와 책에 실린 은언군과 그 후손에 관련된 기록들도 없애게 하자고 말했다. 철종은 그리하라고 했다.[17] 이러한 뒤숭숭한 분위기 속에서 철종에 관한 이상한 소문이 더 확산했을 것 같다.

아무튼, 이렇게 많은 기록이 사라져서 철종 집안 내력이나 유배와 관련된 내용이 거의 전해지지 않는 것이다. 그러다 보니 철종의 강화도

생활을 말한 다보하시 기요시 등의 부실한 기록들이 마치 귀한 역사인 양 대접받게 되고, 그런저런 철종 관련 추정이 사실로 둔갑하는 상황이 되어 버렸다.

II. 그때 그 시대

안동김문의 등장

세도정치

비변사

대동강아, 대동강아

원범이 선택된 이유

수렴청정

대왕대비, 왕대비, 대비

창덕궁 인정문
순조가 이곳에서 즉위했다. 철종도 역시 이 문에서 즉위식을 치렀다.

안동김문의 등장

1800년(정조 24) 2월 26일, 세자빈 간택이 시작되었다. 삼간택 후에 최종 세자빈이 결정된다. 정조는 행호군 김조순, 진사 서기수, 유학 박종만, 유학 신집, 통덕랑 윤수만의 딸을 뽑아 두 번째 간택에 들게 했다.

그러나 이미 게임 끝!

정조는 첫 간택에서 세자빈으로 김조순(1765~1832)의 딸을 결정했다. 처음에는 김조순 가문에 별 마음을 두지 않았는데 막상 그 딸을 보니 "얼굴에는 복이 가득하고 행동거지도 타고나 궁중 사람들 모두가 관심이 쏠렸으며 자전과 자궁도 한 번 보시고는 첫눈에 좋아하셨다." 하며 흡족해했다.

정조는 "두 번째 세 번째 간택을 한다지만, 그것은 겉으로 갖추는 형식일 뿐이다. 나라에서 하는 일은 형식도 고려하지 않을 수 없다." 하면서 김조순에겐 글을 내려 말했다. "경은 이제 나라의 원구(元舅, 여기서는 세자의 장인을 의미)로서 처지가 전과는 달라졌으니 앞으로 더욱 자중해야 할 것이다."[18]

　세자빈으로 김조순 딸이 결정됐음을 사실상 공식화한 것이다. 김조순이 시파 쪽 인물이기에 가능한 일이었을 것이다. 초간택에서 내려진 결정, 그만큼 김조순 딸이 며느릿감으로 맘에 들었다는 것인데, 한편으론 왜 그런지 정조답지 않은 성급함도 읽힌다.

　1800년(정조 24) 윤4월 9일. 재간택을 했다. 당연히 형식적인 절차였다. 6월 28일에는 정조가 김조순을 좌부승지로 삼았다. 세자의 장인 될 사람을 가까이 두려고 승지에 임명한 것이다. 그런데, 하필이면 그날, 김조순을 승지로 삼은 날, 정조가, 세상을 떠나고 말았다. 세자빈 마지막 간택, 그러니까 삼간택을 하지 못한 상태에서, 겨우 11살 세자를 남겨두고, 하늘로 갔다.

　며칠 뒤, 7월 4일에 세자가 창덕궁 인정문에서 즉위하니 그가 순조이다. 즉위하고 두 해 지난 1802년(순조 2) 9월 6일, 정조의 승하로 연기됐던 최종 세자빈 간택이 열렸다. 아니, 세자빈 간택이 자연스럽게 왕비 간택으로 바뀌었다.

　삼간택까지 마무리되지 않은 걸 빌미로 김조순 딸을 낙마시키려는 이들의 시도가 있었으나 대왕대비 정순왕후는 김조순의 딸로 확정했다. 선왕 정조의 유지를 따른 것이다. 대왕대비는 김조순을 영돈녕부사로 삼고 영안부원군에 봉했다. 그리고 10월에, 순조와 김조순 딸의 혼례를 올려주었다. 안동김씨 김조순의 딸이 왕비가 된 것이다. 그녀가 바로 순원왕후이다. 이렇게 안동김씨 세도의 첫 단추가 끼워졌다.

　1800년(정조 24) 그때, 창경궁 집복헌(集福軒)에서 세자빈 초간택을 마친 정조가 편전으로 국복(國卜) 김해담과 이동진을 들게 했었다. 국복은 나라에서 인정하는 점술가 정도의 의미인 것 같다. 정조가 김해담 등에게 간택 후보자들의 사주를 물었다. 그녀들은 기유생(1789년생, 당시 12세) 아니면 경술생(1790년생, 당시 11세)이었다.

이들 가운데 월등하게 좋은 사주는 '기유년 5월 15일 유시'였다. 김해담이 "대길(大吉) 대귀(大貴)의 격입니다. 이 사주를 가지고 이러한 지위에 있게 되면 장수와 부귀를 겸하고 복록도 끝이 없으며 백자천손(百子千孫)을 둘 사주여서 다시 더 평할 것이 없습니다." 이렇게 고했다.

정조가 궁합은 어떠냐고 물었다. 김해담은 궁합 역시 아주 좋다고 했다. 이동진도 한마디 했다. "신의 생각도 김해담과 같습니다." 나머지 간택 후보자들의 사주는, "평범합니다.", "무난합니다." "대체로 좋습니다." 그냥 그렇다고 했다.[19] '기유년 5월 15일 유시' 바로 김조순 딸의 사주였다. 김해담의 사주풀이는 맞았나? 많은 자손을 둔다는 말을 빼면, 나머지는 맞춘 셈이다. 단, 왕실이 아니라 안동김씨 집안에 말이다.

대왕대비가 김조순을 영돈녕부사로 삼고 영안부원군에 봉했다고 했다. 영돈녕부사? 영원부원군? 권돈인은 판중추부사라고 했다. 앞으로 영중추부사도 언급된다. 이런 직책에 관해서 잠깐 살펴보고 가자.

우선 시임대신(時任大臣)과 원임대신(原任大臣)이라는 말부터 확인할 필요가 있다. 시임대신은 현직 대신이다. 원임대신은 전직 대신이다. 대신의 범위가 명확하게 규정된 것은 아니나 보통 품계 2품 이상 신하들을 대신이라고 했다.

돈녕부는 종친과 왕실 외척을 예우하려는 목적으로 설치한 기관이다. 실무가 없는 명예 부서이다. 그런데 조선 후기에는 조정에서 영향력을 행사하게 된다. 제일 높은 이가 영사(정1품)이고 그다음이 판사(종1품)다. 돈녕부 영사를 영돈녕부사(領敦寧府事)라고 칭했는데 줄여서 영부사, 영사라고도 했다. 바로 이 자리에 김조순이 임명된 것이다. 그럼, 돈녕부의 판사는 뭐라고 부를까? 판돈녕부사라고 했다.

중추부는 전직 대신들, 그러니까 원임대신에 대한 예우 차원에서 설치한 기구이다. 실제 책임진 업무는 없다. 그런데 조선 후기에 중추부도 조정에서 힘이 세진다. 돈녕부처럼 말이다. 영사(정1품), 판사(종1품), 지사(정2품) 등이 있다. 각각 영중추부사(領中樞府事), 판중추부사, 지중추부사로 불린다. 이들 중추부의 고관들이 비변사의 주요 구성원이 된다.

이제 '부원군'이 남았다. 부원군은 두 가지 의미로 쓰인다. 우선 왕비의 아버지가 부원군이 된다. 공신(功臣)으로 뽑혀도 부원군 칭호가 내려진다. 그러니까 어떤 인물이 '○○부원군'이라고 하면 그는 왕의 장인이거나 아니면 공신이다.

세도정치

태어난 지 어언 400년, 조선이라는 나라, 노쇠한 기운이 역력하였다. 당파 간 뜨거운 다툼 끝에 찾아온 거북살스러운 평화, 특정 가문이 정권을 오로지하는, 생기 빠진 조정. 19세기의 모습이다.

이런 정치형태를 우리는 세도정치(勢道政治)라고 부른다. 정조와 고종 사이 세 임금, 그러니까 순조(1800~1834), 헌종(1834~1849), 철종(1849~1863) 시기가 이에 해당한다. 특히 철종 시대에 전형적인 세도정치가 펼쳐졌다고 본다.

세도정치기에 권력을 잡았던 특정 집안은 임금 외척이다. 외척(外戚)의 '척'은 친척이라는 뜻이다. 외가, 그러니까 어머니 쪽 친척을 의미하지만, 부인과 며느리 쪽의 친척도 외척의 범주에 들어가는 것으로 본다. 그러니까 임금의 외척은 대비의 친척, 왕비의 친척, 세자빈의 친척 등이 된다.

순조는 11세, 헌종은 8세에 즉위해서 수렴청정을 받아야 했다. 외척이 성할 수밖에 없는 환경이었다. 철종은 19세에 즉위했으나 궁궐 경

창덕궁 인정전

힘이 전혀 없는 처지였기에 순조와 헌종처럼 수렴청정을 받았다.

   순조가 즉위하면서 순조의 증조할머니인 대왕대비 정순왕후(1745~1805)가 수렴청정했다. 증조할머니라고 하니까 나이가 아주 많을 것 같은데 실은 56세에 불과했다. 영조가 새 왕비를 맞을 당시 66세, 새 왕비 정순왕후는 15세였다. 신랑 66세, 신부 15세! 나이 차이가 끔찍하지만, 계비(継妃)를 뽑을 때 임금 나이를 고려하지 않고 15세 전후 여인을 간택하는 게 관례였다.

   정순왕후는 경주김씨이다. 그래서 순조 초기 조정에서 경주김씨가 부각되기도 했다. 수렴청정이 끝나고는 안동김씨가 세력을 키우게 된다. 순조의 비 순원왕후(1789~1857)가 안동김씨 김조순의 딸이었기 때문이다.

순조와 순원왕후의 아들인 효명세자(추존왕 익종, 1809~1830)가 대리청정하면서 조정 분위기에 긍정적인 변화가 일었다. 하지만 효명세자가 일찍 죽고 말았다. 그래서 순조가 세상을 떠났을 때 즉위할 아들이 없었다. 하여 순조의 손자이자 효명세자의 아들인 헌종이 어린 나이에 즉위하게 된다. 이때는 순원왕후가 수렴청정했기에 안동김문의 권력이 유지된다. 헌종의 비인 효현왕후도 안동김씨 김조근의 딸이다.

그런데 헌종이 친정하게 되면서 풍양조씨가 부각된다. 헌종의 어머니, 그러니까 익종(효명세자) 왕비 신정왕후(1808~1890)가 풍양조씨 조만영의 딸이기 때문이다. 신정왕후는 '조대비'로 불리게 된다.

순조			헌종		철종	
수렴청정	왕비	효명세자빈	수렴청정	왕비	수렴청정	왕비
정순왕후	순원왕후	신정왕후	순원왕후	효현왕후	순원왕후	철인왕후
경주김씨	안동김씨	풍양조씨	안동김씨	안동김씨	안동김씨	안동김씨

철종을 즉위하게 한 순원왕후는 친정 집안인 안동김씨 세력을 조정에 다시 확산시킨다. 헌종 초 수렴청정할 때는 친 오라버니 김유근과 재종 오라버니 김홍근 등에게 힘을 실어주었고 철종 초 수렴청정할 때는 친동생 김좌근 그리고 재종 동생 김흥근 등과 논의하여 조정을 이끌었다.[20] 김조순의 자식이 김유근, 순원왕후, 김좌근 등이고 김조순의

사촌인 김명순의 자식이 김흥근, 김홍근 등이다.

순원왕후는 철종 왕비까지 안동김씨로 들인다.

늦어도 많이 늦었다. 대개 임금 나이 10살 정도면 혼인하는데 철종은 어느덧 21살이다. 왕비를 맞아야 한다. 수렴청정 중인 대왕대비 순원왕후는 철종 재위 2년 때인 1851년에야 왕비 간택에 들어간다. 그간 헌종 상중(喪中)이었기 때문이다.

윤8월 3일 희정당에서 초간택을 했다. 열흘 뒤인 윤8월 13일에 재간택이 있었다. 같은 날 대왕대비가 명령한다. "충훈부 도사 김문근을 동부승지에 제수하라." 삼간택 하기 전에 김문근을 승지로 올렸다. 역시나 김문근 딸을 철종 왕비 삼기로 미리 정해 놓은 것이다.

김좌근 고택 (경기 이천)

윤8월 24일, 왕비 간택의 마지막 절차, 삼간택이 있었다. 대상자는 김문근, 정성수, 정기대의 딸이었다. 최종 선택은 김문근의 딸. 이제 김문근은 임금 철종의 장인으로 영은부원군이라는 군호를 받고 아울러 영돈녕부사로 임명된다. 공식적인 혼례는 같은 해 9월에 있었다.

9월 19일에 희정당에서 청혼하는 의례인 납채례를 치르고 9월 21일에 인정전에서 납징례를 행했다. 납징례는 정혼의 징표로 신부에게 예물을 보내는 의식이라고 한다. 9월 24일에는 혼인 날짜를 알리는 고기례를 인정전에서 했다. 9월 25일에는 인정전에서 왕비를 책봉하는 의식인 책비례를 치렀다.

9월 27일에 왕비를 맞이해 오는 친영을 치르고 대조전에서 신랑과 신부가 술잔을 나누는 동뢰연까지 열었다. 이날 첫날밤을 치르게 된다. 9월 28일에는 대왕대비에게 인사 올리는 조현례를 치렀고 29일에 왕대비와 대비에게 조현례를 올렸다.

철종이 속으로 그랬겠다. '아이고, 복잡해라, 장가가기 너무 힘들다.'

원래 순원왕후는 안동김문이 아닌 다른 집안에서 철종의 짝을 구할 생각이었다. 진심이었다. 김흥근에게 보낸 편지에서 그런 속마음을 털어놨다.

자신과 헌종비 효현왕후, 이렇게 두 명 왕비가 안동김씨이니, 그래서 분수에 과한 것 같으니, 이번에는 다른 여러 집안을 대상으로 해서 중전을 잘 간택해 보자. 노론·소론 그런 것도 따지지 말자. 이렇게 말했었다.[21] 바람직했다. 하지만 그렇게 되지 않았다. 안동김씨 쪽 실세들이 순원왕후의 뜻에 반대했던 것 같다. 순원왕후, 가문의 영광을 위해 물불 안 가리는, 그런 여인은 아니었다.

철종 왕비로 뽑힌 김문근의 딸, 그녀가 철인왕후이다. 이후 김문근은 비변사 당상으로 국정 운영에 참여하면서 총융사, 금위대장, 호위대장직을 두루 맡았다.

세도정치기 안동김씨는 3대에 걸쳐 조정을 주도하게 되는데 이름 돌림자가 시기 순으로 순, 근, 병이다. 김○순→김○근→김병○.

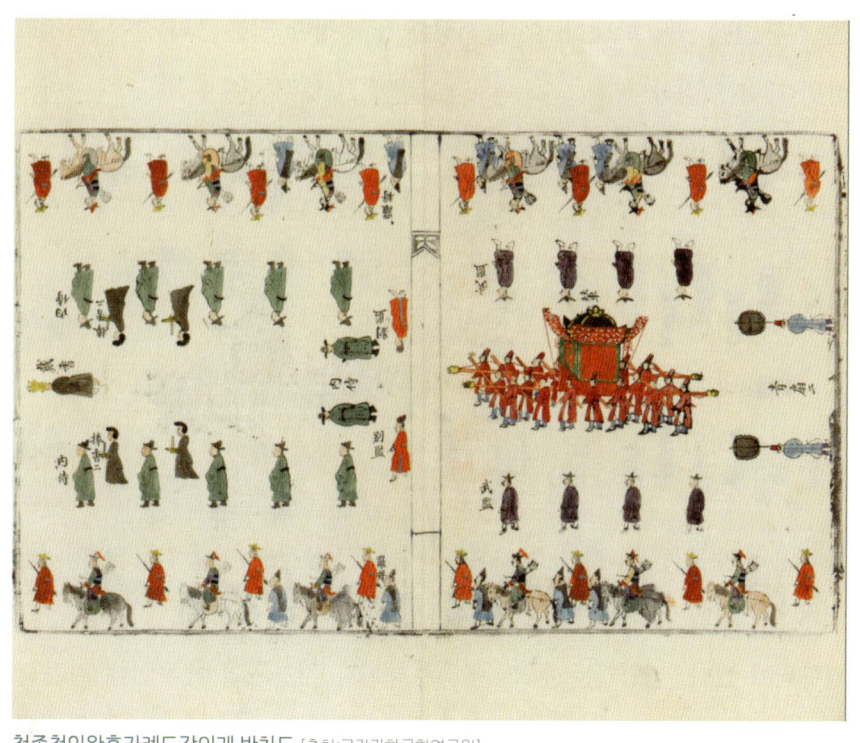

철종철인왕후가례도감의궤 반차도 [출처:규장각한국학연구원]

비변사

헌종 재위 말, 대사간 서상교가 김흥근을 탄핵했다. 이에 따라 헌종은 김흥근을 귀양보낸다. 이때 서상교가 지적한 김흥근의 잘못을 정리하면 대략 이러하다.[22]

> 겉으로는 권세 있는 자리를 달가워하지 않는 척하나 속으로는 그 자리를 탐하고, 나랏일에 관여하지 않는 척하면서 뒤에서 마음대로 주무르려고 하고, 자기와 뜻을 달리하는 사람에게 은밀히 죄를 씌우고, 남을 내세워 자기 사람 세우는데 능하고, 신하임에도 임금을 경외(敬畏)하는 마음이 없다.

김흥근만 이랬던 것이 아니다. 철종 조정에서도 안동김문의 행태가 대개 이러했던 것 같다. 철종 재위 기간에 김병기, 김병국, 김병학 등의 영향력이 컸다. 김병기는 김조순의 손자이자 김영근의 아들인데 김좌근의 양자로 들어갔다. 김병국과 김병학은 철종 장인 김문근의 조카다.

안동김문은 주로 비변사를 통해 권력을 행사했다.

조선의 통치 구조는 의정부와 6조를 중심으로 짜였다. 시기에 따라 무게 중심이 의정부에 있기도 했고 6조로 옮겨가기도 했다. 그랬는데 조선 후기에는 비변사가 의정부와 6조의 기능까지 흡수해서 최고 정무기관으로 거듭난다.

비변사의 등장과 성장 과정은 여진과 일본, 특히 일본과 연관이 깊다. 삼포왜란(1510)을 계기로 외적의 침략에 대한 대응 방안을 점검하면서 비변사를 설치했다. 조정 대신들 외에 국방 문제를 잘 아는 실무자들도 비변사에 참여했다. 을묘왜변(1555)이 터지면서, 비상시에 설치되는 임시기구였던 비변사가 상설기구로 바뀐다. 그래도 아직은 국방, 군사 문제만 처리하는 관청이었다. 비변사(備邊司)라는 이름 그대로 변경(국경)을 방비하는 기구인 것이다.

그랬는데 임진왜란(1592~1598)이다. 이제 비변사가 군사 문제뿐 아니라 외교와 내정 업무까지 맡아 하게 된다. 전쟁 끝난 후에도 마찬가지였다. 자연스레 의정부가 유명무실해지고 6조도 힘을 잃었다. 그렇다고 해서 영의정이나 판서들이 소외된 것은 아니다. 그들도 대개 비변사에 소속됐다.

비변사에서 제일 높은 자리가 도제조인데, 현직이나 전직 삼정승 가운데 한 사람이 맡았다. 도제조 아래 제조와 부제조가 있었다. 제조는 여러 명인데 이조, 호조, 예조, 병조, 형조판서도 제조를 겸했다. 공조판서만 제외됐다. 전직 대신들도 물론 제조가 될 수 있었다. 아울러 강화유수를 비롯한 각 지역 유수와 각 군영의 대장들도 제조가 되어 비변사에 참여하게 되었다. 그렇게 비변사의 권한이 점점 커졌다.

도제조, 제조, 부제조 모두 정3품 통정대부 이상의 당상관이기에 이들을 총칭해서 비변사 당상이라고 불렀다. 비변사 당상 아래 낭청이 있다. 낭청은 문신과 무신으로 구성된 실무 부서다.

세도정치기에도 나라의 실권이 비변사에 있었다. 철종 들어서는 안동김씨 그리고 그들과 혼인 등으로 연결된 이들이 군사·재정·인사, 비변사의 요직을 차지했다.

비변사는 각 도의 관찰사와 수령에 대한 의천권(議薦權, 추천권)도 행사했다. 임금은 비변사에서 올린 후보자를 승인해주는 정도였다. 비변사에서 공정한 절차에 따라 대상자를 선정하기도 했으나 친인척이나 뇌물 바친 자를 지방관 후보로 추천하는 사례가 적지 않았다. 아예 관직을 사고팔기도 했다. 수령 직을 산 사람은 본전의 몇 배를 뽑으려고 백성들을 쥐어짜는 탐관오리가 된다.

1940년대 신문 연재소설 〈군상(群像)〉은 탐관오리를 이렇게 묘사했다.

> 긁어라. 벗겨라. 짜내라.
> 무엇을?
> 묻지 않아 알 일이로다. 만만한 백성들의 피와 기름 말고,
> 다른 무엇이 또 있단 말이냐.
> 어서, 어서, 부지런히, 부지런히.
> 긁어라. 벗겨라. 짜내라.[23]

대동강아, 대동강아

"대동강 귀신도 더러운 건 받아들이지 않는다."[24]

순조 때였다. 평안감사 조득영(1762~1824)이 해도 너무했다. 갖은 방법 다해서 백성들을 쥐어짜 엄청난 재물을 모았다. 마구잡이 부정한 세금 징수에 돈놀이는 기본이고 여차하면 백성 잡아다 곤장질을 해댔다. 좀 여유 있게 사는 사람들에게는 뜬금없이 불효죄를 씌워 잡아 가두고 돈을 받아낸 뒤에야 풀어주었다. 나라 법을 가볍게 무시했다. 자신이 곧 법이었다. 침 뱉어 욕하지 않는 이가 없었다.

어느 날 조득영이 대동강 깊은 물에 빠졌다. 용케 죽지 않고 살아나왔다. 그러자 백성들이 탄식했다. 대동강 귀신도 물 오염될까 봐 조득영 같은 쓰레기는 받아주지 않는구나!

암행어사 서능보가 조득영의 탐학을 낱낱이 조사해서 보고했다. 그런데 순조가 석연치 않은 이유를 대며 서능보를 파직했다. 엉뚱하게 어사에게 죄를 물어 처벌한 것이다. 조득영은? 조득영은 일단 귀양 갔

다산초당 (전남 강진)
정약용이 유배 중에 머물며 저술 활동을 했던 초당이다.

다가 조정으로 복귀해서 마치 아무 일도 없던 것처럼 승승장구한다. 심지어 관리들의 부정을 적발하고 탄핵하는 대사헌이 된다. 풍양조씨인 덕분이었다.

이런 부류의 탐관오리가 어느 때나 있었지만, 세도정치기에 더 득실거렸다. 수많은 '조득영'이 백성의 피를 빨아 살쪘다. 중앙의 고관과 지방 수령들은 일종의 카르텔을 형성하고 있었다. 지방 수령들이 지역 관찰사나 중앙의 고관에게 뇌물을 상납하고 그들의 보호 아래 맘껏 백성을 족치는 '시스템'.

정약용이 《목민심서》에서 지적했다. "내가 민간에 있을 때 그 폐단의 근원을 탐구해 보니, 하나는 조정의 귀관(貴官)들이 뇌물을 받는 것, 또 하나는 감사가 스스로 제 주머니를 채우는 것, 다른 하나는 수령이 이익을 분배하는 것이다."

조득영 같은 안동김문은 없나? 그럴 리가 없다. 많았을 것이다. 하지만 실록에 잘 드러나지 않는다. 실록만 보면 안동김씨는 거의 다 괜찮은 사람들이다. 아무래도 그쪽 사람들이 실록 편찬에 참여하면서 가릴 것 가리고 숨길 것 숨기며 깨끗하게 '청소'한 것 같다.

《순조실록》은 김조순을 공평하고 정직한 군자로 평했다. 《헌종실록》은 김유근을 임금을 받들고 백성을 감싸는 일념으로 산 충신으로 묘사했다. 공과 사를 분명히 구분해서 사람들이 도리에 어긋나는 요구를 하지 못했다고도 했다. 사실 여부는 잘 모르겠다. 그럴 수도 있고 아닐 수도 있겠다.

저자에서는 이런 이야기가 떠돌았다. 노래로도 불렸다. 권세가 집으로 몰리는 뇌물이 하도 많아서, "혜당댁 나귀는 약과 아니면 드시지 않고, 호판댁 말은 약밥도 잡숫지 않는다네!"

백성들은 굶주리는데 혜당댁 나귀는 그 귀한 약과만 먹고, 호판댁 말은 그 귀한 약밥을 하도 자주 먹어서 이제는 그것도 안 먹는다는 소리다. 혜당댁은 영의정 김좌근의 집이요, 호판댁은 호조판서 김병국의 집이라고 한다.[25]

세도정치기는 우리 역사에서 실로 어두운 시기였다. 이쪽을 보고 저쪽을 살펴도 도시 보기 좋은 장면이 없다. 새삼 말해 무엇하랴. 필자도 강의할 때면 세도정치를 욕한다. 그런데 좀 꺼림한 구석이 있다.

도대체 무엇이 어떻게 잘못됐는데? 자문해 보니 세도정치기가 왜 그렇게 나쁜 것인지 구체적인 사례를 들어 말하기가 어렵다. 특정 가문의 인사 독점, 권력 농단, 뇌물 횡행과 탐관오리 문제 정도가 얼추 드러날 뿐이다. 그 정도면 충분히 나쁜 거 아닌가? 물론 그렇다. 하지만 정도의 차이가 있을 뿐 세도정치기만의 악행은 아니다.

세도정치기를 전후 시기와 완전히 구분되는 별난 딴 세상으로 묘사하는 것이 타당한 것인지, 의문이 들기도 한다. 그래서 말인데, 혹시, 세도정치기에 대한 우리네 생각, 그 부정적 인식에 요만큼 거품이 낀 것은 아닐까. 노란색 깃발들 속에서 하얀 깃발은 별로 부각되지 않는다. 검은색 깃발들 속에서 하얀색 깃발은 돋보인다.

세도정치기 이전의 붕당정치(朋黨政治, 당쟁)라는 하얀 깃발 또는 영조와 정조라는 하얀 깃발을 위해 세도정치기를 실제보다 더 어둡게 묘사해온 것은 아닐까. 아니면, 흥선대원군이라는 하얀 깃발을 강조하려고 세도정치기에 검정을 덧칠한 건 아닐까. 마치 중종 시기에 연산군을, 인조 시기에 광해군을 더 검게 칠했던 것처럼 말이다.

원범이 선택된 이유

철종(哲宗, 1831~1863, 재위:1849~1863)은 조선 제25대 임금이다. 1831년(순조 31) 6월 17일에 한양에서 나서 한양에서 자랐다. 할아버지는 은언군 이인, 아버지는 이광, 어머니는 염씨이다.

태어난 곳이 경행방(慶幸坊) 사제(私第)이다. 경행방은 특정 건물이 아니라 당시 한양의 행정구역 명칭이다. 처음에 5부 52방 체계였는데 이후 방의 숫자는 변동이 있다. 한양의 5부는 중부·동부·서부·남부·북부이다. 중부에 경행방이 속했다. 지금 서울 종로 지역이다.

은언군 이인(1754~1801)이 1786년(정조 10)부터 1801년(순조 1)까지 햇수로 16년간 강화에서 유배 살다가 48세에 죽임을 당했다. 아버지 은언군과 함께 강화에 유배된, 당시 2살이던 이광(1785~1841)은 38세 때인 1822년(순조 22)에 가서야 겨우 풀려났다. 37년간 계속된 귀양살이였다. 풀려난 이광은 한양으로 갔고 1831년(순조 31)에 이원범을 낳았다. 57세 때인 1841년(헌종 7)에 사망했다.

이광이 강화도를 떠난 지 20여 년 만에, 세상을 떠난 지 3년 만에 그

영조왕릉 원릉 (경기 구리)

철종왕릉 예릉 석호 (경기 고양)

58 철종의 눈물을 씻다

아들 원범이 역모에 연좌되어 강화에 유배되니 그때가 1844년(헌종 10)이다. 14세 원범은 강화에서 5년간 귀양 살다가 헌종의 후계자로 지명되어 19세인 1849년에 즉위한다. 15년 동안 왕위에 있다가 33세 이른 나이에 세상을 떠났다. 예릉(睿陵, 경기도 고양 서삼릉)에 모셔졌다.

> 기유년 6월 임신일에 헌종대왕께서 승하하시고 후사가 없자 순원왕후께서 이르기를, "영종대왕(영조)의 혈맥은 오직 헌종과 임금뿐이다." 하시고, 드디어 대책(大策)을 정하고 강화의 잠저에서 봉영하여 왔습니다.[26]

헌종이 1849년(헌종 15) 6월 6일에 세상을 떠났다. 뒤를 이을 자식이 없었다. 사흘 뒤인 6월 9일에 철종이 즉위했다.

'잠저'는 임금이 즉위하기 전에 살던 집을 말한다. 왕자는 궁궐에서 태어나지만, 왕자 출신이 아니면서 임금이 되는 사람은 궁 밖 집에서 태어나 자라기 마련이다. 세자를 제외한 왕자들도 일정한 때가 되면 궁 밖으로 나가 산다. 이렇게 왕위 계승권자가 아니었던 왕자나 왕족 가운데 반정이나 추대로 즉위하게 되는 사람의 집이 이후에 잠저로 불리게 되는 것이다.

철종의 강화 집은 잠저라기 보다 적거(謫居, 귀양살이)하던 집이라고 하는 게 실제에 가깝다. 철종 집안이 죄인 집안이 아님을 강조해야 했기에 실록에 잠저로 기록했을 것이다.

순원왕후가 원범을 택한 이유를 "영종대왕의 혈맥은 오직 헌종과 임금(원범)뿐"이기 때문이라고 밝혔다. 영조의 핏줄이 헌종과 원범뿐이면, 헌종이 세상을 떠났으니, 원범 하나 남은 셈이다. 원범은 마땅히 왕이 되어야 한다.

하지만 대왕대비 순원왕후의 말은 사실에서 어긋난다. 영조의 핏줄로 원범 외에 다른 이들이 또 있었다. 원범의 큰형 이원경(회평군)은 이미 사망했으나 작은형 이경응(영평군)이 살아 있었고 또 사촌 형 이희(李曦, 익평군)도 있었다. 원범 집안에서만 찾아도 우선 3명이 있는 것이다.

이들 가운데 순원왕후가 원범을 택한 이유가 무엇일까?

우선, 원범이 학문이 없어서 왕 노릇 제대로 못 할 것을 알고 일부러 그를 왕위 계승권자로 정했다고 전해지는, 그러니까 꼭두각시 왕을 세워두고 안동김씨 마음대로 조정을 주무르겠다는 생각으로 원범을 택했다는 속설은, 너무 허술하다. 잘못된 추정이다.

원범의 형들, 이경응과 이희가 학문이 높았다는 근거가 없다. 원범이 즉위할 때까지 대왕대비는 원범의 학문 수준이 어느 정도인지 알지도 못했다. 즉위하고 나서야 학문이 변변치 않음을 알았다. 대왕대비 순원왕후가 일가에게 보낸 내밀한 편지에 자기 속을 털어놓았다.[27]

> 만고풍상을 겪어 거의 촌동(村童)이나 다름없는 상감인지라 학문이 없다, 죄지은 집안의 자손으로 귀양 가 살다 보니 그리 된 걸 어쩌랴, 임금이 학문이 있어야 나라를 잘 다스리는 법인데 그렇지가 못하니 내 속만 끓이다가 탈진하였다.

원범이 학문을 갖추지 못한걸, 옳다구나, 좋아한 게 아니다. 학문 없는 게 너무도 걱정스러워서 속 끓이다가 탈진까지 했다는 대왕대비이다.

그러면 왜 원범을 택했나?

순원왕후는 새 왕을 순조와 자신의 양자로 삼아 왕위를 잇게 하려고 한다. 그런데 원범의 형들, 이경응과 이희는 곤란한 점이 있었다. 우선 이경응은 형 이원경이 사망했기에 사실상 장자로 제사를 모시고 있다. 아버지 이광의 후사(後嗣, 대를 잇는 자식)인 것이다. 풍계군 이당의 아들인 이희는 이미 은언군의 장남인 상계군의 양자로 들어간 상태였다. 이 문제에서 자유로운 이는 원범뿐이었다.

또, 순원왕후는 수렴청정하려 한다. 좌의정 김도희가 수렴청정을 권하자 바로 그렇게 하겠다고 했다. 헌종 때는 수렴청정을 거듭해서 거절하다가 어쩔 수 없다는 듯 수락했던 순원왕후다. 그런 면에서 새 임금 후보군의 나이도 고려했을 것이다.

당시 이원범은 19세, 이경응은 22세, 이희는 26세였다. 원범 나이 열아홉이 적은 나이가 아니지만, 어쨌든 수렴청정이 가능한 나이이기는 했다. 반면 스물이 훌쩍 넘은 이경응이나 이희는 수렴청정이 현실적으로 어렵다. 그래서 원범이 선택된 것이다.

"제일 만만하게 시키면 시키는 대로 잘 할 애를 하나 고르자. 이래가지고 고른 게 강화도령이야."

끼리끼리 모여 앉아 이런 말 얼마든지 할 수 있다. 그런데 이 말을 유명한 TV 교양 프로그램에서 저명한 출연자가 했다. 또 다른 교양 프로그램에서는 원범이 왕으로 '낙점'된 게 사실은 원범에게 자존심 상하는 일이라고 했다. 왕위 계승 후보자들 가운데 스펙이 가장 떨어져서 선택된 것이기에 그렇다고 했다. 그러면서 출연자들이 함께 까르르했다.

좀 경박했다고 생각한다. 방송의 막강한 영향력을 고려해야 했다. 드라마도 아니고, 역사 교육 기능을 하는 교양 프로그램에서 보일 언행은 아니었다.

역사 비판은 우리의 권리이다. 우리는 현재의 시각으로 과거의 사건과 인물을 재단하고 비판한다. 그런데 때로는 과거 그때 그 사람들의 처지가 되어 그들의 심정으로 그때의 사건을 돌아보는 시도가 필요하다. 비판을 조롱과 혼동하지도 말아야 한다.

그러면, 순원왕후가 수렴청정하려는 까닭은 무엇인가.

철종 조정에서도 실권을 장악하여 안동김씨의 조정 장악력을 유지하고 강화하려는 사적 욕심이었다! 이게 통설이다. 그런데 여기에 다른 이유도 포함됐을 것이다.

원범은 사전에 왕위 수업을 받지 못했다. 궁궐 생활도 해보지 않았다. 아무것도 모른다. 무작정 즉위했을 때 혼란이 불가피하다. 그래서 철종이 왕의 자리에 적응하도록 돕는 의미에서도 수렴청정을 결정했을 것이다. 순원왕후의 수렴청정이 왕실과 조정의 안정을 위한 조치이기도 했던 것이다.

수렴청정

　왕이 몹시 아파서 나랏일을 할 수 없을 때가 있다. 너무 어린 나이에 즉위해도 조정을 제대로 이끌기 어렵다. 이럴 때 누군가가 일정 기간 왕의 역할을 대신하게 된다. 이를 보통 섭정(攝政)이라고 한다. 섭(攝)은 대신한다는 뜻이다.

　대리청정과 수렴청정을 섭정의 한 형태로 볼 수 있다. 대리청정은 주로 왕세자가 행했다. 임금이 정사를 돌보기 어려울 때, 또는 세자에게 통치 예행연습을 시키려고 할 때 임금은 세자에게 대리청정을 명한다. 순조 당시 효명세자가 대리청정했었다.

　삼국시대나 고려시대에, 왕의 나이가 너무 어리면 모후가, 그러니까 왕의 어머니가 통치를 대행하기도 했었다. 조선시대에는 왕의 어머니가 아니라 대왕대비 등 왕실 최고 어른이 그 역할을 맡았다. 이를 수렴청정이라고 한다.

　수렴청정을 왕 나이 몇 살 때 끝낸다는, 그런 규정은 없다. 15~16세에 끝내기도 하지만 왕 나이 20세를 넘긴 경우도 있었다. 수렴청정이

순조왕릉 인릉 (서울 서초구)
순원왕후 합장릉이다.

끝나면, 그때부터 왕이 왕으로서 모든 권한을 직접 행사한다. 이를 친정(親政)이라고 한다.

수렴청정(垂簾聽政)의 수(垂)는 드리우다, 늘어뜨리다, 이런 뜻이다. 렴(簾)은 '발'이다. 가늘게 쪼갠 대나무 등을 실로 엮어서 만든, 그런 발이다. 청(聽)은 듣다, 정(政)은 정치. 합하면 '발을 치고 정치를 듣는다' 라는 뜻이다.

발을 치는 것은 성리학의 영향이라고 할 수 있다. 성리학은 남녀 간 내외를 엄격히 구분한다. 아무리 왕실 큰 어른인 대왕대비라 할지라도 여인이다. 남자 신하들과 얼굴을 맞대고 업무를 보는 것은 법도에 어긋난다. 그래서 발을 치고 모습을 드러내지 않는 것이다.[28]

수렴청정 끝내는 것을 철렴(撤簾)이라고 하는데 철(撤)은 '거두다', '치우다' 라는 뜻이다. 발을 거둔다는 것은 수렴청정을 마치고 왕이 친정한다는 의미가 된다.

조선에서 수렴청정이 처음 시행된 것은 성종 때이다. 성종이 13세에 즉위했을 때 어머니 소혜왕후(인수대비)가 곁에 있었다. 그래서 소혜왕후의 수렴청정이 말해지기도 했지만, 결국은 세조비인 대왕대비 정희왕후가 수렴청정하였다. 이후 왕실 최고 어른인 대왕대비(또는 왕대비)가 선왕(先王)의 권위를 바탕으로 수렴청정하는 것이 조선의 관례로 자리 잡게 된다.

조선에서 수렴청정은 일곱 번 있었다. 순조 왕비 순원왕후는 헌종과 철종 때, 두 번 수렴청정했다. 마지막 수렴청정은 고종 때다. 추존왕 익종(효명세자) 왕비이자 헌종의 어머니인 신정왕후 조씨(조대비)가 수렴청정했는데 흥선대원군의 섭정과 함께 어우러졌다.

〈조선시대 수렴청정〉[29]

왕	즉위년	즉위 시 왕의 나이	수렴청정 시행 대비	수렴청정 기간
성종	1469	13세	세조비 정희왕후 윤씨	8년
명종	1545	12세	중종비 문정왕후 윤씨	9년
선조	1567	16세	명종비 인순왕후 심씨	8개월
순조	1800	11세	영조비 정순왕후 김씨	4년
헌종	1834	8세	순조비 순원왕후 김씨	7년
철종	1849	19세	순조비 순원왕후 김씨	3년
고종	1863	12세	익종비 신정왕후 조씨	4년

한편, 순조가 즉위하면서 '수렴청정절목(垂簾聽政節目)'이 반포된다. 선조 이후 200여 년 만에 다시 수렴청정이 시행되면서 일종의 규칙을 정해 발표한 것이다. 대왕대비 정순왕후가 어떤 위상을 갖고 또 어떤 방법으로 조정을 이끌 것인지 그리고 임금 순조와의 관계는 어떻게 설정할 것인지 등을 규정했다.

이에 따르면, 대왕대비가 수렴하고 청정하는 장소는 임금의 집무처인 편전(便殿)이다. 남향하고 발 뒤에 앉되 약간 동쪽에 자리 잡는다. 임금은 발 밖에 남향하고 앉되 약간 서쪽에 앉는다(나중에 중앙에 앉는 것으로 바뀌었다).

대왕대비와 임금이 함께 신하들의 현안 보고를 듣는다. 사안에 따라 임금이 직접 결정하여 명을 내리기도 하고 대왕대비가 바로 명하기도 하고 임금이 대왕대비에게 여쭤보고 명령을 내리기도 한다. 대왕대비의 명령은 "대왕대비전왈(大王大妃傳曰)"로 임금의 명령은 그냥 "전왈(傳曰)"로 칭하여 구분한다. 상소문은 대왕대비가 아니라 임금에게 직접 올린다.[30]

고종이 즉위했을 때도 예조에서 절목을 올렸다. 수렴동청정절목(垂簾同聽政節目)이라고 했다.[31] 내용은 순조 때의 수렴청정절목과 대동소이하다.

대왕대비, 왕대비, 대비

대왕대비, 왕대비, 대비.
쉽게 구별할 수 있을 것 같은데, 의외로 쉽지가 않다.
우선 국어사전을 열어본다.

대왕대비 : 현왕(現王)의 할머니이며 전전왕(前前王)의 왕비였던 여성을 높여서 부르던 호칭.
왕대비 : 전왕의 왕비이며 현왕의 어머니인 여성을 높여서 부르던 호칭.

기본적으로 대왕대비는 왕의 할머니, 왕대비는 왕의 어머니이다.
그런데 왕의 어머니라고 해도 후궁이라면 왕대비가 될 수 없다. 반면에 왕의 어머니가 아니더라도 전왕의 왕비 자격으로 왕대비가 될 수 있다.
그럼, '대비'는 사전에서 뭐라고 설명할까.

대비 : 전왕의 왕비이며 현왕의 어머니인 여성을 높여서 부르던
호칭.

읽고 보니 왕대비와 대비에 대한 설명이 같다. 그렇다. 왕대비와 대비는 원래 같은 의미이다. 왕의 어머니에 대한 호칭은 대비보다 왕대비가 더 적절하다고 할 수 있다. 사실 왕실 여성 어른의 호칭은 대왕대비와 왕대비이면 되는 것이다. 그래서 '대비'라는 호칭은 대왕대비와 왕대비의 약칭 정도로 쓰였다.

그런데 문제는…. 《철종실록》을 보자.

"인정전에 나아가 친히 대왕대비전과 왕대비전, 대비전에 보책(寶冊)을 올리고 인하여 하례를 받고 반사(頒赦, 죄인을 풀어 줌)하였다."[32]

철종 2년(1851) 당시 대왕대비, 왕대비, 대비 세 명이 있는 거다. 왕대비가 곧 대비라고 했는데 왕대비와 다른 대비가 또 있다. 왜 그럴까. 궁궐에 이를테면 고부간 3대, 세 명의 대비가 있을 때는 위계를 구분하려고 대왕대비-왕대비-대비로 호칭했다.

당시 대왕대비는 순원왕후(1789~1857), 왕대비는 신정왕후(1808~1890), 대비는 효정왕후(1831~1904)이다. 순원왕후의 며느리가 신정왕후고 신정왕후의 며느리가 효정왕후이다. 순원왕후는 순조

비이다. 신정왕후는 순원왕후의 아들 효명세자의 빈으로 헌종을 낳았다. 효명세자가 익종으로 추존되면서 왕대비가 되었다. 그러니 헌종비인 효정왕후는 대비가 될 수밖에 없었다. 그러면 순원왕후가 세상을 떠난 후에는 어떻게 됐을까. 왕대비였던 신정왕후가 대왕대비가 되고 대비였던 효정왕후는 왕대비가 된다.

그런데 사람살이는, 역사는, 덧셈 뺄셈 문제 풀 듯 답이 늘 딱딱 떨어지는 것이 아니다. 규칙은, 원칙은 여러 가지 변수에 따라 변한다. 왕비의 지위가 왕대비보다 높은 때가 있었고, 조정에 왕대비가 동시에 두 명이거나 대왕대비가 두 명인 경우도 있었다. 성종과 연산군 때가 그랬다.

그 사정을 들추어보자.

세조, 예종, 성종, 연산군으로 이어지는 왕위.

세조의 적장자 의경세자가 젊은 나이에 사망해서 세조의 둘째 아들 예종이 즉위했다. 예종이 승하했을 때 아들이 너무 어렸기 때문에 의경세자의 아들인 성종이 왕위를 물려받았다.

성종은 즉위하면서 할머니인 세조비 정희왕후를 대왕대비로, 작은어머니인 예종비 안순왕후를 왕대비(인혜왕대비)로 올린다. 성종이 즉위할 때까지 생모(소혜왕후)는 그냥 세자빈의 지위인 수빈(粹嬪)이었다. 성종은 이후 생부 의경세자를 덕종으로 추존하면서 어머니 수빈을 인수왕비로 올렸다.

위계는 당연히 대왕대비-인혜왕대비-인수왕비 순이다. 그런데 수렴청정 중인 대왕대비가 인수왕비의 위차(位次, 자리와 계급의 차례)를 왕대비 위에 두라고 명한다.³³ 그래서 대왕대비-인수왕비-인혜왕대비 순으로 변경됐다. 이후 성종이 인수왕비를 인수대비로, 다시 인수왕대비로 거듭 올렸다. 그래서 조정에 인수왕대비와 인혜왕대비, 이렇게 두 명의 왕대비가 있게 되었다.

성종을 이어 연산군이 즉위하면서 이런 교서를 내렸다.

> 인수왕대비·인혜왕대비를 높여서 대왕대비로 하고, 대행(大行) 왕비를 높여서 왕대비로 하고 빈(嬪) 신씨를 왕비로 한다.³⁴

연산군은 친할머니인 인수왕대비 그리고 인혜왕대비를 모두 대왕대비로 올렸다. 그러니까 연산군 조정에 두 명의 대왕대비와 한 명의 왕대비가 있었던 것이다.

대행? 대행(大行)을 대행왕이라고도 한다. 임금이 승하하고 묘호 등이 아직 결정되지 않았을 때, 죽은 그 임금을 칭하여 임시로 대행왕이라고 했다. 연산군이 말한 '대행 왕비'는 성종 왕비 즉 정현왕후(중종의 생모)를 가리킨다. 정현왕후를 왕대비로 올린 것이다. 왕비가 된, 빈 신씨는 세자빈 신씨, 즉 연산군의 부인이다.

Ⅲ. 강화, 그 질긴 인연

홍국영에서 비롯된 고난

은언군, 강화도에 유배되다

해후

강화도에 나타난 정조?

화려한 날은 가고

미안하다 아우야

끝이 끝이 아니다

비로소 눈부신 세상

원범이 유배된 까닭

교동 거쳐 강화로

문효세자 효창원 (경기 고양)

개유와 현판 [출처:국립고궁박물관]
규장각 부속 서고인 개유와(皆有窩)의 현판이다. '모든 것이 있는 집'이라는 의미이다. 홍국영의 글씨라고 한다.

홍국영에서 비롯된 고난

　영조 재위 말, 과거를 통해 조정에 등장한 청년, 홍국영(1748~1781). 1774년(영조 50)에 세자시강원에서 일하게 되면서 세손이었던 정조(1752~1800, 재위:1776~1800)와 인연이 시작된다.[35] 27살 스승 홍국영과 23살 제자 정조의 만남이다.
　홍국영은 세손 정조에게 정성을 다했다. 정조에게 홍국영은 핏줄 이상의 의지처였다. 사도세자를 죽음에 이르게 한 세력은 사도세자의 아들 정조를 끊임없이 견제하고 위협했다. 홍국영은 온몸 던져 정조를 보호했고 무사하게 즉위하도록 도왔다.
　정조는 즉위하면서 홍국영을 동부승지로 올린다. 이어서 불과 몇 개월 만에 도승지로 삼았다. 아울러 금위대장으로 임명해 궁성 호위까지 맡겼다. 홍국영은 사실상 조정을 장악한 실세로 성장했다. 정조의 정적들을 내치면서 취약한 왕권을 바로 세우는 데 기여했다.
　홍국영의 위세가 워낙 대단했다. 조정은 물론이고 여염집에서도 그의 이름자를 함부로 말하지 못하고 '지신사'(도승지)로 칭했다고 한다. 아무리 국왕이 밀어준다고 해도, 정조 비토 세력이 우글대는 조정을, 그런 조정을 휘어잡은 것은 보통 수완이 아니다.

1778년(정조 2)에 홍국영은 누이동생을 정조의 후궁으로 들인다. 그녀가 원빈홍씨(1766~1779)이다. 후궁에게도 품계가 있다. 빈(정1품), 귀인(종1품), 소의(정2품), 숙의(종2품), 소용(정3품), 숙용(종3품), 소원(정4품), 숙원(종4품)이다. 홍국영의 여동생은 처음부터 최고 후궁 지위인 빈으로 입궐했다. 동생을 후궁으로 만든 홍국영이, 점점 왕비마저 우습게 여기고 때로 핍박까지 한 모양이다.

> 그 누이가 빈이 되고서는 더욱 방자하고 무도하여 곤전(坤殿, 중전)의 허물을 지적하여 함부로 몰고 협박하는 것이 그지없었으나, 임금이 참고 말하지 않았다.[36]

정조는 불쾌했다. 내가 내 가족을 무시해도 남이 내 가족 무시하면 기분 나쁜 법이다. 내가 내 가족 흉봐도 남이 내 가족 흉보면 성질 나는 게 인지상정이다. 정조는 뭐라 하지 않았으나 홍국영에 대한 마음에 금이 가고 있었을 것이다.

청천벽력이 홍국영에게 내렸다. 원빈이 후궁 된 지 1년여 만에 사망하고 만 것이다. 왕비 효의왕후(1753~1821)가 혼인하고 10여 년 지나도록 후사를 낳지 못한 상태였다. 홍국영은 동생 원빈이 아들 낳기를 간절하게 빌었다. 원빈이 아들 낳고 그 아들이 세자가 되고 왕이 되고, 그러면? 생각만 해도 설렜을 것이다. 그랬는데 원빈이 자식 없이 세상을 떠나고 말았다.

한편 정조 왕비 효의왕후는 끝내 아들을 낳지 못했다. 1782년(정조 6)에 의빈성씨가 문효세자(1782~1786)를 낳았으나 어린 나이에 세상을 떠났다. 1790년(정조 14)에 가서야 수빈박씨가 순조를 낳는다.

동생 잃은 홍국영, 여기서 멈춰야 했다. 그래야 했다. 그런데 홍국영은 멈추지 못하고 무리수를 둔다. 정조의 이복동생인 은언군 이인의 손을 끌어 잡은 것이다.

홍국영이 은언군의 아들 이담을 죽은 누이 원빈홍씨의 양자로 삼았다. 더해서 이담을 완풍군(完豊君)에 봉해지게 했다. 완풍! 이씨 왕실의 본관인 완주(전주)와 자신의 본관인 풍산에서 한 글자씩 따 이담의 군호로 삼은 것이다(이후 이담의 군호는 상계군으로 바뀌게 된다).

실록은 홍국영이 이담의 군호를 완풍군으로 정한 행위를 아주 비판적으로 기록했다. "가리켜 견주는 것이 매우 도리에 어그러지므로 듣는 이가 뼛골이 오싹하였으나, 큰 위세에 눌려 입을 다물고 감히 성내지 못하였다."[37]

홍국영은 조카가 된 완풍군 이담을 '가동궁(假東宮)'으로 부르기도 했다. 세자로 세우려는 흑심을 드러낸 것이다. 정조 때는 물론이고 다음 임금 때에도 권력을 누리겠다는 의도로 볼 수밖에 없는 행위였다. 더 나아가 정조를 내몰고 완풍군을 왕으로 세우려는 생각까지 했던 것 같다. 나중에 정조가 이런 말을 했다. "〈홍국영이 이담과〉 외숙과 생질의 관계를 맺으면서부터 사실 왕위를 몰래 옮기려는 음모가 시작되었다."[38]

1779년(정조 3), 결국 정조는 홍국영을 내친다. 신하들은 홍국영의 목숨을 끊어야 한다고 했으나 정조가 그의 생명은 지켜주었다. 그러나 단명, 두 해 뒤인 1781년(정조 5), 34세 홍국영이 강릉에서 세상을 떠났다.

정조가 탄식했다.[39] "권한이 막강하고 지위가 높으면 더 조심하고 두려워하며 스스로 삼가야 하는데 홍국영은 오히려 나의 총애만 믿고 위엄을 멋대로 드러내다가 결국은 큰 죄를 짓고 말았다. 돌이켜보니 나의 허물이다."

홍국영은 이렇게 끝났으나 은언군의, 은언군 집안의 고난은 이제 시작이다.

은언군, 강화도에 유배되다

　은언군 이인(1754~1801)은 사도세자와 숙빈임씨에게서 태어났다. 영조의 손자이고 정조의 이복동생이며 철종의 할아버지이다.
　어릴 때 철없는 행동으로 영조를 골 아프게 했다. 쓸데없이 위엄을 과시하다가 구설에 오르고 시전 상인에게 큰 빚을 지고 갚지 않는 등 물의를 거푸 일으켰다. 방자하다는 소리도 들었다. 아버지 죽인 할아버지 영조에 대한 반항심으로 삐뚤어지게 군 것일 수도 있겠다. 설상가상, 은언군 집 노비까지 거리에서 술주정하며 소란을 피워서 문제를 더 키웠다.
　신하들은 영조에게 처벌을 청했다. 사도세자의 자식이라는 '원죄'도 작용했을 것이다. 결국, 은언군은 함께 어울린 동생 은신군 이진(1755~1771)과 함께 제주도 대정현에 유배되고 말았다. 그때가 1771년(영조 47), 은언군 나이 18세였다. 행실이 바르지 못해 내린 형벌치고는 너무 무거웠다.
　그런데 제주에 유배된 그해, 은신군 이진이 병들어 덜컥 세상을 떠났다. 영조는 은언군이라도 무사함을 다행으로 여기고 특별히 풀어주라

강화 갑곶리 탱자나무

강화 갑곶돈대 앞뜰에서 수백 년 살아오는 탱자나무다. 여전히 탐스러운 열매를 맺는다. 1962년에 천연기념물로 지정됐는데 공식 이름은 '강화 갑곶리 탱자나무'이다. 1749년(영조 25), 영조를 대신해서 대리청정하던 사도세자의 명령으로, 남녘의 탱자나무를 아주 많이 옮겨다 강화도 해안에 심었다. 가시울타리를 만들어 외적의 침입을 막기 위함이었다. 사도세자는 강화도 탱자나무 생육에 정성을 들였다. 정조 역시 아버지 사도세자처럼 강화도 해안에 탱자나무를 심고 가꾸는 일에 신경을 많이 썼다. '강화 갑곶리 탱자나무'도 그때 심어 가꿔서 지금에 이른 것 같다.

고 지시한다.⁴⁰ 이때 풀려났던 은언군, 이유를 명확히 알 수 없으나, 다시 붙잡혀 제주도에 유배된다. 그랬다가 1772년(영조 48)에 석방된다.

한편, 인평대군(인조의 셋째 아들)의 6대손인 이채중이 제주에서 죽은 은신군 이진의 양자가 되어 제사를 모시게 된다. 이에 따라 이채중은 이구로 개명하고 순조에게서 남연군(南延君)이라는 군호를 받게 된다.⁴¹ 남연군의 아들이 흥선대원군 이하응(1820~1898)이니, 흥선대원군의 할아버지가 곧 은신군 이진이 되는 것이다.

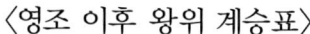

〈영조 이후 왕위 계승표〉

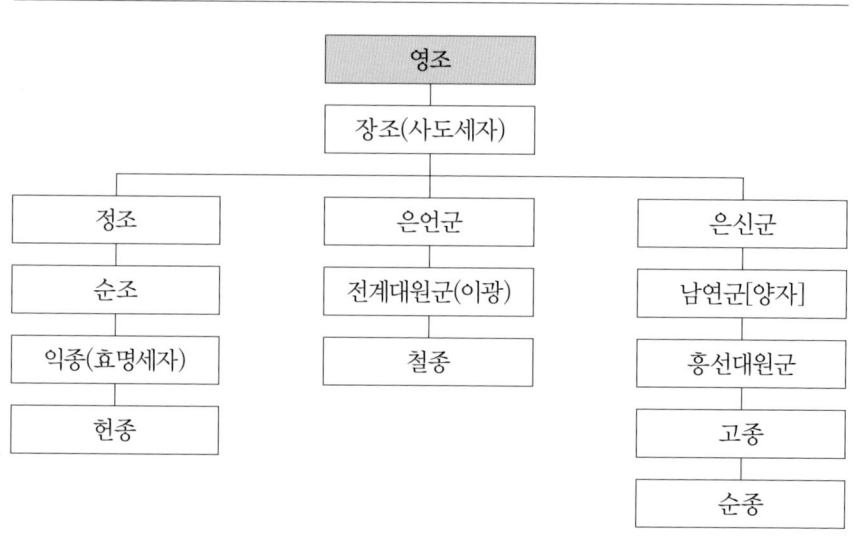

어린 나이에 귀양살이 겪고 돌아온 은언군 이인. 정조 재위 초에 또 사고를 쳤다. 소를 도살하지 말라는 나라 법을 어기고 노비 시켜 몰래

소를 잡았다가 적발됐다.[42] 형조의 보고를 받은 정조가 말했다. "얼굴이 뜨겁고 부끄러워서 할 말이 없다." 정조는 은언군이 내야 할 벌금을 대신 내주고 이 일을 마무리했다.

홍국영 사건이 터졌다. 은언군이 장남 이담을 원빈의 양자로 보냈었다. 신하들은 홍국영을 역적으로 규정했다. 홍국영이 상계군 이담(완풍군)을 왕으로 세우려 했다는 소리가 돌았다. 그러면 역모가 된다. 그래서 은언군 이인과 이담 부자도 역적으로 몰려 공격받게 된다.

1786년(정조 10), 이담이 독을 먹고 죽었다. 자살이라고도 하고 독살이라고도 했다. 실록은, 은언군이 아들 상계군을 독살했다는 소리가 떠들썩하다는, 소문을 기록했다.[43] 외조부 송낙휴가 외손자인 상계군을 독살했다는 말도 퍼졌다. 홍국영이 죽은 후 그 일당이 역모를 도모하다가 일이 탄로 날 것을 염려해서 죽였다는 소리도 있다.

이담이 죽은 사유는 끝내 밝혀지지 않은 것 같다. 정조가 포도대장 조규진과 이한창을 파직했는데 그 이유가 "역적 담이 독약을 먹은 원인을 아직도 캐내지 못했기 때문이다."[44]

"삼군문의 대장에게 명하여 휘하 군사를 거느리고 각자 맡은 지역에 주둔하게 하고, 병조판서는 용호영 휘하의 금군을 거느리고 내병조 사문과 대궐 문에 병력을 추가하여 지켜서 불의를 예방하고, 합문의 내외 좌우 통장(統將)은 무예별감을 거느리고 칼을 차고서 지키게 하라."[45]

상계군 이담이 세상을 떠나고 한 달쯤 지나서 정조가 명령했다. 삼군문의 대장과 병조판서 등에게 불의의 사태에 대비하고 궁궐 방비를 단단히 하라고 했다. 뭔가 심각하다. 비상 상황이다. 누가 쳐들어오나? 왜?

구선복(1718~1786)이라는 이가 있다. 무과 출신으로 영조 때 이미 총융사, 훈련대장 등에 오르며 조선 무장(武將) 가운데 일인자로 인정받고 있었다. 정조가 즉위한 뒤에도 주요 관직을 두루 거쳐 훈련대장을 맡고 있다. 5군영의 핵심은 훈련도감이다. 따라서 훈련도감의 수장인 훈련대장이 5군영의 대장 가운데 제일 높은 위상을 지니고 있었다.

역대 훈련대장을 가장 많이 배출한 가문이 능성구씨 집안이다. 12대에 걸쳐 6명의 훈련대장이 나왔는데 구사직, 구굉, 구인후, 구성임, 구선행 그리고 구선복이다.[46] 이래저래 구선복은 조선의 군권을 사실상 장악한 실세였다. 왕권의 안정과 강화를 위해 정조가 넘어야 할 큰 산이 구선복이었다.

1786년(정조 10). 정조는 훈련대장 구선복을 파직하고 이내 체포를 명한다. 역모 사건에 개입된 혐의를 잡은 것이다. 구선복을 잡아다 추국하던 12월 8일. 영의정 김치인이 궁궐 방비 대책을 세워야 한다고 아뢰었다. 구선복을 따르는 군사들이 그를 구하려고 덮칠지도 모른다. 그래서 정조가 군사를 동원하여 만약의 사태에 대비했던 것이다.

그만큼 구선복은 위협적인 존재였다. 정조는 긴장하고 또 긴장했을 것이다. 하지만 다행히 별일 없었다. 구선복은 혐의를 인정하고 역모죄로 능지처사 되었다. 관련 인물들도 여럿 죽임을 당했다. 그러면 구선복은 누구를 왕으로 추대할 심산이었나. 이담이었다. 또 상계군 이담이었다.

이담, 이제 빼도 박도 못하는 역모 죄인이 됐다. 홍국영도 구선복도 이담을 왕으로 세우려 했다니 말이다. 그런데 이담은 이미 죽었다. 이 세상에 없다. 그래서 모든 화살이 이담의 아버지인 은언군 이인에게 집중되었다.

조정 안팎이 뜨겁다. 은언군과 은언군의 남은 자식들을 처벌해야 한다는 주장이 빗발쳤다. 영의정이 백관을 거느리고 와서 정조를 압박했다.

은언군 이인과 그 자식들을 그냥 두면, 제2의 구선복·제3의 구선복이 계속 나오게 된다고 했다. 그러하니 "삼가 바라건대, 빨리 여러 사람의 소원을 따라 이인은 법에 따라 처단하고 담은 소급해서 관작을 삭탈하고 담의 아우들은 먼 섬에 안치" 하시라 요구했다.[47]

은언군을 사형시키고 은언군의 자식들은 귀양보내라는 것이다. 정조는 거부했다. 은언군 처벌을 요구하는 상소문을 불태워버리라고 명하기도 했다. 심지어 여러 날 '단식 투쟁'까지 하며 은언군의 목숨을 지키려고 했다. 임금이 식사를 거부하고 있다! 신하들이 한발 물러설 수밖에 없었다.

정조와 신하들 간에 타협이 이루어졌다. 은언군을 사형시키는 대신 멀리 외딴섬으로 귀양보내기로 한 것이다. 유배지는 제주도로 정해졌다. 1786년(정조 10) 12월 28일, 은언군과 가족이 제주도 유배형에 처해졌다. 제주로 떠날 은언군과 그의 가족….

임금이 은밀히 사람을 강화도에 보내 편리하고 좋은 백성의 집 몇 채를 사서 한 채의 집으로 만든 다음 또 내관을 시켜 인과 그의 처자들을 데리고 새벽에 도성을 빠져나가 그 집에 있게 하였는데, 조정에서는 이를 몰랐다.[48]

무슨 소리인가. 은언군 일행은 제주도로 가지 않았다. 강화도로 갔다. 소설에나 나올 법한 일이다. 정조가 강화에 동생 이인 가족이 살 집을 미리 마련해두고 몰래 빼돌린 것이다. 제주도 유배형을 공식적으로 명하고 말이다. '유배'라고 쓰고 '이사'라고 읽어야 할 상황이다.

신하들, 어이없다. 기가 막힌다. 반발이 당연했다. 임금과 신하들의 대화를 들어보자.

정조 : "인이 설사 죄가 있더라도 어찌 차마 도사가 압송하는 것을 볼 수 있겠는가? 이미 강화도에 집을 사 두고 그의 처자도 그곳에 살게 했는데, 이 역시 귀양 보낸 것이고 강화도 역시 섬이다."
좌의정 이복원 등 : "강화도는 한양에서 가까운 곳입니다. 그곳에 유치한 것을 어찌 섬에다 귀양보냈다고 말할 수 있겠습니까?"
비변사 당상 서유린 등 : "이 일은 아주 부당합니다. 신들이 지금 이 분부를 받고 나서 너무나 기가 막힙니다."
정조 : "이미 시행하였으니, 말한들 무슨 소용이 있겠는가?"[49]

대신들이 거듭 글을 올려 임금의 명을 거두시라, 은언군 이인을 강화도로 보낸 것은 부당하다, 아뢰었으나 정조는 요지부동하였다. "말한들 무슨 소용이 있겠는가?" 좀 뻔뻔함도 비친다.

문수산성 남문 (경기 김포)
문수산성은 1694년(숙종 20)에 완공되었다. 이후 문수산성 남문을 통해서 한양과 강화를 오갔다.

해후

은언군 이인과 그 가족이 네 개의 옥교자와 한 개의 초교자를 타고 김포 문수산성에 도착한 것은 1786년(정조 10) 12월 30일. 유배길을 가마 타고 갔다. 이제 배 타고 건너면 강화도 갑곶나루에 도착한다. 그런데 발이 묶였다. 소식을 들은 강화유수가 은언군 일행의 강화 입도를 막은 것이다.

강화유수 조정진이 정조에게 급히 보고했다.

"의금부의 사전 통고도 없이 더구나 도사가 압송한 것도 아니고 일개 내시가 흉악한 역적 부자와 처첩을 데리고 와서 한양과 가까운 곳에 모여 살게 하였으니, 뒷날의 폐단이 이루 말할 수 없게 되었습니다. 신이 강화를 지키는 임무를 맡고 있으면서 걱정과 분노에 복받쳐 감히 역적 인을 한 걸음이라도 갑곶진을 건너게 할 수 없기에 우선 엄중히 지키면서 삼가 처분을 기다리고 있습니다."

사실상 강화유수의 항명이다. 화가 치민 정조가 말했다. "내관이 왕의 명을 받아 갔으니 일단 이인을 강화 집에 들게 하고 나서 잘못된 걸 장계나 상소로 고하면 될 일이었다. 유수가 그러지 않고 그냥 막았으니 무엄하다."

그리고 선전관을 다시 보내 은언군 이인을 강화도로 가게 했다. "그래도 유수가 막으면, 유수를 붙잡아 오라!" 명령을 덧붙여서.[50] 이리하여 이인과 그의 가족이 강화 집으로 들어갈 수 있었다.

이렇게 되자 신료들이 더 세게 나왔다. 법대로 은언군 이인을 사형에 처해야 한다고 주장했다. 대신이 나서고 삼사가 나섰지만, 그때마다 정조는 그들의 말과 글을 물리쳤다. 그렇게 3년 세월이 흘렀다. 그동안 뒤에서 조정에 영향력을 행사하던 왕대비 정순왕후가 이번에는 공개적으로 대신들에게 글을 내렸다.

"왕법이 엄하지 못하여 이인은 그 목숨을 보전하게 되었다. 그런데 이제 또 서울에 올라와 마치 아무렇지 않은 듯이 그의 집에 머물고 있다. 경들은 … 어찌 주상이 이런 일을 하도록 할 수 있단 말인가."[51] 하며 대신들을 질책했다.

강화에 갇혀 있던 은언군 이인이 어떻게 한양에 와 있는가. 정조가 몰래 사람을 보내 데려왔다. 영중추부사 김치인과 규장각 제학 김종수가 상소하여 이인을 속히 강화로 돌려보내시라 청했으나 정조는 거절했다.

1789년(정조 13) 9월 26일, 결국 왕대비가 나섰다. 신하들에게 명하여 은언군 이인을 강화도로 끌어가게 했다. 늦게 소식을 들은 정조가 황급히 궁궐을 나섰다. 이인을 다시 데려오려고 했다. 하지만 왕대비가 궁궐에서 나가 살겠다며 겁박하자 어쩔 수 없이 그냥 환궁했다. 프롤로그로 소개했던 그 사건인데 《정조실록》에 나온다.

그날 그 사건을 조금 더 상세히 알고 싶어서 《승정원일기》를 열었다. 아무 말 없다. 아니, 왜 없지? 아차차, 철종 일가 관련 기록을 모두 없애버렸지. 《승정원일기》에 용케 살아남은 기록은 정조의 비망기(備忘記, 국왕의 명령서)였다.[52]

"자교(慈敎, 왕대비의 지시)가 중하다고 해도 임금인 나에게 먼저 물어야 한다. 내가 허락한 뒤에야 자교를 따를 수 있는 것이다. 그게 만고의 법이다. 의금부 당상이 한 짓은 몹시 괘씸하다. 포도대장이 나에게 묻지도 않고 함부로 군 것은 극히 잘못된 행동이다. 포도대장 둘 다 귀양보내라."

1년여 뒤 또 다른 사건이 벌어진다. 1790년(정조 14) 11월 어느 날. 정조가 군복 차림으로 궁궐 선화문을 나섰다. 신하들이 가마를 막아섰다. 어디로 가시려고 그러십니까. 정조는 막아서는 신하들의 파직을 명하며 전진한다. 겨울이다. 날씨가 추우니 환궁하시라 청하자 정조는 시원해서 바람 쐬기 좋다고 눙치며 계속 간다. 왕을 태운 가마는 아현을 넘어 별영(別營)의 관사(官舍)에 도착했다. 그곳으로 강화의 은언군을 불러오도록 미리 지시했던 것이다.

강화유수가 성문을 열어주지 않아서 곤경을 치렀다. 가마를 여러 대 보내 '위장 전술'까지 펴면서 이인을 강화에서 겨우 빼내 왔다. 그런데 왕대비가 보낸 내관들이 길을 막는 바람에 정조가 강화로 보냈던 이들과 왕대비가 보낸 이들 간에 몸싸움까지 벌어졌다. 정말 힘겹게 은언군이 오고 있다.

지의금부사 정호인의 지시를 받고 도사 강관이 나장 15명을 데리고 양화진 쪽으로 갔다. 은언군을 중간에 잡아서 강화로 되돌려보내려고 한 것이다. 지의금부사 정호인에게 그렇게 하라고 명한 이는 왕대비였다. 정조에게 비밀로 한 일이었으나 이내 정조가 그 소식을 들었다. 즉시 선전관 이현도를 보내 도사 강관을 붙잡아 왔다. 정조는 강관을 곤장 치게 하고 정호인도 잡아들여 엄히 문책했다. 별영까지 따라온 신하들은 계속 "어서 환궁하옵소서." 읍소하고 있었다.

그날 밤 정조는 군사를 모아 훈련을 시행했다. 등불과 횃불을 모두 끄고 하는 훈련이다. 칠흑 같은 어둠, 거기에 안개까지 자욱하였다. 그때 은언군을 데리고 온 이들이 은언군을 썰매에 태워 냅다 달렸다. 어둠과 안개가 그들을 가려주었다. 드디어 은언군이 약속 장소에 도착했다. 불화살 하나가 하늘로 날았다. 신호가 되어 등불과 횃불이 일제히 켜졌다. 훈련은 계속된다.

은언군이 안으로 들어가니 한 여인이 거기 있었다. 여인은 누구일까? 설마 왕대비 정순왕후?

아니, 숙빈임씨였다. 은언군의 생모다. 정조는 그렇게 은언군 모자의 극적 상봉을 이루어 주었다. 세상에 하나뿐인 엄마, 세상에 하나 남은 아들, 모자는 눈물로 흠뻑 젖었을 것이다. 여느 날보다 밤이 짧았다. 날이 밝고 있었다.[53] 정조는 환궁 시간을 미루며 은언군이 어머니와 조금이라도 더 있게 해주었다.

빈, 귀인, 소의… 왕의 후궁 서열이 있듯이 세자의 후궁도 품계가 정해져 있었다. 양제, 양원, 승휘….

세자의 후궁 가운데 '양제'가 제일 높은 자리다. 세종 때 정2품으로 규정했는데 이후 《경국대전》에서 종2품으로 변경되었다.

숙빈임씨는 사도세자의 후궁으로 양제가 되었다. 그래서 양제임씨라고 칭했다. 은언군과 은신군을 낳았다. 사도세자가 즉위하게 되면 정1품 후궁 '빈'으로 오를 것이다. 그런데 사도세자가 죽임을 당하면서 자식들을 데리고 궁궐 밖으로 나와 살게 되었다. 그 집을 양제궁이라고 했다. 대한제국기인 1899년에 고종이 사도세자를 장조로 추존하면서 양제임씨를 숙빈으로 올렸다. 그래서 은언군 어머니이자 철종의 증조할머니인 양제임씨를 숙빈임씨로 부르게 된 것이다.

1795년(정조 19), 정조가 양주 선희묘에 행차했다가 서강으로 갔다. 이번에도 은언군을 만나기 위해서였다.[54] 선희묘는 사도세자의 어머니 영빈이씨의 무덤인 수경원이다. 경기도 고양 서오릉에 있으나 정조 때는 양주 땅(연세대학교 캠퍼스)에 있었다. 지금으로 치면 정조가 서울 신촌에서 한강으로 나가 은언군을 만난 것이다. 이외에도 몇 번 더 은언군을 강화에서 불러내 회포를 풀었다.

판중추부사 채제공(1720~1799)이 글을 올려 청했다. "삼가 원하옵건대 성상께서는 이인이 혹시라도 도망쳐 나오게 하지 마시고 거둥하시는 일을 즉각 중지하도록 명하시어 국가의 형세를 공고히 하시고 국가의 법이 엄해지게 하소서."

정조의 든든한 우군인 채제공은 "엎어지고 넘어지더라도 대궐에 나아가 돌계단에 머리를 짓찧으면서 상의 마음이 돌아서도록 하고 싶은 마음이" 간절하지만, 병이 너무 심해 글로 대신한다며 정조를 말렸다. 글을 읽고 정조가 말했다. "늙은 정승이라고 해서 관대히 용서할 수는 없는 일이다. 경을 파직시켜야 하겠다."[55]

채제공이 정조에게 은언군을 만나지 마시라는 글을 올린 때가 1798년(정조 22) 9월 7일이다. 그때도 은언군이 한양에 왔다. 정조는 다음 날 9월 8일에 훈련원에 나가 은언군을 만날 예정이다.

9월 8일 당일, 반대 상소가 계속됐다.

부호군 서영보는, 정조와 은언군의 만남이라는 비상식적인 일이 연례행사가 돼버렸다고 개탄했다. 서영보는 신하들의 잘못도 지적했다. 은언군이 상경할 때마다 목숨이라도 내놓을 듯 거칠게 반대하다가 은언군이 정조를 만난 뒤 강화로 돌아가면 아무 일도 없었다는 듯 조용해지고 마는 신하들의 행태를 꾸짖었다. 신하들이 그 모양이라서 정조가 더 만만하게 여기고 역적을 한양으로 부른다고 했다. 그러면서 은언군을 속히 강화로 잡아가게 하라고 요구했다.

좌의정 이병모는 아예 백관을 이끌고 훈련원까지 와서 따졌다. "전하께서 오늘 같은 큰일을 저지르시는 것이 도대체 몇 번입니까?"

결국, 정조가, 사과하듯, 입을 열었다.

은언군을 보고 싶은 마음이 너무 꽉 차서 1년에 한 번 정도 만났다고 했다. 읍청루에서 두 번, 남소영(南小營)에서 한 번, 북영(北營)에서 한 번, 태창·기영·돈녕부 앞길·훈련원의 교외 관사·금릉의 행재소·오늘의 이 훈련원에서 각각 한 번에서 두 번. 모두 해서 10여 차례 만난 것 같다고 밝혔다. 속마음도 드러냈다.

〈은언군을 만나려고〉 봄 경치 감상한다 핑계 대기도 하고 말 달리고 칼 쓰는 것을 시험하겠다는 명을 슬쩍 이용하기도 하였는데, 서리 내리고 눈 오는 밤이나 비바람 치는 새벽녘 이모저모로 궁리를 짜내느라 정신을 많이도 소모하였다. 그런데 한 번 소란스러운 과정을 거칠 때마다 그만큼 괴로움이 더해져 기력이 쇠하기도 전에 머리칼이 하얘지고 늙기도 전에 이가 빠지게끔 되었으니 요즘 나의 몰골이 어떻다 하겠는가.[56]

강화도에 나타난 정조?

　가엾다, 정조. 하지만….
　형제 상봉을 막으려는 왕대비 정순왕후와 신하들의 행위는 잘못된 것인가. 정조는 그저 가여운 피해자인 것일까? 왕대비와 신하들은 악이요, 정조는 선인가? 꼭 그렇지만은 않을 것이다.
　수렴청정하는 것도 아닌데 왕대비가 왕의 정사에 공개적으로 개입한 것은 적절하지 않다. 하지만 역모에 엮인 왕족을 처벌해야 한다는 주장은 어느 때나 나오기 마련이다. 정순왕후가 은언군을 강화로 다시 잡아 보내게 한 것은 나름, 법과 원칙을 지키려는 행위이기도 했다.
　법과 원칙을 어긴 쪽은 사실 정조였다. 은언군을 제주도로 귀양 보내기로 했으면, 약속대로 보내야 했다. 정조가 은언군을 유배형에 처한 것은 어쨌든 그를 역모 죄인으로 공인한 것이니까. 하지만 죄인을 조정도 모르게 강화도로 가게 했고 수시로 유배지 밖으로 빼내곤 했다. 공적으로 접근해야 할 일을 너무 사적으로 처리했다.
　그런데, 정조가 그렇게 간절하게 아우 은언군을 지키고 싶었다면,

신하들과 끝까지 맞서서 귀양 보내지 말았어야 하는 것 아닌가. 힘 다해 버티면 결국에는 왕이 이기게 되는 것 아닌가. 더구나 은언군을 강화로 귀양 보낸 해는, 즉위 초와 달리 왕권이 안정된 재위 10년 때(1786) 아닌가.

아마도, 정순왕후 때문이었을 것이다. 왕대비 정순왕후가 은언군 처벌을 요구하다가, 정조가 듣지 않자, 차라리 죽겠다며 탕약과 음식을 모두 거부하고 들지 않았다.[57] 임금에게 효(孝)의 무게감은 엄청나다. 왕권의 정당성은 효를 전제로 확보된다. 정조는 할머니 정순왕후의 뜻을 거역하기 어려웠다. 그래서 은언군에게 유배 형벌을 내렸을 것이다.

혹시, 정조가 은언군을 만나러 직접 강화도로 간 적은 없었을까?

에이, 그게 될 일인가?

그렇지, 말이 안 되지?

알 수 없지만, 정조가 강화도까지 가지는 않았을 것 같다. 그런데….

다음은 《순조실록》이다. 조선왕조실록 사이트의 번역문을 그대로 옮겨왔다.

> 정묘(정조)께서는 형제간에 그리워하는 생각을 견딜 수 없어 해마다 번번이 불러서 접견하였으며 또 일찍이 강화부 객관(客館)에서 인을 소견하고서 밤이 지새도록 돌아오지 않은 적이 있었습니다.[58]

'강화부 객관(客館)'이라면, 강화유수부 객사를 말하는 것 아닌가. 갔구나! 정조가 동생 만나러 강화까지 갔었구나! 그런데, 어딘지 좀 거시기해서 원문을 확인해봤다. 원문은 '江華府 客官(강화부 객관)'이 아니라 '江館(강관)'이었다. 번역자는 '江館'을 '강화부 객관'으로 풀었다. 앞뒤 문맥을 고려한, 개연성 있는 번역이기는 하다. 하지만, '강관'은 강화부 객관이 아니다.

정조가 은언군을 불러올려서 어머니를 만나게 해주었던 그날, 정조는 '무단 외박'을 했다. 밤새 궁궐에 없었다. 궁궐은 그야말로 초비상 사태였다. 정조의 외박 사건 이후 3개월 지난 1791년(정조 15) 2월, 신하들이 상소하여 이 문제를 다시 짚었다.

이조판서 홍양호 등이 올린 상소에는, 정조가 당시 '江館'에서 밤을 보낼 때 신하들이 전부 궁문에서 부르짖었다는 내용이 나온다.[59] 앞에 인용한 《순조실록》 기록도 바로 이 사건을 말한 것이다. 강관(江館)은 강화유수부의 객관(객사)이 아니라 '강가의 처소' 정도의 의미로 쓰였다. 구체적으로 별영의 관사를 가리키는 것 같다. 정조가 강화도까지 가서 은언군을 만난 것이 아니었다.

화려한 날은 가고

귀양살이가 화려할 수 있겠나.

그래도 정조 시절 은언군의 귀양살이를 '화려한 날'로 비유는 할 수 있겠다. 조정 신료들은 은언군의 유배살이를, "좋은 곳에서 편안하게 먹고 쉬었다"[60]고 평했다.

"왕이 비록 인을 섬에 안치하였으나 내부(內府)에 명을 내려 의복과 음식을 계속 갖다주라고 하므로 문안을 하는 사람과 음식을 갖다주는 사람이 길에 줄을"[61] 이었다는 실록 기록을 보면, 편안하게 먹고 쉬었다는 평이 틀리지 않아 보인다.

그랬는데, 정조가 세상을 떠났다. 형님 사망 소식을 들은 강화의 은언군, 여러 날 곡기를 끊고 애달파했다. 하늘이 무너진 심정이었을 것이다. 순조가 즉위했다. 11살이다. 대왕대비 정순왕후의 수렴청정이 시작됐다. 은언군 집안에 죽음의 손길이 뻗쳐 오기 시작했다.

1801년(순조 1) 3월, 정순왕후가 은언군의 부인 송씨와 며느리 신씨(상계군 이담의 부인)에게 사약을 내려 죽인다. 신유박해 때다. 천주교

신자인 '죄'였다. 은언군 부인과 며느리는 주문모 신부에게 영세를 받았다. 세례명은 두 사람 다 마리아였다. 송마리아, 신마리아.

송씨와 신씨는 주문모 신부를 한동안 집에 숨겨주기도 했었다.[62] 주문모 신부를 숨겨준 곳은 유배지 강화 집이 아니라 서울 집, 양제궁이다. 처음 은언군이 강화로 유배될 때 가족이 함께 강화로 갔으나 이후 언젠가 은언군 부인과 며느리는 서울 집으로 옮겨가서 살게 되었던 것 같다.

조정에서 은언군도 사형에 처해야 한다는 목소리가 다시 터져 나왔다. 계속 나왔다. 정순왕후는 신하들의 요구를 받아들이지 않았다. 대신 유배 형벌의 단계를 올렸다. 1801년(순조 1) 4월, 정순왕후가 명했다.

"강화부에 안치한 죄인 인은 곧 그 지역에서 그 아들과 아울러 다른 집에 이배하고 천극의 율을 가하도록 하라."[63]

지금까지 넓은 집에서 그런대로 편히 지내던 은언군이다. 바깥출입도 비교적 자유로웠을 것이다. 그런데 정순왕후가 천극안치를 명했다. 이제 꼼짝없이 방안에 갇혀 지내게 됐다. 그것도 살던 집이 아니라, 가시울타리로 꽉 막힌, 다른 집으로 옮겨져서 말이다.

천극안치 한 달 뒤, 1801년(순조 1) 5월, 비 오는 컴컴한 새벽에 은언군이 아들 철득과 함께 울타리를 뚫고 밖으로 나왔다가 붙잡혔다.[64] 어디로 가려고 그랬던 걸까. 정순왕후는 "가시울타리 밖으로 뛰어나와서 죄 위에 죄를 더하였으니, 대단히 밉다."고 했다. 그리고 은언군에게 사약을 보냈다. 15년 넘게 이어진 강화도 유배 생활이 끝났다. 48년 파란만장했던 은언군 이인의 삶도 이렇게 끝났다.[65]

장조와 정조 위패 (용주사)

경기도 화성시 용주사 호성전에 모셨던 사도세자(장조)와 정조의 위패이다. 2020년에 화재로 호성전이 모두 탔다. 당시 이 위패는 불교중앙박물관 특별 전시회에 나가 있어서 화마를 피했다고 한다.

'안치'의 의미를 따져보자.

안치(安置)라는 한자 자체는 안전하게 둔다는 뜻이다. 그런데 실제로는 유배라는 의미로 쓰인다. 유배 자체를 뜻하기도 하고 여러 가지 유배 형벌의 하나로 'OO안치'로 쓰여서 '감금'을 뜻하기도 한다. 위리안치(圍籬安置)가 대표적이다. 죄인이 유배 사는 집에 울타리를 두르고 문밖출입을 금하는 것이다. 외부인의 접근도 불가하다.

천극안치(栫棘安置), 가극안치(加棘安置)도 있다. 위리안치보다 천극안치가, 천극안치보다 가극안치가 이론상 더 무거운 형벌이다. 천극안치는 죄인이 갇힌 집에 이중으로 가시울타리를 치는 것이다. 가극안치는 천극안치보다 더 겹겹이 가시울타리를 치는 정도인 것 같다. 실제 적용은 상황에 따라 차이가 있었을 것이다.

위리안치와 천극안치·가극안치는 사실상 거기서 거기였던 것 같다. 벌을 더한다는 상징적인 의미가 크다고 할 수 있겠다. 그래서 천극안치와 가극안치를 위리안치의 하나로 이해하기도 한다. 참고로 한자를 풀어본다.

위리의 위(圍)는 둘레라는 뜻이지만 여기서는 '에워싸다'라는 뜻으로 쓰였다. 리(籬)는 울타리이다. 천극의 천(栫)은 울타리 천, 극(棘)은 가시나무 극 자이다. 가극의 가(加)는 더한다는 뜻이니, 가극(加棘)은 가시나무를 더한다는 의미가 된다.

미안하다 아우야

정조에게 은언군은 동생이지만, 잠재적 '적'이 될 수 있는 존재였다. 언제든 역모 세력이 은언군을 왕으로 추대하겠다고 할 가능성이 있는 것이다. 더구나 은언군은 역모 사건에 결부된 죄인이다. 다른 왕들 같으면, 신하들의 요구에 못 이기는 척, 은언군을 진작 죽였을 것이다. 그런데 정조는 무리수를 두면서까지 은언군을 보호했고 강화에서 불러내 만나보곤 했다.

정조는 왜 그렇게까지 은언군을 지키려고 애썼을까. 이 문제를 한번 생각해보자.

사도세자는 5남 3녀를 두었다. 5남은 의소세자, 정조, 은언군 이인, 은신군 이진, 은전군 이찬이다. 의소세자와 정조는 혜경궁 홍씨 소생이고, 은언군과 은신군은 숙빈임씨, 은전군은 경빈박씨가 낳았다.

정조의 형 의소세자는 요절했다. 은신군 이진은 귀양지 제주에서 사망했다. 은전군 이찬은 정조가 사약을 내려 죽였다. 정조에게 남은 형제는 그래서 하늘 아래 은언군뿐이었다. 지켜주고 싶었다. 지켜야 했다. 험한 세상, 형제는 서로의 의지처다.

아마도 정조는 어린 시절에 다른 형제들보다 은언군과 더 깊은 정을 나누었을 것 같다. 아버지 사도세자가 죽임을 당할 당시 정조는 11살, 은언군은 9살이었다. 은언군이 유독 정조를 따랐고 그런 은언군을 정조가 보듬고 아꼈을 것이다.

여기에 더해서, 미안했기 때문에 은언군을 더 지키려고 했을 것이다. 정조는 아우 은언군에게 정말 미안했다.

영조가 은언군을 제주도로 유배 보냈었다. 단순 유배가 아니라 바깥출입을 금하는 천극안치였다. 거의 사형죄에 준하는 형벌이다. 행실이 바르지 못한 죄 때문에 받은 형벌치고는 너무 심했다. 영조는 왜 손자에게 가혹한 벌을 내렸던 걸까.

표면적인 이유는 행실의 문제이지만, 역모 소문과 관련이 있는 것 같다. 사도세자의 장인인 홍봉한이 은언군이나 은신군을 추대하려 한다는 말이 은밀히 돌았던 모양이다.[66] 그 사실을 대개의 신하들은 몰랐던 것 같다.

"나이 어린 가까운 종친이 시민에게 끼친 폐단은 몹시 책망할 것도 못 되는데도 임금의 위엄 있는 성냄이 이 지경에 이르렀으니, 당시 많은 신하들은 모두 그 까닭을 알지 못하였다."[67]라고 실록은 적었다.

당시 사관은 영조의 의도를 헤아렸다.

"성상께서 궁중에 불러들여 가르쳐 책망하고 회초리를 때리는 것이 옳았다. … 진실로 인(絪)을 전형(典刑, 형법)에 비추어 처치하려 한 것이 아니고, 단지 위노(威怒)를 엄중하게 보여 당인(黨人)의 싹트는 역심을 미리 꺾으려 한 것일 뿐이었다."[68]

사관의 분석을 풀어보자. 은언군의 잘못은 소소한 것이다. 영조가 불러 꾸짖고 회초리 몇 대 때리는 정도로 그쳐야 옳았다. 그런데 영조가 앞장서서 제주도에 안치했다. 진심으로 은언군을 처벌하려고 한 것이 아니다. 일부러 화난 모습을 보여 신하들이 은언군 이인을 추대하려는 역심을 품지 못하게 미리 막은 것이다. '난 손자도 이렇게 처벌하는 왕이다. 너희 신하들 함부로 딴 뜻 품지 마라. 걸리면 죽는다!'

은언군을 추대하려는 '역심(逆心)'은 곧 세손 정조를 흔드는 행위이다. 세손을 부정하는 짓이다. 결국 영조는 은언군을 희생시켜서 정조를 지키려는 마음을 먹었던 것으로 해석할 수 있다. 정조가 무사히 왕위를 잇도록 방어막을 친 것이다.

이 모든 과정을 세손 정조가 지켜보았다. 자기 때문에 죄 없는 아우 은언군이 먼 제주로 귀양 가서 곤욕을 치렀다고 여겼을 법하다. 그래서 미안했을 것이다.

즉위하고 나서 또 미안한 일이 생겼다. 구선복 사건 때다. 정조는 상계군 이담 얘기가 나올 것을 알고 있었다. 사건을 파헤치면 상계군의 아버지인 은언군에게 불똥이 튄다. 역모죄를 피해 갈 수 없다. 구선복을 건드리지 않으면 은언군이 무사할 수 있지만, 그럴 수는 없었다.

은언군이 곤경에 처하게 되더라도 구선복을 제거해야 했다. '미안하다 아우야, 하지만 너만은 지켜주마.' 이런 마음이었을 것 같다. 은언군 부인(상산군부인 송씨)의 어머니가 능성구씨이다. 은언군 부인이 구선복과 친척이다. 정조는 이 점도 신경이 쓰였을 것이다.

그동안 정조는 구선복을 어떻게 여겼을까?

구선복은 사도세자 죽임에도 관여했던 인물이다. 1762년(영조 38) 임오년 그때 영조는 구선복에게 뒤주를 구해오라 명했고, 또 사도세자 갇힌 뒤주를 지키라고 명했다. 당시 구선복은 포도대장이었다. 구선복이 뒤주에 갇힌 사도세자를 모욕했다는 이런저런 이야기도 전해진다.

정조는 구선복을 싫어했다. 아니 증오했다. "손으로 찢어 죽이고 입으로 그 살점을 씹어먹는다는" 말로도 부족하다고 했다. 얼굴 보는 것조차 끔찍해 했다. 구선복을 보면 심장과 뼈가 떨린다고도 했다.

그런데 왜 오래도록 우대했나, 아니, 우대하는 척했나?

구선복을 처형하고 몇 년 뒤 정조가 그 사정을 밝혔다. "그가 병권을 손수 쥐고 있고 그 무리들이 많아서 갑자기 처치할 수 없었으므로 다년간 괴로움을 참고 있다가 끝내 사단으로 인하여 법을 적용하였다."[69]

정조의 시각에서 볼 때 구선복은 아버지 사도세자의 죽음과 연관된 인물이다. 증오심을 가질 수밖에 없었다. 하지만 구선복도 할 말이 있을 것이다. 포도대장 신분으로 임금 영조의 명령을 어찌 거부한단 말인가.

여기에 이르고 보니 궁금해지는 게 있다. 그렇게도 은언군을 아낀 정조가 또 다른 동생인 은전군 이찬은 왜 죽인 걸까?

정조의 뜻이 전혀 아니었다. 내막이 이렇다.

즉위 초인 1777년(정조 1), 홍계능 등의 반역 음모가 적발됐다. 그들은 은전군 이찬(1759~1778)을 추대하려 했다고 자백했다. 신하들은 은전군을 죽여야 한다고 했다. 정조는 거절했다. 정조가 한 말을 요약해 본다.

"내가 의지하는 형제가 셋뿐이었는데 이진(은신군)은 일찍 죽었고 이인(은언군)은 늘 병치레다. 다행히 이찬(은전군)이 무탈하여 든든하였다. 그런데 흉악한 역적들의 입에서 이찬 이름이 나오고 말았다. 이리되면 몸을 보존하기 어렵다는 것을 나도 모르지 않는다. 허나, 경들은 내 딱한 처지를 이해하고 부디 죽이라는 말만은 거두어 달라. 부탁한다."

신하들은 "진실로 이 역적을 한 시각이라도 숨을 쉬며 살아 있게 한다면 이는 한 시각이라도 나라가 나라 꼴이 될 수 없게 되고, 하루를 살아 있게 한다면 이는 하루라도 나라가 나라 꼴이 될 수 없게 되는 일"이라며 정조를 압박했다.

숨 쉴 틈도 없이 몰아붙였다. 심지어 은전군을 잡아들이라는 임금의 명령서를 신하들이 마음대로 썼다. 정조가 그걸 찢어버리라고 명했으나 아무도 듣지 않았다. 그리고는 은전군을 잡아다 의금부에 가둬버렸다. 정조는 아무것도 할 수 없었다.

영의정을 비롯해 신하들이 나서서 계속 죽임을 명하시라 요구하고 요구하고 또 요구하고 정조는 거부, 거부, 거부. 실록은 "대신·삼사·종친·문음무(文蔭武)와 백관이 날마다 서로 상소와 계사를 올리며 복합하였고, 날을 지새우면서 정청하였는데, 무릇 44번이나 하고 삼사에서는 무릇 62번이나" 아뢰었다고 적었다. 가히 군신 간의 전쟁이었다.

정조는 은전군을 살려 놓아도 이미 죽은 것이나 마찬가지이고 또 은전군이 "필연코 마땅히 몸가짐을 근신하여 후환이 없을 것"을 자신이 보장하겠다며 신하들에게 '선처'를 호소했다.

그러나 신하들은 정조의 의견도 묻지 않고 은전군을 끌어내 마당에 꿇리어 놓고 자진하라고 압박했다. 은전군은 너무도 억울했다. 자진을 거부했다. 신하들은 다시 정조에게 죽임을 명하라고 요구했다.

막가는 신하들 앞에서 정조는 속수무책이었다. 눈물 뚝뚝 흘리며 그리하라 허락할 수밖에 없었다.[70] 그렇게 은전군이 죽었다. 즉위 초 정조, 아직은 그저 신권(臣權)에 눌린 허약한 군주였다.

끝이 끝이 아니다

은언군은 갔으나 끝이 아니었다. 여전히 그의 아들들은 강화도에 갇혀 있었다. 조정에서 은언군의 자식들도 죽여야 한다는 소리가 나왔으나 거기까지는 정순왕후가 따르지 않았다. 오히려 그들을 돌보는 모습을 보인다.

겨울, 은언군의 자식들은 온돌도 없는 방, 그러니까 광 같은 곳에서 지내고 있었다. 정순왕후는 온돌을 설치해 주라고 했다. 영의정 심환지는 온돌을 새로 놓는 것보다 온돌 있는 집으로 은언군의 자식들을 옮기는 게 좋겠다고 말한다.[71]

1801년(순조 1) 12월 15일, 순조는 강화부 천극 죄인 성득(成得)·철득(鐵得)·쾌득(快得)을 근처 다른 집으로 옮겨 천극하겠다는 보고를 받는다.[72] 이제 은언군의 자식들은 그나마 따뜻한 온돌방에서 지낼 수 있게 되었다.

하지만 열악한 환경은 어쩔 수 없었다. 1805년(순조 5)에 안치된 집에 불이 나서 곤욕을 치렀고[73] 1808년(순조 8)에는 비바람에 집 벽이 무너져 압사할 뻔하기도 했다.⁷⁴ 1813년(순조 13)에도 초가지붕이 삭아서 비가 새는 바람에 벽이 무너지는 사고가 있었다.⁷⁵

역모를 꾀한 세력들이 은언군의 자식을 새 왕으로 옹립하려 했다고 자백하는 바람에 죽임을 당할 뻔한 위기도 여러 번이었다. 어느 날 갑자기 사약이 내려와도 이상하지 않을, 그런 상황에서 은언군의 아들들은 고단한 삶을 이어간다. 그렇게라도 살 수 있었던 것은 사형해야 한다는 신하들의 요구를 순조가 꿋꿋하게 막아주고 있었기 때문이다.

1812년(순조 12)에는 이런 일이 있었다. 금부도사가 강화도에 직접 가서 강화유수와 함께 은언군 아들들을 조사하고 결과를 임금에게 보고했다.

> 죄인 성득은 37세이고 키가 4척쯤이고 얼굴은 쇳빛[鐵色]이며 구레나룻이 다소 길며 왼쪽 팔과 왼쪽 다리가 마비되어 걸음걸이가 불편하였습니다. 죄인 철득은 32세이고 키가 4척쯤이며 얼굴이 쇳빛이고 구레나룻이 짧고 다소 비대하였습니다. 죄인 쾌득은 27세로 키가 4척쯤이고 얼굴이 쇳빛이고 작고 수척하고 구레나룻이 다소 길었으며 모두 총각이었습니다.⁷⁶

나이와 생김새를 자세히 보고한 것은 지금 갇혀 있는 이들이 은언군 아들 성득·철득·쾌득이 분명하다는 것을 순조에게 알리기 위함이었다. 무슨 일이기에 금부도사가 세세하게 본인 여부를 확인한 걸까.

> 천오장은 본디 고양의 상천(常賤)으로 품팔이로 살아가다 도둑질 때문에 쫓겨나자 마침내 지극히 흉패한 계책을 내어 이인성이라 성명을 바꾸고 스스로 심적(沁賊, 은언군)의 아들이라 일컬으면서, 시골 백성들을 속이고 협박하여 의식(衣食)을 요구하다가 금성 땅에서 잡혔다.[77]

심적(沁賊)은 심도(沁都)의 역적(逆賊)이라는 뜻이다. 고려시대에 강화의 별칭이 심주(沁州)였다. 대몽항쟁기에 개성에서 강화로 도읍을 옮기면서 강화는 강도(江都)가 되었다. 심주는 심도(沁都)로 불리게 되었다. 조선시대에도 심도라는 별칭이 계속 쓰였다. 그래서 실록에 은언군을 심적으로 칭한 것이다.

천오장이라는 사람이 금성(지금 강원도 철원 지역)에서 은언군 이인의 아들이라고 속이고 사기 치다가 붙잡혔다. 혹시 강화에서 누가 탈출한 것인가? 사람을 바꿔치기했나? 이걸 확인하려고 금부도사가 강화도까지 갔던 것이다.

성득·철득·쾌득은 사람들에게 철저히 잊힌 존재가 되고 싶었을 것이다. 하지만 잊힐 수 없는 것이 그들의 위치요, 운명이었다.

어느덧 강화도 귀양살이 30년이 넘었다. 1817년(순조 17), 의금부가 순조에게 아뢰었다. "강화 죄인 성득이 물고(物故)되었다고 합니다."[78] 성득이 사망했다는 보고이다. 보통, 죄인이 죽거나 죽임을 당한 걸 물고라고 하는데, 성덕이 어떤 연유로 세상을 떠난 것인지는 알 수 없다. 이제 철득과 쾌득, 둘만 남았다.

성득이 사망하고 사흘 뒤 조정. 영부사 이시수가 순조에게 거칠게 대든다.

"심도의 양적(兩賊)을 딴 곳으로 옮겨놓고 방수(防守)하라는 명이 계셨음을 알았습니다. 이들 죄인은 바로 죄가 종묘사직과 관계된 역적이므로, 전하께서 비록 법을 굽혀 은의(恩意)를 베풀고자 하더라도 신등은 결코 받들지 못하겠습니다."[79]

이성득이 죽었다는 소식을 들은 순조는 가슴 아팠다. 그들은 사촌이다. 그래서 은언군의 남은 자식들이라도 좀 편하게 살게 해주고 싶어서 여건 좋은 집으로 옮기게 한 것인데 이시수가 그걸 강하게 막았던 것이다.

임금의 명은 승정원을 통해 내리는 게 원칙이다. 그런데 순조는 승정원을 건너뛰고 직접 내관을 강화도로 보내 일을 처리하게 했다. 승정원에 지시하면 승지들이 따르지 않을 것으로 여겼기 때문이다. 이시수는 승정원을 따돌린 순조의 처사도 잘못이라며 몰아붙였다.

국왕의 비서기관인 승정원까지 순조에게 글을 올려 따졌다.

"이 죄인들은 오래도록 흉도들의 기화가 되어 실로 종묘사직에 큰 걱정거리가 되어 왔습니다. 그런데 또 극문(棘門) 밖의 한 발자국의 땅에라도 나오게 한다면, 고금 천하에 어찌 이런 일이 있을 수 있겠습니까?"[80]

"극문(棘門) 밖의 한 발자국의 땅에라도 나오게 한다면"이라고 했다. 순조가 은언군 아들들을 다른 집으로 옮기면서 천극안치를 풀라고 지시했음을 짐작할 수 있다. 이제 이철득과 이쾌득이 집 밖으로 나올 수 있는 상황이 된 것이다. 새로 옮긴 집은 가시 울타리도 없었을 것이다. 순조가 승정원에 답을 내렸다. "아예 풀어주는 것과는 다르니, 번거롭게 하지 말라."

홍문관 부교리 조충식이 "나라의 형벌은 선왕(先王)의 법이요 천하의 공평함이니 임금이라도 사사로이 할 수 있는 것이 아닙니다."[81]라며 순조를 막으려고 했다. 그래도 순조는 철득과 쾌득의 천극안치를 풀었다. 유배 생활은 계속되는 것이지만, 바깥출입이 가능하게 해 준 것이다.

하지만 얼마 안 돼서 철득과 쾌득이 다시 집안에 갇힌 것 같다. 또 천극안치이다. 신하들의 끈질긴 반대에 순조가 물러설 수밖에 없었던 모양이다.

1819년(순조 19)에 쾌득의 생모가 병으로 강화에서 사망했다.[82] 의금부가 순조에게 묻기를, "도사를 〈강화로〉 보내서 그곳의 지방관과 함께 울타리를 열어 시신을 낸 뒤에 전처럼 봉쇄하도록 해당 부(府)에 지시하여 엄히 방수하도록 하는 것이 어떻겠습니까?"라고 했다.

쾌득의 어머니가 천극안치된 곳에서 죽은 것이다. 쾌득은 1817년(순조 17)부터 생모와 한집에 살고 있었다. 철득도 같이 살았다. 철득과 쾌득이 천극안치에서 일단 풀렸다가 다시 갇힌 상황이 쾌득 생모의 사망 기록을 통해서 사실로 확인된다.

비로소 눈부신 세상

은언군의 자식이 모두 몇 명이고, 이름이 무엇인지 정확하게 알 수 없다. 전계대원군 이광의 묘비에 은언군이 아들 다섯을 두었다고 나오는데 정확한 것인지 모르겠다. 일단 확실한 아들은 적장자인 상계군 이담과 풍계군 이당, 그리고 이광이다. 이광이 바로 철종의 아버지이다.

문제는 성득, 철득, 쾌득과 이들의 관계이다. 각각 다른 아들들인지 아닌지가 모호하다. 풍계군 이당이 철득이라고 하는데 확실하지는 않은 것 같다. 다만, 쾌득은 이광이 맞는 것 같다. 이쾌득=이광=철종의 생부!

강화에서 세상 떠난 쾌득의 생모는 은언군의 측실인 전산군부인 이씨이다. 묘가 통진(경기 김포)에 있었다. 묘비에 有明朝鮮國 全山郡夫人 全州李氏之墓(유명조선국 전산군부인 전주이씨지묘)라고 새겼다.

철종은 할머니 묘 조성과 관리에도 정성을 많이 들였다. 그랬는데 지금, 철종 조모 전산군부인 이씨의 묘는 없다. 도로 개설 공사 때 무연고 묘지로 처리되어 사라졌다. 2010년, 한 지역 신문은 사라질 위기

전계대원군 묘 (경기 포천)
전계대원군 이광과 본부인 완양부대부인 합장묘이다. 서울 은평구 은언군 묘 주변에 있었는데 1856년(철종 7)에 이곳으로 옮겨 모셨다.

에 처한 전산군부인 묘의 실태를 보도했다. 기사에 따르면, 문화재로 지정하고 이장해서 보존하는 방안이 논의됐으나 그럴만한 가치가 미흡하다는 전문가 의견이 나왔다.[83] 결국, 철종 할머니의 묘는 파헤쳐졌고 그 자리로 길이 뚫렸다.

1822년 임오년. 순조 즉위하고 어느덧 22년, 즉위할 때 11살 꼬마였던 순조가 33세가 됐다.

"근년 이래로 매양 한번 시원스럽게 하유하려 하였으나 하지 못하였다."

순조가 뭔가 중요한 명을 내릴 모양이다. 지난 임오년 그러니까 1762년(영조 38)에 사도세자가 죽임을 당했다. 순조는 할아버지 사도세자의 60주기에 맞춰 오래도록 마음 깊이 간직해온 말을 꺼내 놓는다.

"밤낮으로 잊지 못하는 것은 바로 이인의 자녀에 대한 일이었다. 그

Ⅲ. 강화, 그 질긴 인연   113

들에게 무슨 죄가 있기에 한쪽 해도(海島)에서 밝은 세상을 보지 못한단 말인가? … 아무 상관도 없는 자녀들까지 아울러 구금하고 박해하여 그들을 죽는 것만 못하게 하는 것은 너무나도 가혹하지 않은가?"

애잔한 심정을 토로한 순조, 이제 시원하게 명령한다.

"의금부는 이인의 자녀가 사는 곳의 가시울타리와 방비를 즉시 철거하여 그들이 일반 백성처럼 편안하게 살게 하라. 그리고 남녀 혼사 비용은 대내(大內)에서 챙겨 주고 종친부가 주관하여 혼사를 빨리 거행하게 하라!"[84]

순조는 이광 등의 짝을 맺어주게 했다. 왕실에서 혼사 비용을 대고 종친부가 혼인을 주관하게 했다. 그런데 순조가 '남녀 혼사 비용'이라고 했다. 순조는 이광 등이 강화에서 "비바람을 가리지도 못하니 남녀가 거의 뒤섞여 살고 있다."고도 말했었다. 은언군 이인의 딸도 아들들과 함께 강화에 갇혔던 것으로 보인다.

은언군의 자식들을 풀어서는 안 된다고 신하들이 나서서 외치고 외쳤지만, 순조는 물리쳤다. 반대하는 대신들에게 순조가 일갈했다. "옛날 대신들은 임금이 왕족을 핍박하면 그러지 마시라, 감싸 안으시라 했는데 어찌하여 그대들은 핍박하라 핍박하라 하는가. 개탄스럽고 애석하다!"

이광, 드디어 혼인하여 부인을 얻는다. 순조 묘지문에 "인(裀)의 자녀들을 섬에서 나오게 하여 집을 지어주고 시집·장가보냈다."라고 나오는 걸 보면, 순조가 이광 등을 한양으로 불러올려서 혼인시키고 그대로 살게 한 것 같다. 전계대원군 신도비에 따르면, 강화에서는 관례만 치렀다.

은언군의 아들, 철종의 생부, 전계대원군 이광(1785~1841).

2살에 부모 따라 강화에 유배되어 38세 때 비로소 풀려났다. 시름에 찬 은언군 앞에서 온갖 재롱 다 부려가며 기어이 은언군을 웃게 만들곤 했던 꼬맹이 이광. 시름과 고난과 함께 나이도 먹었다. 긴 세월 유배 생활에 몸과 마음 피폐했을 터. 그래도 그는 견디어 냈다.

늦은 나이이기는 해도 혼인해서 자식을 보았다. 부인 최씨에게서 이원경(회평군), 측실 이씨에게서 이경응(영평군), 측실 염씨에게서 이원범을 얻었다. 막내아들 원범이 철종으로 즉위하면서 전계대원군으로 추존되었다.

원범이 유배된 까닭

　서울에서 나서 자란 원범이 강화로 귀양 간 해는 14살 때인 1844년(헌종 10)이다. 아버지 이광이 세상을 떠나고 3년 뒤이다. 할아버지 이인과 아버지 이광에 이어 이원범까지. 3대가 내리 강화에 유배되고 말았다.
　왜 또 귀양인가? 이번에도 역모 사건에 엮었다. 민진용 등이 모역하다 적발됐는데 그들이 이광의 적장자이자 원범의 이복형인 이원경(1827~1844)을 임금으로 추대하려고 했다는 것이다. 그래서 이원경은 죽임을 당했고 원범 등 가족들은 강화로 귀양 가는 형벌을 받았다.
　이원경 사건은 중요한 사건이다. 그런데 그 실체를 제대로 알기 어렵다. 《일성록》, 《승정원일기》 등의 해당 기록이 삭제돼서 그렇다. 그러면 《헌종실록》을 보면 된다. 보자!
　보니, 별거 없다. 사건 자체에 대한 언급은 없고 민진용 등 역모 세력에 대한 처벌 논의 내용을 기록한 정도인데 그것도 뜬구름, 두리뭉실, '이원경'의 '원' 자도 안 나온다. 아! 그렇지. 《헌종실록》은 철종 재위 초에 편찬됐다. 의도적으로 해당 내용을 배제했다는 걸 짐작할 수 있다.

다행히 중대 죄인에 대한 심문 기록인 《추안급국안》이 남아 있다. 《추안급국안》을 통해서 이원경 사건의 윤곽을 어느 정도 파악할 수 있다.

1844년(헌종 10) 8월, 고변을 통해 사건이 드러나기 시작했다. 8월 4일에 조정에서 대책 회의가 열렸다.[85] 역모에 가담했다는 이들이 줄줄이 끌려들어 와 심문받는다. 헌종은 8월 5일에 바로 이원경을 강화부(江華府, 강화유수부)에 안치하라고 명한다. 헌종이 재빠르게 이원경을 강화도로 귀양보낸 것은 처벌이라기보다 보호 조치에 가깝다. 이원경까지 붙잡아 와 죄를 묻고 싶지 않았던 것이다.

죄인들을 심문하는 과정에서 이원경도 역모에 직접 가담한 것으로 일이 만들어져 갔다. 역모 세력 중에 상당수가 전계대원군 이광과 가깝게 지내던 사람이거나 이원경의 지인이었다. 자기도 모르게 추대 대상만 돼도 죽임을 피하기 어려운 현실인데 역모에 발을 담근 것으로 결론이 나버리면, 이는 정말 죽을죄가 된다.

이원경에게도 잘못이 없지 않았다. 다소 경솔한 언행으로 역모죄에 걸릴 빌미를 제공했다. 18세 어린 나이지만, 아버지 이광이 사망했으니, 집안의 가장인 셈이다. 진중해야 했고 조심해야 했으나 그렇지 못했다. 남들에게 돈을 빌려달라고 손을 내밀기도 했다.

역모죄 혐의로 끌려온 이원덕의 진술에 따르면, 이원경이 1843년(헌종 9) 동짓달에 이원덕을 만났다. 이원경이 이원덕에게 묻는다. "내 아

강화유수부 동헌
조선 건국 초 강화도는 부사가 다스리는 강화부(江華府)였다. 1413년(태종 13)에 강화부의 명칭이 강화도호부로 바뀌면서 수령을 도호부사(종3품)로 칭하게 된다. 1618년(광해 10)에 강화도호부의 수령을 종2품인 부윤으로 올린다. 1627년(인조 5)에 강화도호부가 강화유수부로 변경된다. 이때부터 강화의 수령이 유수다. 강화유수부 동헌은 강화유수의 근무처이다. 강화읍 고려궁지 안에 있다.

버지 때부터 너의 은혜를 고맙게 여겨 왔다. 내가 정표로 글을 써서 주려고 하는데 무슨 말을 쓰는 게 좋겠느냐?"

그랬더니 이원덕이 "아버님의 가르침을 받아 마음속에 잊지 않고 있다[旣承父敎 不忘于心]"라는 글을 써달라고 했고, 이원경은 생각 없이 그대로 써주었다.[86] "기승부교 불망우심" 이 여덟 글자가 이원경을 죽음으로 몰았다. 임금 될 마음을 잊지 않겠다는 의미로 와전된 것이다.

이원경은 또 이원덕에게 이런 말도 했다. "내가 어찌 영원토록 가난하고 천하게 살 줄 아느냐?" 조정 신료들은 이 말을 역심을 드러낸

발언으로 해석했다. 급기야 조정은 이원경을 '역적 우두머리'로 간주했다.

수많은 사람이 끌려와 갇혔다. 추국장에서 심문받고 곤장 맞고 있다. 그런데 이원경은 강화도에 있다. 1844년(헌종 10) 8월 10일, 시임 대신과 원임 대신이 연명으로 글을 올려 강화로 보낸 이원경을 잡아다 심문해야 한다고 주장했다. 헌종이 답변을 내렸다. "이원경의 경우는 어리고 지각이 없으니, 그대로 두는 게 좋겠다."[87]

8월 11일에도 19일에도 대신들은 이원경 심문을 요구했다. 19일에는 의금부의 당상관들도 연명 상소를 올려 이렇게 아뢰었다.

> "역적들의 우두머리인 자도 이원경이고, 역적들이 반역을 도모할 절호의 기회로 삼은 사람도 이원경이며, 돌아가 의지하는 자도 이원경입니다. 그러니 이 흉악한 역적의 우두머리를 제쳐 놓고 단지 그 곁가지에 해당하는 사람들만을 잡아다 다스리는 것은 이미 더할 나위 없이 엄한 옥사의 사체를 손상시키는 면이 있습니다."[88]

그래도 헌종은 거부했다. 그러나 끝까지 거부할 수는 없었다. 9월 1일에 이원경을 붙잡아 오라고 명했고 9월 3일에 이원경을 심문했다. 다른 죄인들과 대질심문도 하게 했다. 9월 5일에 헌종이 명했다. "제주목에 가시 울타리를 쌓아 격리하되, 당일 떠나보내도록 하라." 끝까지 이원경의 목숨만은 지켜주고 싶었던 것이다.

그러나 이내 명을 바꿨다. 그럴 수밖에 없었던 모양이다. 제주도 위리안치를 명했던 9월 5일 늦은 밤, 헌종은 나랏법이 엄중하여 임금도 함부로 낮추었다 높였다 할 수 없는 것이라며 이원경에게 사약을 내린다. 그나마 종실에 대한 마지막 예우였다. 민진용과 이원덕 등은 능지처사 되었다.

헌종왕릉 경릉 홍살문 그림자 (경기 구리)

교동 거쳐 강화로

14세 갑진년(1844)에 온 집안이 교동으로 옮겼고 10여 일 후 다시 강화로 옮겼는데, 배가 큰 바다에 이르자 갑자기 큰 바람을 만나 배가 뒤집힐 지경에 이르렀으므로 사람들이 모두 놀라고 당황하여 얼굴빛이 변하였다.

그러나 임금(철종)께서는 가솔을 위로하고 보호하면서 조금도

교동 바다
사진 왼쪽이 교동도이고 오른쪽이 강화도이다. 바다 물살이 세차다. 2014년에 교동대교가 개통되면서 두 섬을 오가던 여객선은 사라졌다. 길이가 2㎞ 조금 더 된다. 강화대교 길이의 약 3배이다.

교동읍성 동벽
조선 후기에 쌓은 교동읍성에는 원래 남문, 동문, 북문이 있었다. 지금은 남문만 남았다. 사진은 동문 구간의 잔존 성벽이다. 이 안쪽 어딘가에 철종이 머물던 집이 있었을 것이다.

놀라거나 두려워하는 기색이 없었다. 조금 뒤에 바람이 자고 물결이 잔잔해지자 여러 사람이 서로 축하하기를, "이곳은 본래 위험한 나루이고 또 사나운 바람까지 만났는데도 결국 잘 건너게 되었으니, 배 안에는 반드시 하늘이 돕는 사람이 타고 있을 것이다." 하였다.[89]

《철종실록》에 부록으로 실린 명순왕비서하행록(明純王妃書下行錄)에 나오는 내용인데 다른 사료들에도 실렸다. '명순왕비서하행록'은 철종이 세상을 떠나자 철종비 명순왕비(철인왕후)가 철종의 일생을 정리한 글이다.

철인왕후(명순왕비)는, 철종이 즉위 전에 겪었던 일과 즉위하고 궁궐 깊은 곳에서 있었던 일은 신하들도 모를 것이라며 "그래서 다만 듣고 본 것으로써 기술할 뿐"이라고 적었다.

"14세 갑진년(1844)에 온 집안이 교동으로 옮겼고 10여 일 후 다시 강화로 옮겼는데", 이 부분은 원범이 식구들과 귀양가는 과정을 말한 것이다. 처음부터 강화도에 유배된 것이 아니었다. 교동도에 먼저 유배 됐다가 얼마 뒤에 강화도로 옮겨진 것이다. 그 과정을 따라가 보자.

1844년(헌종 10) 8월 5일에 헌종은 이원경을 강화유수부로 압송해서 위리안치하라고 명했었다. 이때 이원경의 아우 이원범 등은 그대로 한양 집에 있었다. 말 그대로 좌불안석이었을 것이다. 열흘 뒤 8월 15일에 영의정 조인영이 이원경의 가족을 모두 교동에 안치하자고 헌종에게 말했고, 헌종이 그렇게 하라고 했다.[90] 그래서 원범 일행이 교동도로 붙잡혀 갔다.

헌종은 9월 5일 밤에 이원경에게 사약을 내려 죽이라고 명하고 이틀 뒤 9월 7일에 교동에 유배된 원범 등을 강화부로 옮기라고 한다.[91] 임금 명에 따라 원범 등이 교동도에서 다시 배 타고 강화도로 향한다.

교동 남산포
철종이 이곳 남산포 또는 남산포 옆 동진나루를 통해 교동 땅에 발을 내디뎠을 것이다.

Ⅲ. 강화, 그 질긴 인연   123

그때 배가 전복될 뻔했는데, 원범이 아주 침착하게 대처했다. 철종이 이 얘기를 언젠가 철인왕후에게 했을 것이다. 그래서 철인왕후가 기록으로 남길 수 있었을 것이다.

원범의 교동도 유배기간은 1844년(헌종 10) 8월 15일부터 9월 7일까지이다. 이동 시간을 고려하면 대략 20일 정도 교동에 머문 것으로 볼 수 있다.

속수증보강도지 [출처: 국립중앙박물관]
조선 후기에 편찬된 강화 읍지 몇 권이 전한다. 숙종 때 이형상이 지은 《강도지(江都志)》(1696), 영조 때 전국 읍지의 하나로 편찬된 《여지도서 강도부지(江都府誌)》, 정조 때 김노진이 지은 《강화부지(江華府志)》(1783) 등이다. 일제강점기인 1932년에 박헌용이 낸 《속수증보강도지(續修增補江都誌)》는 기존 강화의 읍지류를 모아 다듬고[續修] 내용을 보강한[增補] 역사서이자, 인문지리서이다.

교동읍성 북벽

교동읍성 동문 안쪽에 철종의 유배지가 있었다. 연산군 유배지로 전하는 몇 곳 가운데 하나인 교동면 읍내리 지역이다. 《교동군읍지》(1899)에 철종이 동문 안 초가에 머물다 강화도로 옮겨졌다고 나온다. 《속수증보강도지》(1932)는 철종의 교동 유배지를 '철종 잠저'로 표기하고 "舊在喬桐東門內러니 今廢爲民居하니라."라고 썼다. "예전에 교동읍성 동문 안에 있었는데 지금은 폐하고 주민들이 산다."

Ⅳ. 나는 조선의 군주다

"광의 셋째 아들이다!"

즉위하러 가는 길

'원범'에서 '변'으로

어진을 보니

무지개가 떴다

나무꾼이었나, 농사꾼이었나

아니 땐 굴뚝에 연기나랴

강화에 베풀다

학문은 어느만큼?

날 괴롭힌 너를

난 늘 술이야 맨날 술이야?

전계대원군, 회평군

정통성 때문에

묘호 이야기

강화도 행렬도(부분)
한양에서 강화도로 원범을 모시러 오는 행렬을 그린 기록화이다. 12곡 병풍으로 제작되었는데 가로 길이가 4m가 넘는 대작이다. 북한 조선미술박물관에 소장되어 있다. 이 부분은 봉영단이 지금의 강화읍 강화산성 남문을 통해 원범의 집으로 가는 모습이다.

"광의 셋째 아들이다!"

1849년(헌종 15) 6월 6일. 여러 날 심하게 앓던 헌종이 승하했다. 헌종이 세상 떠난 그날, 대왕대비 순원왕후가 시임·원임 대신들과 중차대한 논의를 하고 있다.

좌의정 김도희가 "종사의 대계는 한시가 급합니다. 바라옵건대, 빨리 하교하소서." 했다. 왕위를 이을 사람을 어서 알려달라는 얘기다. 대왕대비가 뭐라 말했으나 울음에 섞여 제대로 알아들을 수 없었다. 그러자 판부사 정원용이 청했다. "이는 막중하고 막대한 일이니, 말씀으로만 받들 수 없습니다. 바라옵건대, 글로 써서 내리소서."

그러자마자 대왕대비가 그랬다. "여기에 글로 쓴 것이 있소." 이미 왕위를 계승할 사람을 정해두고 있던 것이다. "연세가 지금 몇입니까?" 정원용이 차기 임금의 나이를 물으니 대왕대비가 19세라고 대답했다. 드디어 대왕대비가 주인공을 공개한다.

"영묘조(英廟朝)의 핏줄은 금상과 강화에 사는 이원범뿐이므로, 이를 종사의 부탁(付托, 맡을 사람)으로 삼으니, 곧 광(壙)의 셋째 아들이다."

좌의정 김도희가 나섰다. "새 임금이 서무(庶務, 여기서는 왕의 업무)를 밝게 익히는 방도는 오로지 자성전하(대왕대비)께서 수렴하여 이끄시는 가르침에 달려 있습니다. 바라옵건대, 빨리 전교를 내려 뭇사람의 심정에 답하소서." 수렴청정할 것임을 바로 공포하시라는 얘기였다. 대왕대비가 즉각 받았다. "나라의 일이 지극히 중한데 이미 미룰 곳이 없으니, 애써 따르겠다." 이렇게 수렴청정이 공식화되었다.

누가 이원범을 모시러 강화로 갈 것인가. 대왕대비가 명했다. "봉영하는 대신으로는 정 판부사가 가라!" 정원용이다. 대왕대비는 판중추부사 정원용과 함께 도승지 홍종응을 강화로 보낸다.[92] 헌종이 승하한 당일, 6월 6일이었다.

여기까지다. 원범을 모셔오라는 대왕대비의 명령까지만 실록에 실렸을 뿐 정원용이 강화에서 어떻게 원범을 모셔왔는지 봉영 과정은 상세하지 않다. 《승정원일기》에도 언급이 없다.

> 봉영대신 판부사 정원용 이하에게 차등을 두어 시상하였는데, 승지 홍종응에게는 가자하고 주서 한경원과 검열 윤정선은 6품에 올렸다.[93]

철종은 즉위하고 자신을 봉영한 이들에게 상을 내렸다. 주서와 검열도 정원용 따라 강화에 왔음을 알 수 있다. 주서는 승정원에서 《승정원일기》를 쓰는 직책이고 검열은 실록의 기초인 사초를 쓰는 사관이다. 이들이 자세하게 진행 상황을 적었을 텐데 어인 일인지 《승정원일기》에도 《철종실록》에도 실리지 않았다. 그런데 정원용은 봉영 과정을 상세히 기록해 남겼다.

즉위하러 가는 길

정원용(1783~1873)은 1802년(순조 2)에 과거에 급제했다. 이후 1873년(고종 10)에 이르기까지 70년 정도 줄곧 벼슬했다. 철종 조정에서도 영의정 등을 맡으며 나랏일에 중요한 역할을 했다. 우리 나이로 91세에 사망했다. 긴 긴 세월 꾸준하게 일기를 써서 남겼으니 《경산일록》이다. 《경산일록》을 통해 원범이 즉위하는 과정을 따라가 본다.

1849년(헌종 15) 6월 6일, 정원용이 대왕대비의 명을 받고 바로 강화로 출발한다. 오후 6시 전후였다. 천담복(淺淡服, 엷은 옥색의 상복)을 입고 가마를 받들고 의장을 갖추어 돈화문을 나섰다. 호위 병력을 포함해 수백 명 행렬이었다. 늦은 밤에 양화진을 건넜다.

다음날, 6월 7일. 비가 오락가락했다. 양천, 김포를 거쳐 통진에 와서 점심 먹고 배를 타고 강화 갑곶나루에 내렸다. 미리 연락받은 강화유수 조형복이 나루에서 기다리고 있었다. 도착은 했으나 정원용은 그저 막막했다. 창졸간에 벌어진 일이라 원범에 대해 아는 바가 없었기 때문이다. 얼굴은 어떻게 생겼는지, 집에 몇 사람이나 사는지 궁금한

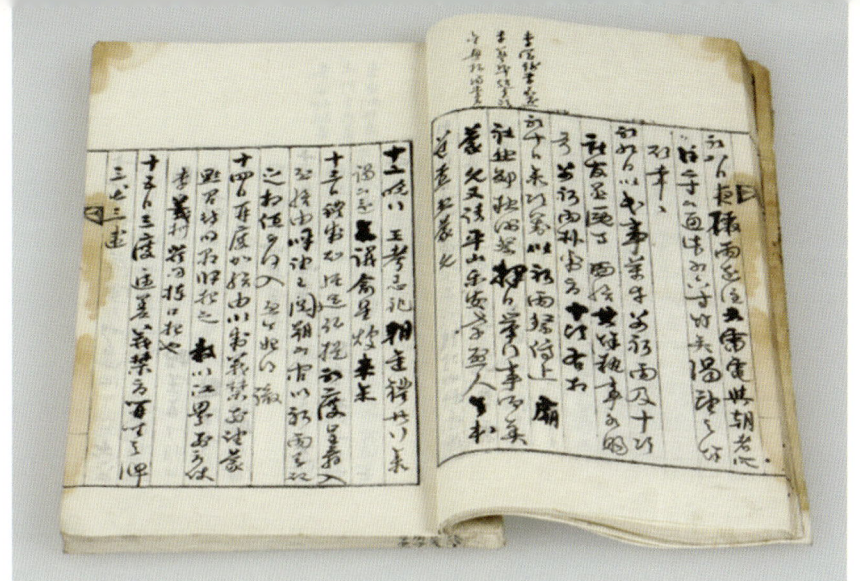

정원용 일기 《경산일록》 [출처: 광명시청]

게 많아서 강화유수에게 이것저것 물어보았다. 그랬더니 유수가 잘 모르겠다고 했다.

저녁 8시 무렵, 정원용이 원범의 집으로 갔다. 집안에 있는 이들 모두 나오게 했다. 세 명이 나왔다. 한 사람은 관을 썼고, 두 사람은 쓰지 않았다. 관을 썼다는 것은 관례(성년식)를 치렀다는 얘기다. 관례를 치르면 상투를 틀고 관을 쓰게 된다.

"모두 나온 것이오?" 정원용이 묻자 관을 쓴 이가 대답했다. "다만 여기 있는 세 사람뿐으로, 종형제가 됩니다." 셋 중에 누가 원범일까. 정원용이 바로 이름을 알려 달라 청했다. 나이도 말해달라고 했다.

관을 쓴 자가 말하였다.
"저의 이름은 희(曦) 자이고, 나이는 26세입니다."
그가 한 사람을 가리키며 말하였다.

"이름은 원(元) 자 석(石) 자이고, 나이는 22세입니다."

또 한 사람을 가리키며 말하였다.

"이름은 모(某) 자 모(某) 자이고, 나이는 19세입니다."[94]

19세! 정원용의 귀에 "19세"가 유난히 크게 들렸을 것이다. 원범이다. 드디어 찾았다. 정원용이 임금의 이름자를 그대로 쓰지 않고 "모(某) 자 모(某) 자"라고 기록했으나 관을 쓴 이가 말할 때는 원(元) 자, 범(範) 자라고 했을 것이다. 희는 풍계군 이당의 아들, 그러니까 원범의 사촌 형이다. 원석은 원범의 작은 형 영평군 이경응인 것 같다.

원범을 임금으로 모시어 간다는, 대왕대비가 내린 전교를, 도승지가 예의 갖추어 읽었다. 그리고 내일 아침 일찍 출발하겠다고 하니 원범이 대답했다. "마땅히 말씀하신 대로 행하도록 하시오."

정원용은 원범의 집을 밤새워 호위하라고 지시하고 유수부로 갔다. 강화유수에게 내일 원범이 입고 갈 옷을 한 벌 짓게 하라고 했다. 원범 집을 출입하는 관비가 대략적인 옷 치수를 알려주었다. 누군가 밤을 새워 원범의 옷을 지었다.

다음 날, 6월 8일 이른 아침. 정원용과 도승지 홍종응이 원범에게 가서 인사했다. "잠자리는 편안하셨습니까?" 원범이 "잘 잤소." 했다. 대청에 앉아 있던 원범이 두 사람에게 마루로 올라오라고 했다. "대신은 누구시오?" 원범이 물었다. 판부사 정원용이라고 대답했고 홍종응도 직책과 이름을 댔다.

이런…. 정원용과 홍종응이 원범에게 큰 실례를 범한 것 같다. 어제

철종 어진 [출처: 국립고궁박물관]

창덕궁 돈화문

처음 원범을 확인했을 때 자신이 누구라고 예 갖추어 밝혔어야 도리였다. 이제 궁궐을 향하여 출발!

한편, 정원용이 강화에 간 동안, 궁궐은 정신없이 돌아간다. 헌종 장례 진행하면서 새 임금 맞을 준비까지 하느라 몹시 바쁘다. 대왕대비는 원범이 한양으로 향한 6월 8일에 원범의 군호를 덕완군(德完君)으로 정해서 정원용에게 알린다. 원범은 길에서 덕완군이 되었다. 대왕대비는 또 은언군 내외를 복작(復爵) 시켰다. 죄인의 굴레를 벗겨 준 것이다.[95]

갑곶에서 배에 오른 정원용은 궁금했다. 어제는 경황없고 날도 어두워서 원범의 얼굴을 자세히 보지 못했다. 이제 환하니, 어디 좀 보자!

"자세히 바라보니 이마가 각지고 콧마루가 우뚝한 것이 비범함을 갖추었고, 두 광대뼈에는 귀밑털이 덮여 있었다. 귀의 가장자리는 넓고 둥글었으며, 입술은 두터웠고, 손은 컸다."

실록에도 철종의 외모와 인상에 대한 기록이 있다. "임금은 기우(氣宇, 기개와 도량)가 응원(凝遠, 엄정하고 깊이 있음)하고 우뚝한 콧대에 용의 눈동자를 하고 있으므로 둘러볼 때는 영채(英彩, 눈빛)가 번뜩여 위엄을 차리지 않아도 근엄하였고 살피지 않아도 환했다."[96]

정원용은 원범의 생김새를 기록한 후 그 인상도 적어두었다. "새로 지은 옷과 도포를 입으시고 부채를 흔드는 모습은 응중(凝重)하고도 태연하여 조금도 그 기색이 밖으로 드러남이 없는 것이 진실로 대인의 기상이었다." '응중하다'는 우리네가 쓰는 표현으로 '기품 있다' 정도의 의미이다.

갑곶나루에서 출발한 배가 통진 나루에 닿았다. 원범은 가마를 타고 한양으로 향한다. 김포에서 점심을 들었다. 그때 궁궐에서 보낸 급한 전갈이 왔다. 원범이 관례를 치렀는지 안 치렀는지, 대왕대비가 물은 것이다. 원범은 아직 관례를 치르지 못한 상태였다. 이윽고 양천에 도착. 밤이 내렸고 비도 내렸다. 양천 관아에서 하룻밤 묵으며 듣는 빗소리, 원범은 쉬 잠을 이루지 못했을 것이다.

6월 9일. 비가 그치고 구름 사이로 해가 모습을 드러냈다. 양화진에 이르니 밤새 물이 많이 불어나 있었다. 배로 건너 창덕궁 돈화문에 이르렀다. 원범이 드디어 궁궐에 도착한 것이다. 대신 이하 백관들이 나와 줄 서 있었다.

덕완군 이원범은 우선 헌종의 빈전(殯殿, 관을 모시는 곳)으로 가서 예를 올리고 희정당으로 가서 서둘러 관례를 치른다. 비로소 상투를 틀고 성인이 된 것이다. 그리고 인정전 정문인 인정문에서 즉위하였다. 하늘이 푸르렀다. 이렇게 조선 제25대 임금 철종이 역사에 이름을 드러냈다.

1849년 6월, 원범의 즉위 과정을 날짜별로 다시 정리해 본다.

6월 6일 - 헌종 승하 당일에 정원용이 창덕궁에서 강화로 출발함.

6월 7일 - 정원용이 강화에 도착해서 원범을 만남.

6월 8일 - 원범이 강화에서 한양으로 출발함. 도중에 덕완군으로 봉해짐. 양천에서 묵음.

6월 9일 - 창덕궁에 도착한 원범이 관례를 치르고 이어서 즉위식을 치름.

왕의 자리 (창덕궁 인정전)

'원범'에서 '변'으로

원범이 인정문에서 즉위하고 닷새 된 날, 1849년(철종 즉위년) 6월 14일, 순원왕후는 원범의 새로운 이름을 지어 올리라고 빈청(賓廳, 고관들의 회의장)에 지시했다. 임금이 되었으니 이제 이름을 바꿔야 한다.

그래야 했다. 누구든 임금의 이름자가 들어간 글을 쓸 수 없다. 그래서 사람들의 불편을 최소화하려고 임금 이름을 외자로 짓는데, 그 외자도 흔히 쓰지 않는 낯선 글자로 정한다. 조선 임금들 대개가 왕자 시절에 이미 외자 이름을 갖게 되지만, 원범은 처지가 달랐다.

그럼 이성계는? 태조 이성계도 즉위하고 이단(李旦)으로 개명했다. 정종 이방과는 이경(李曔)으로 고쳤다. 다만, 어인 일인지 모르겠는데, 태종 이방원은 즉위하고도 외자로 개명하지 않은 것 같다. 실록에 이름이 그대로 芳遠(방원)이라고만 나온다.

6월 15일, 빈청에서 원범의 새 이름 후보 셋을 적은 망단자를 순원왕후에게 올렸다. 曄(엽), 昪(변), 昷(온), 이렇게 세 글자가 순서대로 적혀 있었다. 모두 날일(日) 변의 글자다. 철종과 항렬이 같은 익종

(효명세자) 이름 자인 昊(영)을 따라서 날일 변의 글자들로 뽑은 것이다.[97]

순원왕후는 삼망 가운데 수망(首望) 그러니까 첫 번째 글자인 曄(엽)으로 정했다.[98] 이렇게 이원범의 이름이 이엽(李曄)이 되었다. 그런데 얼마 뒤 철종의 이름을 또 바꾸게 된다. 청나라 강희제의 이름인 현엽(玄燁)의 '엽'과 음이 같아서 문제 될 소지가 있다고 여긴 것이다.

순원왕후는 부망(副望), 그러니까 처음 망단자의 두 번째 이름으로 정하라고 했다.[99] 두 번째로 적힌 이름이 바로 昪(변)이다. 이러한 과정을 거쳐 이원범이 이변이 된 것이다. 《철종실록》 총서는 이렇게 시작된다. "대왕의 휘(諱)는 변(昪)이다."

"근데, 아까부터 궁금한 게 있었어."

"뭐가?"

"철종은 왜 인정문에서 즉위식을 한 거야, 인정전에서 해야 하는 거 아니야?"

나라의 큰 의식을 치르는 궁궐 정전 인정전이 멀쩡하게 있는데 왜 거길 놔두고 궁색하게 문에서 즉위식을 여나. 중종은 경복궁 근정전에서 즉위했다던데, 철종은 왜?

돌아가신 선왕에 대한 예우였다. 상중이다. 그럴 때 창덕궁 인정전에 올라 "이제 내가 왕이다!" 하는 게 송구스러운 거다. 그래서 인정문 한가운데 어좌를 설치하고 그곳에서 즉위식을 치른 것이다. 철종만 그런 게 아니다. 다른 왕들도 마찬가지였다.

다만, 연산군이 폐위되고 왕이 된 중종이나 광해군을 내몰고 왕이 된 인조는 그렇게 하지 않았다. 직전 임금에 대한 예우가 전혀 필요 없다. 중종은 경복궁에서, 인조는 경운궁에서 즉위했다.

　세종의 즉위 장소는 경복궁 근정전일까, 근정문일까? 근정문이, 아니고, 근정전이다. 이때 태종이 살아 있었다. 승하한 게 아니다. 아들 세종에게 왕위를 물려주고 뒤로 물러났을 뿐이다. 그래서 세종의 즉위식은 근정문이 아니라 근정전에서 열렸다.[100]

경복궁 근정전

어진을 보니

임금의 초상화를 어진이라고 한다. 임금의 초상화를 지칭하는 용어가 여럿 있었다. 진(眞), 진용(眞容), 어진(御眞), 수용(睟容), 어용(御容) 등이 쓰였다. 그런데 숙종 대부터 주로 '어진'을 쓰게 된다. 숙종 초상화 제작 업무를 총괄했던 이이명이 공식적인 호칭을 어진(御眞)으로 하자고 했고 임금이 그렇게 하라고 했다.[101] 그렇지만 조선말까지 수용, 어용 같은 표현도 간간이 쓰였다.

"자세히 바라보니 이마가 각지고 콧마루가 우뚝한 것이 비범함을 갖추었고, 두 광대뼈에는 귀밑털이 덮여 있었다. 귀의 가장자리는 넓고 둥글었으며, 입술은 두터웠고, 손은 컸다."

정원용이 원범의 생김새를 이렇게 기록했다고 했다. 철종 어진을 보니 정원용의 묘사와 흡사하다. 콧마루가 우뚝하고 귀밑털 그러니까 구레나룻이 특이하다. 원범이 아버지를 닮았나 보다. 전계대원군 이광도 구레나룻이 길다고 했다. '비범함'은, 글쎄, 잘 모르겠다. 눈은, 약간 사시(斜視) 증상이 있었던 것 같다.

창덕궁 주합루

   수용(睟容, 어진) 4본이 있는데, 2본은 임자년(1852)에 그렸고 2본은 신유년(1861)에 그려 〈창덕궁〉 주합루에 봉안하였다.[102]

   철종 어진이 4본 있었다. 4본 중 1861년(철종 12), 31세 때 그린 1본만 남아 있다. 고종 때 철종 어진을 천한전(天漢殿)으로 옮겨 모셨는데 4본 어진을 전부 본 이유원(1814~1888)이 그 느낌을 기록해서 남겼다.

   "어진을 우러러 바라보매 오직 군복 차림의 어진이 가장 핍진(逼眞, 실물과 아주 비슷함)하게 그려져서 마치 대궐의 난간 가까운 곳에서 임금의 말씀을 받드는 것처럼 느껴졌다."[103]

   사진처럼 정확하게 그렸다는 군복 입은 모습의 어진이 지금 남아

Ⅳ. 나는 조선의 군주다   143

철종 어진 얼굴 부분

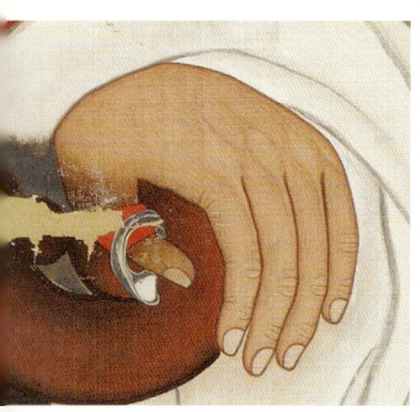

철종 어진 왼손 부분

철종 표준영정
화가 최광수(1932~1990)가 복원했다. 1989년에 표준영정으로 지정되었다.

있는 거다. 그런데 온전하지 않다. 1/3 정도가 불에 탔다.

1950년, 6·25전쟁 때 창덕궁에 모셨던 역대 임금의 어진과 어필 그리고 신하들의 초상화 등을 부산으로 옮겼다. 전쟁 끝나고도 그대로 부산에 둔 상태였다. 1954년 12월 26일, 부산 용두산 지역에 화재가 발생했고 철종 어진 등이 보관되어 있던 부산국악원 창고도 불탔다. 창고 안에 있던 문화유산 약 4,000점 중 3,500점 정도가 재가 되고 말았다.[104] 그 귀한 어진들 대개가 그때 사라졌다.

옆으로 일부만 타고 남은 철종 어진, 그나마 다행이라면 다행이다. 크기는 세로 202cm, 가로 93cm이고 그린 이는 이한철, 조중묵 등이다. 국립고궁박물관에서 소장하고 있는데 2006년에 보물로 지정되었다.

왜 군복 입은 모습일까.

국왕으로서 무(武)의 중요성을 드러내 보이는 의미일 테지만, 아울러 사도세자에 대한 존숭의 마음을 표현한 것일 수도 있겠다. 《임하필기》(1871)에 따르면, 사도세자가 평소에 군복 입는 걸 좋아했다. 아들 정조도 군복을 자주 입었다. 정조는 군복 입은 모습의 어진도 제작하게 했다. 익종(효명세자)과 헌종의 군복 차림 어진도 있었다. 철종 역시 군복을 자주 입었다. 궐 밖 행차 때뿐 아니라 궁궐 안에서 입기도 했다. 이런 연유로 군복 갖춘 철종 어진이 제작된 것 같다.

우리가 보아 어진 오른쪽 상단에 글씨가 있다. '予三十一歲眞'(여삼십일세진), '내 나이 31세 초상'이라는 뜻이니 철종이 직접 쓴 글임을 알 수 있다. 그 옆줄에 "哲宗熙倫正極粹德純聖文顯武成獻仁英孝大王(철종희륜정극수덕순성문현무성헌인영효대왕)"이라고 썼다. 이 부분은 철종이 승하한 뒤에 추가된 기록이다.

　왼손 엄지손가락을 보자. 깍지를 꼈다. 줄 당겨 화살 쏠 때 손가락을 보호하는 장비이다. 철종은 실제로 활을 잘 쐈다. 그런데 깍지를 왼손에 꼈으면 왼손으로 활시위를 당겼다는 얘기다. 철종이 왼손잡이였을 가능성을 보여준다. 이번에는 오른손. 뭔가 쥐고 있는 게 조금 보인다. 어도(御刀), 즉 임금의 칼일 것 같은데, 아니다. 어도는 뒤편 오른쪽에 그려 놓았다. 철종이 오른손에 쥐고 있는 것은 일종의 지휘봉인 등채라고 한다.

무지개가 떴다

기유년(1849) 봄에서 여름 사이에 밤만 되면 잠저에 광기(光氣)가 뻗쳐 있는 것이 남산의 봉대 위에서 보였는데 봉영하기 하루 전날에야 그 광기가 비로소 없어졌으므로 사람들이 모두 용흥(龍興, 임금이 일어남)의 조짐임을 알게 되었다. 봉영할 때 양화진 강 언덕에 이르니 양 떼가 와서 꿇어앉아 마치 맞이하여 문안하는 형상을 하였으므로, 이를 본 사람들이 모두 신기하게 여겼다.

《철종실록》 부록 〈명순왕비서하행록〉 등에 나오는 내용이다. 밤이면 철종이 유배 사는 집에서 뭔가 신비한 광채가 났고 그걸 강화 남산에서 볼 수 있었는데 봉영 전날에야 광채가 사라졌다고 했다. 양화진에서는 원범 일행을 향해 양 떼가 꿇어앉았는데 그게 마치 문안드리는 것 같았다고 했다. 더해서 〈철종대왕 행장〉에는 오색 무지개가 큰 강(강화 갑곶 바다)에 다리처럼 가로질러 있었다고 나온다. 이쯤 되면,

철종의 즉위는 하늘의 뜻이 되는 것이다.

'이게 말이 돼?'

의심이 들 것이다. 잔뜩 신비한 묘사로 철종 즉위에 억지 권위를 부여하려는 의도다! 그냥 꾸며낸 이야기일 뿐이다! 임금으로서 정통성이 부족하니까 이런 식으로 띄웠구나! 이렇게 여기기 쉽다. 하지만, 윤색되기는 했어도, 기본적으로 사실이다. 진짜? 진짜다.

이 이야기를 처음 기록한 이는 정원용이다.

"막 갑진을 건너는데, 갑자기 고운 빛깔의 무지개가 언덕에서 일어났다. 오색 빛이 영롱하여 보통 때의 것과 달랐다. 무지개는 긴 강에 걸친 다리와 같아서, 보는 자들이 기이한 일이라고 말하지 않는 자가 없었다. 고을 사람들과 영관(營官)과 하속들이 모두 다 이런 무지개는 처음 보았다고 했다."[105]

정원용이 원범을 모시러 배 타고 강화로 들어갈 때 무지개를 직접 본 것이다. 얼마나 신기하게 여겼던지, 원범과 함께 한양으로 가는 도중에 편지를 써서 조정에 무지개 본 사실을 알리기까지 했다. 입궐해서 말해도 될 일인데 말이다.

우리도 예기치 않게 무지개를 보게 될 때가 있지 않은가. 그러면 괜히 설레지 않는가. 우연의 일치이지만, 정원용이 원범 모시러 가는 길에 본 무지개를 상서로운 기운으로 받아들였을 수 있다. 앞으로 잘 되기를 염원하는 소망도 읽힌다.

2022년 5월 10일, 서울 여의도 하늘에 무지개가 떴다. 대통령 취임식 중이었다. 다음 날 이런 기사가 나왔다. "취임식 도중 때마침 국회가 있는 여의도 하늘에는 무지개가 관측됐다. 일부 참석자들은 무지개가 떠 있는 여의도 상공 사진을 찍어 사회관계망서비스(SNS)에 올리며 화제가 되기도 했다."[106] 기사 헤드라인은 '무지개 뜬 취임식…'이었다.

정원용은, 자기가 직접 보지 못했으나 강화에서 들은 이야기도 기록했다.

"또 듣건대, 영(營, 강화 진무영) 앞의 남산에서는 이달 초부터 상서로운 기운과 문채(文彩, 아름다운 광채)가 통명하게 주야로 그 기운이 감돌아 모두 보배로운 기운이 뻗친 것이라고 하면서, 서로 앞다퉈 노반(爐飯)을 해놓고서 기도했다고 한다."

광채가 남산에 깃들자 사람들이 노구솥에 밥을 지어놓고 기도했다고 했다. 그런데 실록에는 신비한 밝은 기운이 남산이 아니라 철종의 집에 어리었다고 기록해서 보다 직접적으로 철종을 부각했다. 아무튼, 그때 강화도 남산에 뭔가, 신비로운 자연현상이 있었던 것이다. 특이한 빛내림이었을지도 모르겠다.

강화 남산

정원용은 원범을 모시고 궁궐에 도착한 날, 대왕대비에게 자기가 보고 들은 내용을 다시 아뢴다. 남산에 보배로운 기운이 나타났다는 소리를 강화에서 들었다고 말하고, 갑곶에서 자신이 본 선명한 무지개도 말했다. 이미 편지로 알렸으면서도.

몇 년 뒤, 정원용은 철종과의 대화 중에 이 이야기를 다시 꺼낸다. 1853년(철종 4), 희정당에서 경연을 끝내고 철종과 경연관들이 대화를 나누는 자리.[107] 강화도 얘기가 나왔다. 철종, 모처럼 강화 얘기를 하려니 기분이 좋았나 보다. 신하들 말에 호응하고 대꾸하며 대화를 이어간다.

정원용이 원범 봉영 무렵 강화 남산에 서기(瑞氣)가 사나흘 동안 있었다고 말했다. 그러자 철종이, "나도 그때 그 얘기를 강화에서 들었소." 했다. 정원용이 강화 가는 길에 갑곶에서 오색 무지개를 봤다고 했다. 그러자 옆에 있던 홍종응이 "저도 그 무지개를 보았습니다." 했다. 홍종응? 정원용과 함께 원범 모시러 왔던 당시 도승지 홍종응이다.

흥이 넘치는 대화다. 정원용이 또 말한다. "제왕(帝王)이 흥기할 때는 반드시 이런 상서로운 조짐이 있는 법입니다." 남산의 서기와 갑곶 무지개를 철종 즉위의 조짐으로 해석해서 말한 것이다. 이번에는 철종이 뭐라고 대답했을까?

철종이 말했다. "이제 물러들 가시오."

이번에는 양이다.

이 이야기도 정원용의 일기에 먼저 언급됐다. "율도 가운데에 많은 양이 두 줄을 지어 와서 모여들었다. 이 또한 기이한 일이었다." 사람들이 많은 걸 보고 양들이, 먹을 거라도 주려나 해서, 모여든 모양이다. 서 있는 애도 있고 편안하게 꿇어앉은 녀석도 있었겠지. 실록에서는 모여든 양들이 꿇어앉았고 그 모습이 철종에게 인사드리는 것 같았다고 살짝 색을 입혔다.

여하튼 실록에 실린, 철종 즉위와 관련한 기이한 일들은 철종을 돋보이게 하려고 거짓으로 만들어 쓴 허구가 아니다. 좀 부풀려지긴 했어도 사실에 기반했다.

나무꾼이었나, 농사꾼이었나

　원범이 강화에서 농사짓고 살았다고 한다. 나무꾼이었다고도 한다. 각종 백과사전은 물론이고 철종을 다룬 다양한 글에서도 철종의 강화 시절을 농부로 기록했다. 나무꾼과 농부를 굳이 구분할 필요는 없겠다. 농부들도 땔감 구하러 지게 지고 산에 가니까. 문제는 원범이 정말 그런 일을 했느냐는 거다.
　우선 이것부터 따져보자. 원범에게 논이나 밭이 있었을까?
　유배 죄인이 무슨 땅? 강화에 땅이 없다고 보는 게 상식적이다. 그런데 땅이 있었을 가능성도 있다. 정조가 은언군을 강화로 귀양보낼 때 넓은 집을 마련해 주었었다. 농토도 마련해 주었을 수 있다. 정조가 승하한 뒤 은언군의 강화 재산이 전부 몰수되지 않았다면, 원범 유배 때까지 남아 있었을 것이다.
　원범이 강화도에서 유배 살던 집(강화읍 용흥궁)도 원범 집안 소유였던 것 같다. 즉위한 후 철종이 강화의 집을 수리하라고 지시하는 것으로 보아 그렇게 짐작할 수 있다. 남의 집에서 귀양 살았다면, 굳이 수리하라고 할 이유가 없다.

강화의 원범에게 선대부터 이어진 농토가 있었다고 해도 직접 농사를 짓지는 않았을 것이다. 이미 그 논은 누군가가 소작 맡아 관리하고 있을 것이다. 그렇다면 땅 주인 자격으로 수확물 일부를 받으면 된다.

이번에는 자기 땅이 없다고 보고 이야기를 이어가자.

땅이 없는데 농사를 지으려면 남의 땅을 빌려야 한다. 소작농이 되는 것이다. 그런데 누가 쉽게 땅을 빌려줄 것 같지 않다. 당시는 농업기술 발달로 한 사람이 넓은 땅을 경작하는 광작(廣作)이 성행하던 시기라 누구라도 소작 얻는 자체가 어려웠다.

우리가 강화 사는 지주인데 원범네가 소작을 청해왔다고 가정해 보자. 논을 빌려달라는 거다. 어떻게 할까? 부담스럽다. 역모 죄인에 더해서 왕족이다. 그들과 연결되고 싶지 않다. 더구나 원범네는 농사 경험이 없다. 수확량이 현저히 떨어질 것이다. 십중팔구 거절이다.

그래도 농사를 지었다고 말하려면? 일손 바쁠 때 그러니까 모내거나 벼 벨 때 품팔이 정도다. 하루 일하고 일당 받는 그런 날품팔이. 물론 그런 일도 쉽게 구할 수 없었을 것이다. 원범이 품팔이든 소작농이든 농사꾼으로 살았을 가능성은 거의 없다.

어쩌다가 경험 삼아 바지 걷어붙이고 논에 들어가 모내본 적은 있을지도 모르겠다. 우리가 바다낚시 몇 번 나갔다고 어부라고 하지 않듯이 원범이 농사일 경험했다고 농부라고 할 수는 없는 것이다(그래도 농부라는 소문은 날 수 있겠다).

강화 고려산

그러면 땔감 해다 파는 전문 나무꾼으로 살았다고 하면 어떨까.

농부보다 나무꾼이 이야기 전개에 걸림이 덜 하기는 하다. 하지만 여전히 걸림은 있다. 강화읍내를 감싼 남산과 북산이 당시에는 거의 민둥산이었을 것이다. 읍내 중심지에서 서쪽으로 5㎞ 이상 떨어진 고려산, 혈구산 정도가 그나마 땔감을 구할 수 있는 산이었다.

원범이 이 산 저 산 자유롭게 넘나들며 나무하러 다닐 여건이 되지 못했을 것이다. 유배당한 죄인 아닌가. 위리안치는 아니었지만, 그렇다고 완전히 자유롭지도 않았다. 정쟁(政爭) 끝에 유배된 관리들하고는 처지가 달랐다. 원범을 감시하고 통제하는 전담자도 배치되어 있었다.[108]

《경산일록》에 원범 등이 강화에 유배된 1844년(헌종 10) 갑진년 이후 그들에 대한 방수(防守)가 매우 엄했다고 나온다. 그런데 멀리 고

강화 혈구산

려산으로 나무하러 간다? 원범이 나무꾼으로 살았을 가능성도 거의 없어 보인다.

그런데 왜 원범이 농부로, 나무꾼으로 살았다고 할까. 그렇게 말해지는가. 먹고살기 위해서였다고 한다. 굶어 죽을 수는 없는 거니까.

생각해 보자. 조선시대 헤아릴 수 없이 많은 그 유배인 가운데 굶어 죽은 사람이 얼마나 될까? 아무리 유배 죄인이라고 해도 어떻게 해서든 최소한의 먹을거리는 공급된다. 하물며 왕족임에랴.

원범의 아버지 이광은 거의 40년간 강화에서 귀양살이했다. 줄곧 갇혀 있었다. 문밖으로 나오지도 못했다. 그래도 굶어 죽지 않았다. 광해군 때 강화에 유배된 영창대군을 굶겼는데, 그건 예외적인 상황이다. 죽이자고 작정하고 한 짓이니까.

정원용이 원범을 모시러 왔을 때 상황을 쓴 글에 이런 내용도 있다.

> 내수사에서 매월 50냥을 보내주어 옷과 먹거리 비용으로 삼게
> 하였고, 출입하는 자는 오직 관비(官婢) 한 명이 물을 긷고 땔
> 감을 지게 하였을 뿐이었다.[109]

내수사는 왕실 재정을 관리하는 관청이다. 내수사에서 원범 가족에게 매달 생활비 50냥을 보내주었다. 헌종이 그렇게 하게 했다. 원범이 유배된 시기는 수렴청정 끝나고 헌종이 친정할 때다. 안동김문과 풍양 조문이 조정에서 서로 대립하던 때다. 헌종이 운신할 폭이 상대적으로 넓었을 시기이다. 원범 가족에게 생활비를 지급하는 데 어려움이 없었을 것이다.

생활비에 더해서 관비가 드나들며 물을 긷고 땔감도 가져다주었다. 그러하다. 원범이 나무해다 팔려고 산을 헤매 다닐 필요도, 농사 날품을 팔 이유도 전혀 없었던 것이다.

50냥이 어느 만큼의 값어치가 되는지 헤아려보자.

상평통보를 보통 엽전이라고 불렀다. 엽전 한 개가 1푼이다. 엽전 열 개는 1전, 엽전 100개가 1냥이다. 1냥이 적은 돈이 아니다. "한 푼만 줍쇼."는 당연히 용납되지만, "한 냥만 줍쇼." 했다가는 매 맞을 수 있다.

숙종 때였다. 상평통보를 보급하면서 화폐의 가치를 정했다.[110] 이에 따르면 4냥에 쌀 1섬이다. 풍흉에 따라 쌀값이 오르내리고 또 시기에 따라 변동이 생길 수밖에 없으나 그래도 하나의 기준점이 된다. 철종 전후 시기에는 쌀 1섬 값이 5냥 정도로 오른다.

쌀 1섬에 5냥이면, 50냥으로 쌀 10섬을 살 수 있다. '섬'을 '석'이라고도 했다. 천석꾼, 만석꾼 할 때의 그 '석'이다. 원범 집으로 매달 쌀 10섬(10석)을 살 수 있는 돈이 지급된 것이다.

지금 쌀 10되를 1말(1두), 10말(10두)을 1가마로 친다. 조선시대에는 15말(15두)을 1섬(1석)이라고 했다. 그때와 지금 도량형이 같지 않아서 정확히 따지기 어려우나 조선시대 1섬(1석)은 지금의 1가마보다 훨씬 많은 양이다. 그래도 그냥 두루뭉술, 1섬을 1가마로 치자. 원범 집에 달마다 지급된 50냥은 아무리 적게 잡아도 쌀 10가마 이상의 값어치였다.

순조 때 경상도 기장에 유배됐던 심노숭(1762~1837)이 남긴 글을 통해서도 50냥의 쓰임 규모를 짐작할 수 있다.

"〈유배〉 올 때, 노자 27냥 내에서 4인과 말 한 필이 길에서 9냥을 썼다. 말을 빌린 것으로 2냥을 썼고, 3월 초 10일부터 25일까지 8냥을 썼다. 여기까지 쓴 돈이 19냥이고 나머지 8냥…"[111]

심노숭이 경기도 파주 본가를 출발해 유배지 경상도 기장에 도착할 때까지 한 달 걸렸다. 유배지로 가는 한 달 동안 심노숭과 그의 노비 3명이 밥 사 먹고 잠자는 비용에 말 한 마리 빌린 비용까지 더해서 모두 19냥을 썼다. 이에 견주어 보면 원범 가족에게 매달 지급된 50냥이 적은 돈이 아님을 알 수 있다. 먹고사는데 문제없었던 것이다.

한편 원범 집에 출입하는 이가 관아에 속한 여종 한 사람이라는 것으로 보아 원범 집과 스스럼없이 교류하던 이웃은 거의 없었던 것으로 보아야 할 것이다. 원범은 강화 사람들과 한 발짝 거리를 두고 그들의 삶을 보고 듣고 성원하고 염려할 뿐, 두루 격의 없이 지내지는 못했을 것이다.

하물며 사랑이랴.

연속극과 영화에 등장했던 원범의 정인들, 봉이이건 복녀이건 양순이이건, 현실에서는 가능하지 않은 인물이었을 것이다. 아마도 원범은 사랑을 겪어보지 못했을 것 같다. 애절하고 아픈 원범의 러브스토리는 스토리텔링의 좋은 소재로 여전한 생명력이 발휘될 수 있으나 역사적 사실과는 일정한 거리가 있다.

원범이 강화에서 사랑을 경험하지 못했다고 단언할 수 있나? 아니, 그건 못하겠다. 사랑은, 아스팔트 갈라진 실틈에서도 기어이 피어나는 풀꽃 같은, 아니 그보다 더 강인한, 생명력을 지녔으니.

아니 땐 굴뚝에 연기나랴

《근세조선정감》(1886)은 "원용이 내지를 받들고 와서 맞이하니, 〈원범의〉 온 집안이 놀라고 두려워하여 감히 길에 나서지 못했다. 원용이 〈원범에게〉 왕후의 뜻을 간곡하게 고하여 드디어 함께 돌아오게 되었다."[112]고 썼다.

이후, 이야기에 살이 더 붙어서 원범이 강화로 오는 봉영 행렬을 보고, 자신을 죽이러 오는 줄 알고 도망갔다고 알려졌다. 영화 '강화도령(1963)'에서는 복녀가, 나뭇짐 지고 산에서 내려오는 원범에게 달려가, 한양서 도련님 잡으러 왔으니 어서 도망가세요, 한다. 원범은 지게를 내려놓고 산 위로 뛰어간다.

하지만, 이 역시 허구일 것이다. 원범 나이 열아홉이다. 도망간다고 해도 결국은 붙잡힐 것을 아는 나이다. 그렇게 경솔했을 가능성은 희박하다. 일찍이 교동에서 탄 배가 뒤집힐 위기에서, 모두가 죽을지도 모르는 상황에서, 홀로 대범 침착했던 원범이다.

한양으로 향하는 원범이 부채 흔드는 모습이 품위 있고 태연했다

강화도령 영화 주제가 LP음반 표지 (강화역사문화연구소)

고 했다. 농사꾼으로 일만 하던 청년이, 마치 왕이 될 걸 알고 있던 것처럼, 부채를 흔들며 태연하게 갈 수가 있겠나.

원범 형제들은 강화에 살 때 이런 생각을 하고 있었을 것이다. '우리도 언제든 죽임을 당할 수 있다, 할아버지처럼, 형처럼.' 그래서 차라리 죽음에 어느 정도 초연했을 것 같다.

언제든 죽임을 당할 수 있다는 것은 언젠가 왕위를 계승할 수도 있다는 의미로 볼 수 있다. 헌종은 후사가 없다. 원범 형제들은 자기네 가운데 누군가 왕이 될지도 모른다는 일말의 가능성을 한 번쯤 생각해 보았을 것이다. 그래서 원범이 침착하고 태연하게 정원용을 맞을 수 있었던 것인지도 모른다.

영평군은 도망가다 팔이 부러졌다던데?

그런 이야기가 있기는 한데, 달아나다가 그렇게 된 것은 아니다. 윤효정(1931)이, 영평군 이승응이 황망 중에 내당(內堂)으로 들어가다 넘어져서 팔이 부러졌다고 썼다. 그래서 사람들이 영평군을 곰배대감이라 불렀다고 했다.[113] '곰배'는 "팔이 꼬부라져 붙어 펴지 못하거나 팔뚝이 없는 사람을 얕잡아 이르는 말"이다. '이승응'은 이경응의 오기(誤記)일 것이다.

원범 집에 정원용이 도착하기 조금 전에 선발대가 미리 왔다. 무슨 상황인지 모르는 원범 형제들, 사람인지라 잠시 놀라고 당황했을 것이다. 이경응이 집 밖으로 달아난 것이 아니라 안채로 들어가다가 넘어져서 팔을 다친 것이다.

'나무꾼 출신 임금님' 또는 '농부 출신 임금님'으로 이미지가 굳어진 철종, 그를 우리는 어떻게 소화하는가. 보통 인생 역전, 고진감래, 신데렐라의 조선 버전 정도로 인식한다. 세대와 관계없이 흥미로운 스토리텔링 소재로 활용되고 있다.

한편에서는 철종을 아주 무능한 임금으로 평하면서 그 근거로 농사꾼 출신임을 말한다. 농사나 짓던 사람이 웬 임금? 무식한 사람이 왕이 됐으니 잘 될 리가 없지. 이런 생각.

좋다. 원범이 강화에서 농사짓다가 임금 됐다고 치자. 농사꾼 출신은 임금 하면 안 되나. 농사짓던 임금은 정녕 나라를 잘 다스릴 수 없나. 실업고 출신이 웬 대통령? 이런 생각은 옳았던 것인가. 위정자의 전력(前歷) 또는 학력, 중요하긴 하다. 그렇지만 더 중요한 것은 진실한 마음이다. 애민(愛民)하는 마음!

지금까지 필자는 철종이 나무꾼이 아니었다, 농부도 아니었다, 이렇게 말했다. 철종이 농사꾼이었다는 게 부끄럽거나 감추고 싶어서 그런 게 아니다. 아니기에 아니라고 말한 것이다. 그리고 임금으로 모셔가려고 오는 봉영단을 보고 냅다 도망쳤다는 이야기도 사실이 아니라고 말했다.

만약 당신이 내게 100% 확신하는가? 묻는다면 나는 98%라고 대답하겠다. 2% 부족한 상태로 놔두겠다. 좀 찜찜한 구석이 있기 때문이다. 무엇이 찜찜한가.

우선 주서와 검열이다. 정원용이 강화에 올 때 봉영 과정을 기록할 주서와 검열도 함께 왔다고 했다. 그들은 강화에서 보고 들은 내용을 적었다. 하지만 역사서에 실리지 않았다. 그들은 무엇을 기록했던 것일까.

봉영 과정을 기록한, 그래서 승진도 했던 검열 윤정선. 그가 쓴 글의 일부가 '기유기사(己酉記事)'라는 이름으로 전하는데 내용은 정원용의 기록과 대동소이하다. 사실, 강화 봉영 기록 자체가 '죄인' 철종의 유배 형벌을 드러내는 셈이다. 철종의 권위를 해할 수 있는 내용인 것이다. 그래서 《철종실록》 등에 올리지 않았을 개연성은 있다. 그래도, 왠지 석연치 않은 구석이 있다. 혹여 주서 한경원과 검열 윤정선의 기록 가운데 뭔가 숨겨야 할 내용이 있던 것은 아니었을까.

다음은 강화유수다.

정원용이 강화에 도착하자마자 강화유수에게 원범과 원범 가족의 신상에 관해 물었다. 강화유수 조형복은 잘 모르겠다고 했다. 이게 말이 되나. 정말이라면 명백한 직무유기 아닌가.

조형복이 강화유수에 임명된 것은 1848년(헌종 14) 5월 13일이다. 정원용이 조형복에게 원범에 대해 물은 것은 1849년(헌종 15) 6월 7일이다. 1년 이상 강화유수로 근무하면서도, 역모죄를 쓰고 온 왕족 유배인의 신상조차 파악하지 않고 있다? 유수 근무처에서 엎어지면 코 닿을 데 원범네가 살고 있는데?

더구나 수령은 유배인에 대한 점고(點考), 그러니까 일종의 점호를 한 달에 한두 번 정도 시행하게 돼 있다. 관아로 유배인을 불러 확인하기도 하고 유배처로 사람을 보내 유배인의 이탈 여부를 점검하기도 한다. 원범이 일반 유배인과 다른 신분이기는 해도 기본적으로 점고의 대상이었을 것이다. 그런데 모르겠다고 했다. 이상하다.

설사 강화유수가 원범을 몰랐다고 해도 조정의 거물급 인사가 원범을 모시러 온다면 급히 서둘러서 알아보지 않았을까? 그냥 무책임하게 모른다고 하면 될 일인가? 뭔가 숨기고 있다는 느낌적인 느낌. 그래서 찜찜한 것이다. 또 그래서 2% 남겨두는 것이다.

그 2%가 진실이 되어, 원범이 강화에서 농사일하며 산 것이 사실로 밝혀졌다고 가정하자. 그래도, 원범이 강화에서 농부로 살았다던가, 농부 출신이라던가, 하는 표현은 적합하지 않다고 생각한다. 원범은 엄연히 귀양살이하던 죄인이다. 죄인에게 일종의 직업을 부여하는 것이 옳은가? '농부 출신 임금님'이라는 표현은 원범이 유배인이었다는 역사적 사실을 묻어버리는 결과까지 초래한다.

2021년에 출간된 어느 역사 대중서는 철종이 "글자도 모르는 농부 출신"으로 "강화에서 숨어 살다가" 즉위한 "꼭두각시 왕에 불과"했다는, 오래도록 이어져 온 그릇된 인식을 답습하고 있다. 강화에 숨어 살았다는 것은 처벌을 피해서 강화로 도망 와 있었다는 의미일 테다. 유배된 사실 자체가 부정돼버린 왜곡이다.

"그래도 말이야, 농사꾼이었으니까, 농사꾼이라는 얘기가 퍼졌겠지. 아니 땐 굴뚝에 연기 나는 거 봤어?"

아니 땐 굴뚝에 연기나랴!

허위를 진실로 믿게 만드는, 대단한 위력을 가진, 무서운 속담.

아니 땐 굴뚝에 연기나랴!

이 한 마디가 얼마나 많은 이를 아프게 찔러 왔고 찌르고 있고 또 찌를 것인가.

강화에 베풀다

왕이 되어 궁궐 깊은 곳에 사는 이원범, 철종. 강화에서 먹던 참외가, 막걸리가 너무 먹고 싶어서 강화로 사람 보내 구해다 먹었다는 이야기가 전해진다.

강화의 막걸리와 참외가 다른 지역의 것보다 더 맛있다는 근거는 없다. 철종이 정말로 강화 막걸리와 참외를 찾았다면, 강화에 대한 향수를 달래고픈 마음의 발로였을 것이다. 막걸리 한 잔 털어 넣고 강화를 그려보고 참외 한쪽 오물거리며 강화를 새겼을 것이다.

군 생활을 유독 힘들게 한 사람은 군부대 쪽으로 오줌도 누지 않겠다며 진저리를 친다. 강화는 철종이 유배당해 살던 곳이다. 이를테면 감옥이었다. 감옥에서 '석방'되어 한양으로 갔고 더군다나 임금님이 되었다.

강화에 대한 기억이 별로 좋을 것 같지 않은데, 사실은 꽤 정이 들었던 모양이다. 하긴, 할아버지와 아버지에 본인까지 수십 년을 살아낸 섬, 강화가 아닌가. 어쩌면 고향 같은 푸근함을 느꼈을지도 모르겠다. 어느 날 경연을 끝내고 철종이 말한다. "강화는 참 좋다. 볼만한 곳이 많고 마을의 생리(生理)가 좋고 읍내외 모양이 마치 한양 같다."114

1853년(철종 4) 5월 16일, 철종이 명령을 내렸다.

"내가 심도(沁都)에 대해 늘 한 번 뜻을 보이려고 하였으나, 실행하지 못하였다. 유생과 무사의 응제(應製)를 이달 19일에 설행하려 하는데, 영부사가 이미 영중에 가서 있으니, 유생·무사의 제술을 고시하여 20인을 뽑고, 무기는 유엽전을 일순(一巡)에 3중(中) 이상을 뽑도록 하라."115

진작부터 강화 사람들에게 뭔가 베풀어주고 싶었다. 이미 강화도와 교동도의 수해 입은 주민들에게 휼전을 내려 위로했으나 그것은 다른 지역에도 한 일이었다. 그래서 강화 사람들만을 위한 선물을 주기로 하니, 응제라는 이름의 문·무과 특별 과거 시행이었다.

강화 응제는 인재 선발이라는 목적보다는 지역민을 격려하는 성격이 더 강한 행사였다. 철종은 영부사가 이미 강화에 가 있으니 영부사 주관으로 행사를 치르라고 했다. 영부사는 정원용이다. 정원용은 사적인 여행과 지역 주민 위로라는 공무를 겸하여 강화에 가 있었다.

강화에서 이시원을 만나고 연미정과 북산 북장대를 들러보기도 했다. 연미정에 대한 느낌을 "정자에 올라 멀리 바라보았는데, 포구의 바닷물이 넓게 펼쳐져 있고 먼 산들이 비췻빛으로 둘러 있는 것이 참으

연미정 (강화군 강화읍)
고려시대에 이미 존재했던 역사 깊은 정자이다. 한강과 임진강이 하나 되어 바다에 이르는 지점에 자리 잡았다. 북한 땅이 훤히 보인다. 예나 지금이나 주변 경관이 좋다.

연미정에서 본 북녘

로 명승지였다." 이렇게 적었다.

5월 11일에 정원용이 강화부내에 사는 70세 이상 할아버지들을 초대해 객사 동쪽 대청에서 잔치를 열어 주었다. 50명 가까이 모인 노인들에게 명주, 부채, 빗, 쌀 등을 선물했다. 다음 날에는 70세 이상 할머니 50여 명을 모시고 잔치를 베풀고 선물을 주었다.

5월 16일, 정원용은 19일에 응제를 열라는 철종의 명령을 받았다. 1853년(철종 4) 5월 19일, 강화에 과거 마당이 열렸다. 문과는 객사에서, 무과는 열무당에서 진행했다. 문과 답안지 제출자가 642명이었고 무과에 지원한 사람은 거의 천명이나 되었다. 무과는 응시자가 많아서 당일로 끝내지 못하고 다음 날까지 이어서 시험했다.[116]

문과 합격자 23명을 선발하고 등수를 먹였는데 남궁갑이 장원이었다. 철종이 명했다. "심도의 응제에서 부(賦)에 수위를 차지한 유학 남

열무당 [출처: 국사편찬위원회]
1876년(고종 13)에 일본인이 촬영한 사진이다. 지금 강화읍사무소 옆이다. 가운데 정자 모양 건물이 진무영 열무당이고 앞 공터는 연병장이다. 정원용이 1853년(철종 4)에 이곳에서 무과를 시행했다. 한편, 열무당이 강화도조약을 맺은 장소로 알려져 있다. 조약 체결 장소는 열무당이 아니고 강화산성 서문안 연무당이다.

궁갑을 직부전시하게 하라."[117]

중앙에서 시행하는 정식 과거는 초시, 회시(복시), 전시 3단계로 치러진다. 문과의 경우 회시에서 보통 33명의 급제자를 선발한다. 마지막 단계인 전시는 급제자의 순위 결정전이다. 원칙적으로 탈락자가 없다. 그러니까 회시에 합격하면 그 자체로 과거에 급제한 것이 된다.

철종이 남궁갑에게 직부전시(直赴殿試)하게 했는데 이는 곧바로 전시에 응시하라는 얘기다. 급제로 인정하고 전시에서 순위만 가리는 혜택을 내려 준 것이다.

강화 응제 치르고 3개월쯤 뒤인 1853년(철종 4) 8월 25일, 철종이 "내가 강화부에 어찌 특혜를 입히는 거조가 없겠는가?"라면서 강화 주민들이 갚지 못하고 있는 빚을 모두 탕감해주라고 명한다. 수많은 지역민이 혜택을 입었을 것이다.

남궁갑은 직부전시했을까? 당연히 했다. 다음 해 1854년(철종 5)에 남궁갑은 정식 과거인 정시(庭試)에 응시하고 가주서(假注書)로 임명받는다.[118] 가주서는 정식 주서와는 구별되지만, 승정원에서 《승정원일기》를 기록하는 요직이다. 이때 남궁갑 나이 35세였다.

학문은 어느만큼?

임금께서는 어려서부터 총명하고 슬기로웠는데 4세 때 주흥사의 《천자문》을 읽었으며, 한 대목을 들으면 나머지 열 대목을 깨달아 알았고 필획도 완전하고 보기에도 좋아서 도움받아 예습하지 않고도 자연히 체식(體式, 체재와 방식)을 성취했습니다.[119]

원범은 글을 알았다. "한 대목을 들으면 나머지 열 대목을 깨달아" 알았다는 평은 그냥 관용적인 표현으로 넘어가더라도, 4살 때 천자문을 익혔다는 것으로 보아 한양에 살 때 교육이 이루어지고 있었음을 알 수 있다. 전계대원군 이광이 일부러 아들 원범에게 글을 가르치지 않았다는 얘기는 낭설이다.

문제는 학문 수준이다.

세종, 성종, 정조! 칭송받는 임금의 공통점은 학문이 높았다는 점이다. 학문이 깊을수록 훌륭한 군주가 되는 것은 아니지만, 그렇게 될 가

창덕궁 희정당

능성은 더 커진다. 늘 군주를 가르치려 드는 신하들에게 꿀리지 않고 당당하게 자기 뜻을 펼칠 힘이 학문 능력에서 나온다고 할 수 있다.

원범을 모셔온 정원용은 원범의 나이가 궁금했고, 생김새가 궁금했다. 정말 궁금한 게 또 있었다. '이 분이 공부는 어느 수준일까?' 예민한 부분이라 쉽게 물어보지 못했다. 갑곶나루 건너 궁궐로 가는 길, 물어볼까, 말까, 물어볼까, 하다가 그냥 궐에 도착했다.

1849년 6월 9일, 철종이 즉위식을 끝내고 희정당으로 가서 대왕대비를 뵈었다. 대신들도 모였다. 그 자리에서 정원용이 철종에게 참았던 질문을 던진다.

"신은 이틀 동안 모시고 오면서 전일에 무슨 책을 읽으셨는지 알고 싶었으나 길 가던 중이라서 감히 여쭈어보지 못했는데, 이제는 말씀드릴 수 있을 것 같습니다. 독서의 다소는 과연 어떠하셨는지요?"

창덕궁 영화당
창덕궁 후원에 자리 잡은 영화당이다. 뒤편으로 부용정, 연못, 주합루가 있다. 영화당 앞뜰을 춘당대라고 했다. 이곳에서 과거 시험 등이 자주 펼쳐졌다. 현판 '暎花堂'은 영조의 글씨다.

철종이 입을 연다.

"일찍이 《통감》 두 권과 《소학》 1, 2권을 읽었으나, 근년에는 읽은 것이 없소."

(실록에 이렇게 나오는데, 당대 기록인 '당저등극시연설(當宁登極時筵說)'에는 철종이 《통감》과 《소학》 외에 《사략(史略)》도 한 권 읽었다고 말한 것으로 나온다.)

철종이 한 마디 덧붙인다. "그런데 어렸을 때 범연히 읽어 넘겼으니, 지금은 깜깜하여 기억할 수가 없소."[120] 아마도 꽤 겸연쩍은 표정으로 말했을 것 같다.

철종의 학문이 보잘것없던 것이다. 정원용은 19살 철종의 학문을 10살 정도 수준으로 판단했다. 대왕대비는 "사람이 배우지 아니하면

옛일에 어둡고 옛일에 어두우면 나라를 다스릴 수 없는 것"이라며 철종의 분발을 당부했다.

대왕대비는 실망하고 우려했으나 겉으로 내색하지 않고, 공부를 어떤 책부터 시작하는 게 좋겠냐고 물었다. 정원용이 "시작은 사략(史略)으로부터 하여 조금 문리를 이해케 된 뒤에 계속하여 경서(經書)를 배우는 것이 좋겠습니다."121라고 했다.

그런데, 철종이 자기 학문을 축소해서 말했을 가능성이 말해진다. 겸손하게 처신하려는 게 아니라 자신을 다 드러내지 않으려는 일종의 경계심에서 그랬을 것이라고 한다. 이렇게 추정하는 근거는?

최익현이다. 대마도에서 순국한 항일의병장, 그 최익현(1833~1907)이다.

때는 1855년(철종 6) 2월, 춘당대 별전. 철종이 직접 성균관 유생들을 대상으로 춘도기(春到記)라는 예비 과거를 시행했다. 철종은 난해하기로 소문난 《상서(尙書)》로 유생들을 테스트했다. 유생들이 제대로 해내지 못하자 철종은 "즐겁지 않은 기색"을 보였다. 이제 서재(西齋) 유생 마지막 차례, 23세 최익현이다.

> 시종 조금도 막히지 않고 물 흐르듯 줄줄 외는데, 글 소리가 매우 청아하여 별전의 기왓장이 쟁쟁 울렸다. 상이 귀를 기울여 듣다가 구두가 꺾이는 곳에 이를 적마다 책상을 치며 칭찬하였다. 강이 끝나자 곧 이르기를, "잘했다. 순통(純通)이로다." 하였다.122

IV. 나는 조선의 군주다 173

성균관 대성전

성균관 명륜당

강경(講經) 시험의 등급을 보통 순통(純通)·순조(純粗)·순략(純略)·불통(不通) 순으로 매긴다. 순통은 '최우수'다. 최익현이 잘해서 철종은 기분이 좋아졌다. 직부전시하라고 명했다.¹²³ 두 달 정도 지난 4월 4일, 최익현은 정시(庭試) 전시에 응한다. 당연히 급제.

이렇게 해서 최익현에게 벼슬길이 열렸다. 승정원 가주서, 성균관 전적, 사헌부 지평, 사간원 정언, 이조정랑 등 요직을 거쳐 철종 말년에는 충청도 신창현감으로 나간다.

철종이 최익현을 시험하고 "순통이로다" 칭찬한 것이 1855년(철종 6)이다. 재위 6년 때다. 유생들은 적어도 10년 이상 공부만 한 사람들이다. 그들이 《상서》를 몹시 어려워했다. 제대로 외우지 못했고 이해하지 못했다.

그런데 《소학》 정도 겨우 읽었다는 철종이 단 6년여 만에, 성균관 유생들도 벌벌 떠는 어려운 경전을, 완숙하게 이해하고 평가할 수 있을까. 그래서 철종이 19세 즉위 당시에 이미 탄탄한 학문 기반을 갖추고 있지 않았을까, 그 가능성이 언급되는 것이다. 일리가 있다.

하지만 필자는 철종이 《사략》·《통감》·《소학》 정도 읽었다고 한 말, 그게 진심일 가능성이 더 크다고 생각한다. 즉위하고 4개월 되어가던 1849년(철종 즉위년) 9월 30일 경연. 정원용이 철종에게 물었다. "글의 뜻이 모두 명확하게 이해가 되십니까?"

철종이 대답한다. "잘 알지 못하겠소." 정원용이 우리말로 풀어서 다시 설명했다. 그랬더니 철종이 "이제야 알겠소.····우리말로 풀이해 주니 과연 쉽게 이해가 되오." 이렇게 말했다.¹²⁴

자기 실력을 숨기려고 일부러 모르는 척, 쇼한 것 같지 않다. 아무래도 즉위 당시 철종의 학문은 낮은 단계였던 것 같다. 그렇다면, 최익현의 일을 어떻게 설명해야 하나.

말할 것도 없이 철종이 열심히 공부해서 그만큼의 성취를 이룬 것으로 보아야 할 것이다. 물론 '공부머리'도 갖추고 있었을 것이다. 철종은 즉위하고 정말 정성을 다해 공부했다. 자신을 채찍질하는 글귀를 병풍에 써두고 보아가며 학문에 정진했다.

경연도 게을리하지 않았다. 경연관들은 조선 최고의 학자들이니 이들을 통해 철종의 학문이 높아지는 건 당연했다. 1850년(철종 1) 어느 날 경연. 철종이 그날 새로 배운 글을 읽는데 그 소리가 아주 컸다. 책 읽는 목소리가 쩌렁쩌렁 경연장을 울렸다. 듣고 있던 판부사 김도희가 철종의 수업받는 자세를 칭송하면서 앞으로는 좀 작은 소리로 천천히 읽으시라고 청한다. 계속 그리 크게 읽으면 기(氣)가 상하실까 걱정된다고 했다.[125] 배우는 즐거움에 폭 빠진 순박한 학생의 모습이 연상된다.

철종이 몇 번 경연을 거른 적도 있었다. 정원용이 이유를 물으니 철종은 앞 시간에 배운 걸 복습하느라 그랬다고 대답했다.[126] 책 몇 권 떼는 것에 만족하는 겉치레 공부가 아니었다. 철저히 복습해서 소화하고 자기 것으로 만들어가는 참공부였다. 철종은 공부에 진심이었다.

그러면 철종의 공부 진도는 어땠을까.

1849년(철종 즉위년) 경연에서 《소학》을 시작으로 1850년(철종 1)에 《사략》, 《통감》, 《대학》을 뗀다. 1851년(철종 2)에 《논어》, 1852년(철종 3)에 《맹자》를 끝낸다. 1853년(철종 4)에 《시전(詩傳)》, 1854

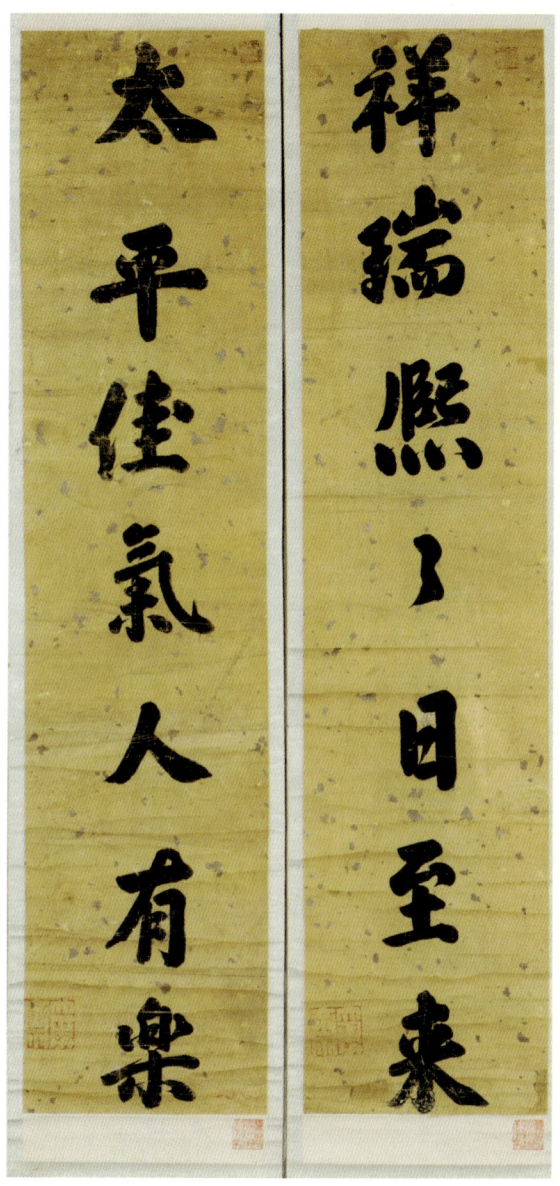

철종 어필 [출처: 국립중앙박물관]

철종 친필이다. 太平佳氣人有樂 祥瑞熙熙日至來(태평가기인유락 상서희희일지래). 뜻은 "태평하고 아름다운 기운 사람이 즐겁게 누리니, 상서로운 밝은 일이 날마다 이르네."

년(철종 5)에 《서전(書傳)》을 공부했다. 이 밖에 《송사(宋史)》, 《원사(元史)》 등도 읽었다. 《서전》은 《서경》 즉 《상서》의 주석서이다. 그러니까 철종은 최익현 등을 평가할 당시 이미 《상서》를 익혔던 것이다.

그런데 철종이 학문 정진에 초지일관한 것 같지는 않다. 언젠가부터 경연에 소홀해진 것으로 보인다. 대략 1855년(철종 6)부터 실록에 경연 기록이 잘 보이지 않는다. '이 정도면 됐다.' 여긴 것일까?

1858년(철종 9)에 정원용이, 근래 오래도록 경연을 열지 않아 신하들이 걱정한다고 아뢴다. 그러자 철종은 서늘한 가을이 되었으니 유념하여 경연에 임하겠다고 말한다.[127] 하지만 즉위 전반기처럼 열정적인 모습은 아니었다.

비록 경연엔 나서지 않아도 홀로 책 보는 건 계속했을 것이다. 요즘 말로 '자기주도학습'. 1859년(철종 10)이다. 영의정 정원용이 철종에게 물었다. 요즘 신하들이 공부를 너무 안 합니다, 그러니 40세 이하 문신들을 대상으로 제술(製述)과 경서(經書)로 매달 시험을 치러 시상하는 게 어떻겠습니까?

그러자 철종은 문신들이 과거에 급제했다고 공부를 게을리하면 나랏일을 어찌 잘 할 수 있겠냐고 걱정하면서, 그렇게 하라고 허락한다. 그러면서 하는 말, 채점은 내가 직접 하겠다![128] 무식한 왕의 만용이 아니다. 철종 자신이 공부 바탕이 돼 있기 때문에 떳떳한 자신감을 보인 것이다.

1862년(철종 13) 11월 8일, 모처럼 경연이 열렸다. 정원용이 철종에게 슬쩍 묻는다. "천명(天命)이 어디에 있는지 아십니까?" 정원용이 예상한 대로 철종이 대답했다. 민심이라고 했다. 그랬더니 정원용이 바로 찌른다. "오늘날 민심이 아주 좋지 않은 것은 전하께서 학문에 부지런 하지 않아서입니다." 철종은 날씨가 추워서 그랬다고 변명한다.[129] 느낀 게 있었던 듯, 이후 철종은 맘 다잡고 경연에 임한다.

철종의 학문이 다른 임금들보다 돋보이는 것은 아니다. 신하들을 압도할 만한 수준도 물론 아니다. 하지만, 우리네 일반적인 예상보다는 꽤 높은 단계에 올라 있었음을 알았다.

1863년(철종 14) 12월 8일. 철종이 세상을 떠났다. 고종이 즉위했다. 즉위한 첫날에 정원용이 고종에게 궁금한 걸 묻는다. 일찍이 철종을 강화도에서 모셔오자마자 어떤 책을 읽으셨냐고 물었던 정원용이다. 이번엔 어떤 질문을 했을까.

첫 질문이 이러했다.

"잠저에 계실 때 무슨 책을 읽으셨습니까?"[130]

날 괴롭힌 너를

① 임금이 강도(江都)에 있을 적에 어떤 유수가 방수(防守)를 위해 단속하는 것이 너무도 가혹하였으므로 가인(家人)들이 매우 고통스럽게 여겼었는데, 보위에 오름에 이르러 그 사람 이름이 승지 후보의 전망에 있게 되자 드디어 그에게 낙점하였다.

② 임금께서 강화에 계실 적에 어떤 수신(守臣)이 단속이 너무 가혹하여 집 사람들이 고통스럽게 여겼었는데 보위에 오르게 되자 그 수신이 승선으로 입시했습니다.

①은 '명순왕비서하행록', ②는 '철종대왕 묘지문'에 나오는 내용이다. ②의 수신(守臣)은 강화유수를 가리킨다. 승선은 승지를 말한다. ①은 철종이 강화 시절 자기를 닦달하던 유수를 승지로 뽑았다고 했고 ②는 그 유수가 승지가 되어 철종을 뵀다고만 했다.

그 승지를 만나 보고 나서 철종이 말했다. "그때 강화유수가 나를 욕보이려고 일부러 그런 것이 아니다. 국법(國法)이 그런 것이었다." 철종은 앙갚음 같은 거 하지 않았다. 다른 이들과 똑같이 예우했다. 철종의 그릇이 넉넉함을 보여주는 사례이다.

원범을 유독 괴롭혔다는 강화유수가 누구일지 궁금해서 뒤져봤다. 원범이 강화에 유배 살던 기간에 유수로 근무한 이는 한진정, 남이형, 임한진, 조형복인데 이 가운데 주인공은 한진정이다.

남이형은 유수 재임 중 사망했고 임한진은 병으로 사임했다. 조형복은 철종 즉위 후에도 강화유수로 있다가 1850년(철종 1)에 이조참판에 임명된다.[131] 1850년(철종 1) 7월, 철종에게 승지 후보자들의 이름이 적힌 망단자가 왔다. 철종은 그 가운데 한진정 이름에 낙점한다[承旨前望單子入之, 韓鎭庭落點].[132] 《승정원일기》에 나오는 내용인데 ① '명순왕비서하행록' 해당 기록과 일치한다.

이런저런 꼬투리로 괴롭히는 유수, 가뜩이나 괴로운 세상 더 괴롭구나. 그래도 내가 왕족인데, 완전히 죄인 취급, 살다 보면 살아진다지만, 너무 힘들다. 아, 꼴도 보기 싫다, 한진정!

강화 시절 원범이 이런 생각을 했을지도 모른다. 그랬는데 왕이 되고 받은 승지 후보자 명단 속에 한진정이 떡하니 올라 있다. 그 이름에 점을 찍는 게 결코 쉬운 일이 아니다. 철종은 낙점했다. 그의 능력을 알아본 것 같다. 한진정은 이렇게 좌승지가 되었다. 좀 겸연쩍기는 했을 것이다. 이후 철종은 한진정을 사간원 대사간, 형조판서, 의정부 우참찬, 병조판서 등에 임명한다.

철종의 그릇을 얘기한 김에 관련 사료를 통해서 철종의 성품도 들추어보자. 철인왕후가 남긴 기록이다.

△ 궁인(宮人)이 요리를 잘하지 못해서 벌받게 됐을 때 임금이 너그럽게 용서하며 이르기를, "어찌 차마 음식 때문에 나무라고 벌할 수 있겠는가?" 하였다.
△ 궁중에서 전에 은기(銀器)를 잃어버린 일이 있어 좌우가 벌을 받게 되었을 적에 임금이 이르기를, "어찌 한 개의 은기 때문에 많은 사람을 상하게 할 수 있겠는가?" 하고, 특명을 내려 별도로 이를 만들어 내리게 하고서는 마침내 불문에 부쳤다. 그 뒤 또 은기를 잃어버렸는데도 임금의 하교가 다시 전과 같았으므로, 궁중 사람들이 모두 관대하고 어진 성대한 덕을 칭송하였다.[133]

정말 너그럽다. 음식을 제대로 못했다고 벌 줄 수 있느냐는 철종의 말에는 무조건 공감한다. 은기 분실 사고를 불문에 부친 것도 공감. 그러나 또 발생한 은기 분실까지 그냥 덮어버린 것은 임금의 바른 처사가 아닌 것 같다. "궁중 사람들이 모두 관대하고 어진 성대한 덕을 칭송"하지도 않았을 것이다.

철인왕후는 철종의 선한 성품을 말하고 싶어 이런 에피소드를 기록한 것 같은데 읽는 이에 따라 철종이 유약하고 우유부단했을 것 같다는 생각도 할 수 있겠다. 철종에게 '착한아이 콤플렉스'가 있었나보다 여길 수도 있다.

그런데 철종이 늘 그랬던 것은 아니다. 판을 뒤집어 엎을만한 의지는 부족했던 것 같으나 마냥 물렁하고 유약하지도 않았다. 단호해야 할 때 단호했고 결단해야 할 때 결단했다.

1854년(철종 5) 12월 어느 날 아침. 성문을 열 때 고삐 풀린 말 한 마리가 돈화문 옆 협문으로 튀어 들어왔다. 말 한 마리 정도 들어 온 것쯤이야…. 하지만 철종은, 문을 파수하는 게 참으로 엄중한 일인데 모두가 해이해서 벌어진 사건이라고 하면서 수문장부터 병조판서까지 상하 관련자 모두에게 벌을 내렸다.[134] 기강을 바로 세우려는 의도였다.

한편 대왕대비는 철종의 천성이 순실하고 어질다고 평했다. 다만, 지켜보니 융통성 없는 고집이 좀 있다고 했다.[135] 고집이 있다, 고집이 있다! 이것은 철종이, 시키는 대로 따르지 않는, '왕의 의지'를 드러냈다는 의미로 해석할 수 있겠다. 그러면 철종의 '고집'은 '줏대'가 된다.

난 늘 술이야 맨날 술이야?

대왕대비 순원왕후가 김문근의 딸을 중전으로 간택하면서 김문근에게 당부했었다. "대전(大殿)의 성품이 평소 검소하여 사치를 좋아하지 않으니, 중궁전 역시 우러러 본받아 검약을 숭상한다면 어찌 기쁘고 다행스럽지 않겠는가."[136] 철종이 워낙 검소한 사람이니 왕비도 그러해야 한다는 얘기다.

왕비 철인왕후의 말에 따르면, 철종은 수라상에 값비싼 음식이 오르면 밀어내고 먹지 않았다. 육식도 가급적 피했다. "내가 고기를 많이 먹는다면 사서인(士庶人)까지 다투어 서로 본받게 될 것"이고 그리되면 가축이 남아나지 않을 것이라고 염려했다. 옷의 사치도 경계했다. 용포(龍袍) 등 정해진 임금 복장은 어쩔 수 없지만, 그 외 평상복은 비단옷을 입지 않았다.

철종이 세상을 떠나고 고종이 즉위했을 때다. 조대비(신정왕후)가 철종을 이렇게 평가했다. "14년 동안 아침저녁으로 부지런히 정사를 보면서 백성을 위한 한결같은 마음에서 토목 공사를 번거롭게 벌리거나 자기 몸을 위하여 낭비하는 일이 일찍이 없었다는 것은 나라 사람들이 다 함께 알고 있는 바다."[137]

잠깐 태종 때로 가본다.

1418년(태종 18) 6월 3일. 태종은 세자 양녕대군을 폐하고 셋째 아들 충녕대군을 세자로 삼는다. 충녕대군이 곧 세종이다. 그런데 새로운 세자로 충녕대군을 결정한 것이 원칙에서는 어긋난다.

양녕대군을 폐하면 양녕대군의 아들을 세손으로 삼는 것이 순리이다. 태종도 처음에는 양녕대군의 아들을 세우겠다고 했으나 이내 말을 바꿨다. 손자가 아니라 아들 중에서 세자를 정하겠다고 했다.

원경왕후 민씨가 낳은 아들은 넷. 순서대로 양녕대군, 효령대군, 충녕대군, 성녕대군이다. 장자 양녕대군은 폐세자할 것이고 막내 성녕대군은 세자를 바꾸기 얼마 전에 사망했다. 남은 대상은 둘째인 효령대군과 셋째인 충녕대군. 우선순위는 효령대군이지만, 태종의 마음은 충녕대군이었다.

효령대군을 세자로 삼을 수 없는

태종 헌릉 신도비 (서울 서초구)

명분이 필요했다. 태종이 밝힌 효령대군의 몇 가지 결격 사유 가운데 하나가 바로 술이다. 태종의 말을 직접 들어보자.

"술을 마시는 것이 비록 무익하나, 그러나, 중국의 사신을 대하여 주인으로서 한 모금도 능히 마실 수 없다면 어찌 손님을 권하여서 그 마음을 즐겁게 할 수 있겠느냐? 충녕은 비록 술을 잘 마시지 못하나 적당히 마시고 그친다. … 효령은 한 모금도 마시지 못하니, 이것도 또한 불가(不可)하다. … 나는 충녕을 세자로 정하겠다."[138]

임금에게 술은 정치력을 끌어올리는 꽤 괜찮은 수단이다. 임금은 신하들을 대상으로 공적인 술자리를 마련하곤 했다. 술을 통해 군신(君臣)의 거리감이 좁혀진다. 임금은 술을 마시는 게 좋다. 물론 술을 마시지 못하면 임금이 될 수 없다는 태종의 '변명'은 억지스럽지만.

철종도 술을 마셨고 또 신하들에게 베풀기도 했다. 어느 날엔가 대신들에게 술을 주며 "…특별히 허락하노니, 종일토록 즐겨보세" 이런 내용의 시를 내렸다.[139]

철종이 술과 여자에 빠져 살았다고 한다. 맨날 여자 품고 술만 마시다가 그 후유증으로 젊은 나이에 세상을 뜨고 말았다고 한다. 33세, 아까운 나이에 하늘로 간 것은 맞다. 그러나 철종이 술과 여자를 지나치게 가까이했다는 신뢰할 만한 근거가 찾아지지 않는다.

김택영이 《한사경》에서 철종이 여자에 빠져 몸이 망가졌다고 했고, 다보하시 기요시가 《근대일선관계의 연구》에서 철종이 주색에 빠져 살았다고 하긴 했는데, 그대로 믿어야 할지 의문이다. 안동김문의 위세에 휘둘려, 왕으로서 자괴감과 무력감을 느끼게 되고, 그래서 일종의 도피 행위로 주색(酒色)에 몰두했을 것이라는, 그럴싸한 추정이 '술꾼 철종'의 이미지를 만들어낸 것이 아닐까 싶다.

1850년(철종 1년) 경연 자리에서 좌우명에 관한 대화가 오갔다. 대화 중에 철종이, 병풍에 붙이려고 직접 써 둔 글이라며 '어제십조(御製十條)'를 내보였다. 철종이 지키고자 하는 열 가지 좌우명인 셈인데 신하들에게 보인 것은 그들도 지켜달라는 무언의 지시이기도 했다.

어제 10조의 내용은 이러하다.

부모에게 순종하고, 임금에 충성을 다하며, 어른의 말씀을 공경하여 받들고, 형제간에 화목하며, 남녀의 분별을 알고, 말이 진실하고 행실이 독실하며, 잘못을 뉘우칠 줄 알며, 뉘우치면 고칠 줄 알고, 처자만 아끼지 않고 재물을 탐하지 않으며, 주색에 빠지지 않는다.

철종은, 이를 잘 지키면 상등인(上等人)이요, 하나라도 지키지 않으면 하우인(下愚人, 어리석고 못난 사람)이라고 하면서 꼭 지키고 말겠다는 다짐을 보였다.[140]

마지막 열 번째로 강조한 것이 '주색에 빠지지 않는다.'이다. 즉위하고 1년 정도 됐을 때 쓴 글이라 말년까지 지켜냈는지 확언할 수는 없으나 철종이 주색을 경계했던 것은 분명하다. 술을 마시되 술에 먹히지는 않았을 것이다.

철종은 즉위 초부터 병을 달고 살았다. 속이 더부룩하고 메슥거리고 소화가 안 됐다. 설사도 잦았다. 재위 기간 내내 줄곧 그랬다. 아마도 술을 많이, 자주 마시기 어려운 몸이었을 것이다.

힘들어도 내색하지 않고, 분노가 쌓여도 웬만하면 그걸 쏟아내지 않고, 속으로 삭이는 성격이었던 것 같다. 궁궐 생활 방식 익히랴, 나랏일 배우고 또 처리하랴, 학문 익히랴, 거기에 신분에 대한 자격지심도 있었을 테고, 일이 뜻대로 풀리지도 않고…. 스트레스가 다른 왕들의 두 배는 됐을 것이다. 마음 병이 몸 병을 부르고 또 키웠을 것이다. 그래서 젊은 나이에 세상을 떠나게 된 것이지, 주색 때문이 아닐 것이다.

차라리, '다 내려놓고 즐기자!' 편안한 마음으로 사치나 누리면서 술 마시고 여인 희롱하며 살았더라면, 외려 더 건강하게 오래 살았을지도 모른다.

평소 철종은 "思無邪(사무사)", 세 글자를 써서 판에 새겨 희정당에 걸어두고 늘 마음에 새겼다.[141] 경전에서 따온 思無邪는 생각함에 삿된 마음이 없다는 뜻이다. 철종의 사무사를, 한자 뜻풀이보다는, 윤동주에 기대어, "죽는 날까지 하늘을 우러러 한 점 부끄럼이 없기를"이라고 해석하고 싶다.

순원왕후가 김흥근에게 보낸 편지에서 헌종이 술을 너무 많이 마신다는 말이 외간에까지 퍼져있다고 걱정했었다. 헌종이 23세 그 젊은 나이에 승하하자, 임금이 여색을 너무 밝혀서 일찍 죽고 말았다는 소문이 항간에 흘러 다녔다. 혹시, 헌종에 대한 주색 관련 소문이 철종에게로 와전된 것은 아닐까?

전계대원군, 회평군

"상계군(常溪君), 풍계군(豐溪君)은 모두 계(溪)자가 있으니 항열과 비슷합니다. 지금 대원군의 작호도 계(溪)자 위에 한 글자를 더하여 정하는 것이 어떻겠습니까?" 하니, 대왕대비가 이르기를, "과연 좋겠소." 하였다.[143]

순조왕릉 인릉 (서울 서초구)

철종 즉위년인 1849년, 좌의정 김도희가 철종 생부 이광에게 올릴 작호를 무엇으로 할지 아뢰었다. 이광 형제의 작호인 '상계', '풍계'를 따라 전계(全溪)로 결정되었다. 이광이 전계대원군(全溪大院君)이 된 것이다. 대원군이란, 왕이 후사 없이 죽어서 종친 중에서 왕위를 계승하는 경우와 반정으로 왕이 바뀐 경우에 새 임금의 친부에게 올리는 존호이다.

대원군은 조선시대에 4명 있었다. 선조의 아버지 덕흥대원군, 인조의 아버지 정원대원군(이후 원종으로 추존), 철종의 아버지 전계대원군, 고종의 아버지 흥선대원군이다. 덕흥대원군, 정원대원군, 전계대원군은 사망한 뒤에 존호를 올린 것이고, 흥선대원군만 생전에 대원군으로 봉해진 것이다.

대왕대비는 며칠 뒤에 상계군 이담에게 가덕대부, 풍계군 이당에게 소의대부 품계를 내린다. 철종의 이복형인 영평군 이경응과 사촌형 익평군 이희(풍계군 이당의 아들)도 소의대부로 봉한다. 가덕대부(종1품), 소의대부(종2품)는 왕실 종친에게 내려지는 품계이다.

품계 부여를 통해 철종 집안사람들에게 씌워졌던 죄인의 굴레를 벗기고 엄연한 종친임을 공인한 것이다. 임금 철종의 권위를 세워주려는 조치였다. 아울러 전계대원군 이광의 본부인 최씨에게 완양부대부인(完陽府大夫人), 철종 생모 염씨에게는 영원부대부인(鈴原府大夫人)이라는 존호를 올렸다.

여기서 빠진 사람이 있다. 이원경이다. 역모죄로 죽은, 철종의 큰형 이원경은 제외됐다. 원범을 유배 당하게 한 직접적인 계기가 됐던 인물이다. 아마도 조정, 특히 안동김문의 반대가 심해서 대왕대비가 이원경을 제외한 것 같다. 철종은 내심 서운했을 것이다.

"나의 수렴하고 유시하는 것을 오늘로 마치니, 여러 대신은 반드시 우리 주상을 잘 보필하라."

대왕대비가 시임·원임 대신과 국구(國舅) 김문근을 희정당으로 불러 말했다. 수렴청정을 끝내겠다는 선언이다. 이때가 1851년(철종 2) 12월 28일이다.

즉위하고 3년째 수렴청정 받던 철종이 이제 친정을 하게 되었다. 대왕대비의 영향력이 지속됐을 테지만, 궁궐 생활에 적응한 철종은 왕으로서 어느 정도 여유를 갖게 되었을 것이다.

1852년(철종 3) 9월, 철종이 이런 시를 지었다.

풍덕을 얻어 사해가 복종하니
나는 남면하여 잘 다스릴 뿐이라
하늘이 아름다움으로써 큰 복을 주셨으니
밝은 천명을 돌아보아 더욱 힘쓸 뿐이라네[144]

得風德而四海降
予南面而能治已
天以休而授景福
顧明命而加勉耳

IV. 나는 조선의 군주다   191

용성부대부인 묘 문인석 (경기 포천)
용성부대부인 묘 문인석 한 쌍의 얼굴 부분이다. 일반적인 문인석의 모습과 다르고 표정도 이채롭다.

좀 허황한 느낌이 없지 않으나, 행간에서 왕으로서 자신감이 묻어난다.

1857년(철종 8) 8월 4일, 대왕대비 순원왕후가 천식을 심하게 앓다가 세상을 떠났다.

1858년(철종 9) 11월 9일, 철종이 명령한다.

"군호(君號)는 회평군(懷平君)으로 정하여 들이게 하라."

이제야, 역모죄로 죽임을 당한 형 이원경에게 회평군이라는 군호를 올린 것이다. 이제 회평군 이원경은 죄인이 아니라 왕실의 당당한 일원이다. 내친김에 철종이 명을 더했다. "상계군·풍계군·회평군을 정1품에

증작(贈爵)하라."

이원경에 대한 신원(伸寃)이 참 오래 걸렸다. 이원경 처벌을 주장했던 당시 신료들이 건재한 조정이다. 그들의 반발이 여전했을 것이다. 반발을 뚫고 철종이 뜻대로 이루었다. 철종 자신도 역모 죄인의 동생이라는 굴레에서 벗어났다.

한편 철종은 1861년(철종 12)에 생모 염씨의 존호를 영원부대부인(鈴原府大夫人)에서 용성부대부인(龍城府大夫人)으로 바꾼다.

정통성 때문에

　1866년(고종 3) 병인년 10월 5일 새벽. 지금의 강화읍내는 온통 불바다였다. 행궁이 타고 외규장각이 타고 관아가 탔다. 수많은 민가 역시 뜨거운 재가 되고 있었다. 이리 뛰고 저리 뛰며 울부짖는 백성들, 가히 지옥도였다.

　실화(失火)가 아니다. 방화(放火)다. 누가? '문명국' 프랑스의 군인들이 벌인 야만 행위였다. 병인양요다. 강화부를 점령하고 있던 프랑스군이 양헌수가 이끄는 조선군에게 정족산성에서 참패한 후 황급히 철수했다. 쫓겨 달아나는 게 화나고 창피해서 그랬을까. 불을 지르고 떠났다.

　이때 불탄 건물 중에 장녕전(長寧殿)과 만녕전(萬寧殿)이 있다. 행궁, 외규장각 등과 함께 지금의 고려궁지 안팎에 있었다. 장녕전과 만녕전은 일종의 왕실 사당인데 그 안에 임금의 어진을 모셨다.

　장녕전을 짓게 한 임금은 숙종이다. 1695년(숙종 21)에 지었다. 그럼 장녕전에 모신 어진은 어느 임금 것일까? 숙종 어진이다. 숙종이 짓게 하고 거기에 자신의 어진을 모시게 했다. 당시까지만 해도 특이한 사례였다.

어진은 그 자체가 섬김의 대상이다. 신하들은 숙종 어진을 섬겨 모셔야 했다. 한양 궁궐에 숙종이 있고 강화 장녕전에도 숙종이 있던 셈이다. 장녕전 건립은 왕권을 신성시하고 또 강화하려는 의도로 볼 수 있다. 이후 임금 생전에 어진을 봉안하는 일이 자연스럽게 인식되게 된다.

1745년(영조 21), 영조는 만녕전에 자신의 어진을 모시게 했다. 만녕전은 원래 1713년(숙종 39)에 지었는데 그때는 그냥 별전(別殿)이라고 불렀다. 영조가 어진을 봉안하게 하면서 만녕전으로 이름 지었다.

1776년(정조 즉위년), 정조는 강화유수에게 명하여 영조의 어진을 만녕전에서 장녕전으로 옮겨 숙종의 어진과 함께 봉안하게 했다. 영조가 생전에 이르기를, 자신이 죽으면 만녕전의 어진을 장녕전으로 옮겨 달라고 했기 때문이다.[145]

"장녕전을 오랜 세월 동안 수리하지 못했다는 것을 내가 잠저 때부터 익히 들었는데, 지금 이를 개수(改修)하여 일을 끝마치고 〈어진을〉 곧 도로 모시게 되었으니, 매우 다행스럽다."[146]

철종이 한 말이다. 철종이 장녕전을 수리하게 한 것이다. 이때가 1857년(철종 8)이었다. 다음 해인 1858년(철종 9) 6월 6일, 철종은 만녕전을 중건(重建)하자는 비변사의 요청을 받고 그렇게 하도록 지시한다. 그해 8월 1일, 철종은 만녕전 공사를 담당했던 이들에게 상을 내렸다. 이때 공사가 완료된 것이다.

정족산성 동문 (강화군 길상면)
단군의 세 아들이 쌓았다고 전해지는 삼랑성이 곧 정족산성이다. 1866년(고종 3) 병인년에 이곳에서 큰 전투가 벌어졌다. 양헌수가 이끄는 조선군이 프랑스군을 격퇴했다. 패배한 프랑스군은 주둔하고 있던 강화읍내로 달아난다. 그리고 황급히 짐을 꾸려 강화를 떠난다. 와중에 읍내에 불을 지르고.

만녕전에 모셨던 영조 어진을 장녕전으로 모셨으니 만녕전은 사실상 비어 있었을 것이다. 그런데도 철종이 장녕전과 만녕전을 보수하여 새롭게 한 것은 그것이 선왕에 대한 도리였기 때문일 것이다.

또 왕실의 권위를 유지하는 데 필요한 작업이기도 했다. 장녕전과 만녕전은 영조와 연관된 건축물이다. 철종은 영조에서 이어진 혈통이다. 장녕전과 만녕전 개건은 영조의 권위를 빌어 철종 자신의 정통성을 다시금 강조한 것으로 해석할 수 있다.

철종의 정성으로 거듭난 장녕전과 만녕전!

그런데 10년도 안 돼서 프랑스군이 불질러 모두 타버린 것이다. 소실된 장녕전과 만녕전은 이후 다시 세워지지 못했다. 다만 1874년(고종 11)에 장녕전 터에 유허비(遺墟碑)를 세워 그 의미를 기렸다. 하지만 지금, 그 유허비조차 사라지고 없다. 언제 어디로 간 것인지 알 수 없다.

"여기 누운 곳은 너무 뜨거우니 다른 곳에다 눕혀다오."

1855년(철종 6) 여름, 철종 꿈에 순조가 나타나 이렇게 말했다고 한다. 철종은 잠에서 깨서도 순조의 목소리를 생생하게 느꼈다.[147] 철종은 순조왕릉 인릉을 명당 찾아 옮겼다. 여기서 끝이 아니었다. 익종(효명세자)왕릉 수릉과 수빈박씨(정조 후궁, 순조 생모)의 무덤인 휘경원도 이장했다. 더해서 생부 전계대원군의 묘도 옮겼다.

철종이 인릉 등을 이장한 것은 효를 실행하고 드러내는 한 과정이었다. 아울러 장녕전, 만녕전 중건처럼 왕실의 권위를 드러내면서 자신의 왕권도 다져지기를 바라는 마음으로 추진한 일이었다. 철종은 무슨 대규모 궁궐 공사 같은 건 벌이지 않았다. 하지만 만만치 않은 공력이 드는 왕릉급 묘 이장을 여러 번 하게 했다. 나라 살림에 큰 부담이었다.

그런데 인릉·수릉·휘경원 이장은 대왕대비 순원왕후의 뜻이기도 했다. 순원왕후는 "가장 길한 땅을 찾아 혼백이 편안하시고 자손이 길이 이어지며 억만 년간 태평히 오래갈 데를 얻기를" 하늘에 빌었다. 인릉은 순원왕후의 남편, 수릉은 아들, 휘경원은 시어머니의 무덤이다.

처음 왕릉을 쓸 때 최고의 지관들이 명당을 찾아 모신 것인데, 왜 뒤에 가서 나쁜 땅이라며 이장해야 한다는 주장이 나올까. 순원왕후가 답을 냈다.

외규장각 (강화군 강화읍)
정조가 1782년(정조 6)에 세우고 왕실도서 수천 권을 보관했던 곳이다. 병인양요 때 소실된 것을 2003년에 옛 모습대로 복원하고 내부를 전시관으로 꾸몄다. 강화읍 고려궁지 안에 있다.

"능지(陵地)를 정할 때, 그 누군들 좋게 하고자 하는 마음이 없으며 지사(地師, 지관)들이라도 다 그러하였겠지만 매양 모신 후에는 그 뒤에 오래지 않아서 이렇다 저렇다 하니 그도 인력으로 못하는 일이고 운수요 하늘에 달린 일이니 누구를 탓하며 누구를 원망하겠습니까."[148]

순원왕후는 이장을 통해 혼백이 편안하고 자손이 이어지며 오래도록 태평하기를 빌었다. 순원왕후의 소망대로 이장은 잘 마무리되었다. 혼백의 평안 여부는 알 길이 없다. 자손은 이어지지 않았다. 나라가 태평하지도 못했다.

한편 왕릉 이장 문제가 조선 조정에서 정쟁(政爭)의 수단이 되기도 했다. 어느 왕릉이 흉지라는 말이 나오게 되면, 그 왕릉 위치를 정하고 조성한 책임자들이 궁지에 몰리게 된다. 공격을 받기도 한다. 그러면 흉지가 아니라고 반격을 하겠지. 성리학의 나라에서 벌어지는 풍수지리와 정치의 희한한 결합인 셈이다.

순조가 승하하고 헌종이 즉위하면서 순조의 묘호를 '순종(純宗)'으로 정했었다.[149] 20여 년 흐른 1857년(철종 8) 8월 9일. 대왕대비 순원왕후가 세상을 떠난 지 닷새 된 날. 지돈녕부사 이학수가 상소하였다.

"《예기》에 이르기를, '그의 시호를 듣고서 그의 정치를 알 수 있다.'라고 하였으니, 순고(純考, 순종)의 행적을 헤아려보고 순고의 정치를 상고해 보건대 조(祖)라 일컫는 것이 역시 마땅하지 않겠습니까?"[150]

묘호 순종을 순조로 고치자는 요청이었다. 철종이 동조하면서 대신

강화부 궁전도 장녕전 [출처: 국립중앙도서관]
강화부 궁전도는 행궁, 외규장각, 장녕전, 만녕전, 봉선전 등을 정교하게 그린 건물 도형이다. 병인양요 이후인 1881년(고종 18)에 제작됐다는 학설이 있으나, 병인양요 이전인 1858년(철종 9)에서 1866년(고종 3) 사이 어느 해엔가 제작된 것으로 보는 것이 옳을 것 같다.

들의 의견을 물었다. 답변이 왔다. "여러 대신과 2품 이상 90여 명 모두가 참으로 이견이 없습니다."[151] 모두가 찬성이라는 보고였다. 묘호 개정 작업이 일사천리로 마무리되어 순종이 순조가 되었다.

이학수 말대로 순조의 행적을 다시 헤아려보고 정치를 상고해봐도 왜 '조'가 마땅한지 필자는 도무지 모르겠다. 하여간 선왕(先王)들에 대한 선양을 통해 자신 왕통의 정통성을 내세워 온 철종이다. 당당한 왕위 계승권자가 아니었기에, 약점이 많았기에, 더 신경을 썼을 것이다. '순종'을 '순조'로 바꾸게 한 것 역시 같은 의도였다고 할 수 있다.

지금 생각에, 장녕전 꾸미고 왕릉 옮기고 묘호 바꾼다고 왕의 정통성이 서고 왕의 권위가 올라가나, 싶다. 하지만 명분과 상징성이 유독 강조되던 당시에는 꽤 먹히는 정치 행위였던 것 같다.

묘호 이야기

충무공 이순신!

충무(忠武)라는 두 글자 시호에 공(公)을 붙여서 충무공이라고 부른다. 시호(諡號)란, 어떤 두드러진 인물이 사망한 뒤 임금이 정해주는 존칭이다. 생시에 율곡이라는 호를 쓴 이이는 사후에 문성(文成)이라는 시호를 받았다. 그래서 문성공 이이라고 한다.

임금도 시호를 받는다. 그런데 글자 수가 점점 길어지면서 오히려 현대인의 관심에서 멀어졌다. 정조의 시호가 문성무열성인장효(文成武烈聖仁莊孝)라는 걸 누가 굳이 기억하려고 할까. 우리에게 정조는 정조로 충분하다. 아, 드라마 덕분에 이름도 안다. 정조의 이름은 이산!

정조(正祖)! 이런 임금 칭호를 묘호(廟號)라고 한다. 종묘에 모실 때의 호칭이다. 임금이 세상을 떠나면 생전의 업적을 고려해서 적절한 묘호를 올린다. 조(祖)나 종(宗)으로 끝나는 두 글자 묘호는 중국에서 도입된 제도다. 그런데 명나라와 청나라 임금은 'O조', 'O종'이라는 묘호보다 당대 연호를 활용한 호칭인 'OO제'로 더 알려져 있다. 홍무

선조왕릉 목릉 (경기 구리)

제(명 태조), 옹정제(청 세종)식으로.

우리나라 역사에서 조나 종으로 끝나는 왕호를 처음으로 받는 이는 고구려 제6대 임금인 태조왕이다. 나라를 처음 세운 것과 맘먹는 업적을 남겼다고 해서 태조(太祖)라고 한 것 같다. 그런데 제7대 임금 차대왕에게 "왕의 자리를 물려주고 별궁으로 물러나니, 태조대왕이라고 칭했다."라는 《삼국사기》 기록으로 보아서 '태조'를 온전한 묘호로 보기는 어려울 것 같다. 왕위를 물려주고 나서, 그러니까 생시에 태조대왕으로 칭했으니 말이다. 다른 고구려 임금들과 달리 중국식 왕호인 태조를 쓴 이유는 알 수 없다.

조나 종으로 된 묘호를 받은 첫 임금은 신라 태종무열왕 김춘추이다. 태종(太宗)이 묘호이고 무열(武烈)은 시호이다. 김춘추를 태종으로 칭하자 당나라가 불쾌해했다. "너희 신라는 바다 밖에 있는 조그만 나라임에도 태종의 호를 사용하여 천자의 칭호를 참칭하니 그 뜻이 불충하므로 속히 그 명호를 고치도록 하라." 요구해왔다.

어찌 감히 당 태종의 묘호를 신라에서 그대로 쓸 수 있느냐는 것이다. 신라는 김춘추의 삼국통일 업적을 말하며 당의 요구를 거부했다. 《삼국유사》에 따르면, 당나라가 신라에 "다시 사신을 보내서 태종이라는 칭호를 고치지 않아도 된다고 하였다."

원칙적으로, 종이나 조로 된 두 글자 묘호는 중국의 황제만 쓰는 것이었다. 그래서 태종무열왕 이전 신라 임금 가운데 그런 묘호를 쓴 사례가 없었고 이후에도 없었다. 하지만 우리가 알다시피 고려와 조선의 임금들은 조와 종으로 된 묘호를 계속 썼다. 선조 때 명나라가 조선의 묘호 사용 문제를 다시 시비한 적이 있으나 별문제가 되지는 않았다.

그러면, 어떤 임금이 조(祖)가 되고 어떤 임금이 종(宗)이 되는가?

기준이라고 할까, 원칙이라고 할까, 고대 중국에서 전해진 게 있다. 개창위조, 수성위종(開創爲祖, 守成爲宗)이다. 나라를 연 임금은 '조'이고, 이후 임금들은 '종'이라는 것이다. 개창이란 나라를 세웠다는 뜻이고 수성은 선대 군주가 이루어 놓은 일을 지켜간다는 의미이다. 고려가 이 원칙을 깔끔하게 지켰다. 왕건만 태조, 조를 썼고 이후 임금들은 모두 종만 썼다(원 간섭기에는 '충O왕'을 써야 했다).

그런데 조선은 조(祖) 자 묘호를 가진 임금이 여럿이다. 왜 그럴까. 묘호 제정 원칙이 또 하나 있었다. 조유공종유덕(祖有功宗有德)이다. 줄여서 조공종덕(祖功宗德)이라고 한다. 공이 있는 임금은 조요, 덕이 있는 임금은 종이라는 것이다. 조공종덕, 이게 참 애매하다. 고인이 된 임금이 덕이 많았는지, 공이 많았는지 평가하는 게 쉽지 않다.

현실적으로, 나라를 연 임금과 망할 뻔한 위기에서 나라를 구했다고 평가하는 임금에게 '조'로 된 묘호를 올렸다. '조'와 '종'은 높고 낮음이 없다고 말들 했으나 실은 '조'를 '종'보다 높게 여기고 받들었다. '조'를 높게 보는 인식은 조선 후기에 더 뚜렷해졌다.

태조, 세조, 선조, 인조, 영조, 정조, 순조.

27명 조선의 군주 가운데 7명이나 조로 된 묘호를 받았다. 종으로 된 묘호는 18명. 나머지 2명은 묘호 자체를 받지 못한 연산군과 광해군이다. 태조 이성계를 제외하면, 조선에서 '조' 묘호를 처음 받은 이가 수양대군 세조다.

세조를 이어 즉위한 예종이 의정부 전·현직 정승과 육조 참판 이상 고관들에게 세조의 묘호를 정하게 했다. 그 결과 신종(神宗)·예종(睿宗)·성종(聖宗), 이렇게 세 가지 호칭이 올라왔다. 첫 번째로 적힌 신종으로 정해지는 것이 관례다. 그런데 예종이 모두 거부하고 새로운 요구를 한다. "대행대왕께서 재조(再造, 나라를 다시 일으킴)한 공덕은 일국의 신민으로 누가 알지 못하겠는가? 묘호를 세조(世祖)라고 일컬을 수 없는가?"[152]

정인지 등이, 이미 세종(世宗)이 있는데 어찌 또 세(世) 자를 묘호에 쓸 수 있겠느냐며 난감해 했다. 그러자 예종은 중국 한나라 때 세조가 있고 세종도 있었다면서 밀어붙였다. 이리하여 신종이 될 뻔한 세조가, '세조'가 되었다. 세조의 시호는 무려, '승천체도열문영무지덕융공

성신명예의숙인효'

임진왜란을 겪은 선조가 승하하고 광해군이 즉위했다. 묘호는 선종(宣宗)으로 정해졌다. 그런데 며칠 뒤 대신들이 "대행대왕께서는 나라를 빛내고 난(亂)을 다스린 전고에 없던 큰 공적이 있으니, 진실로 조(祖)라고 일컫는 것이 마땅"[153]하다고 아뢰었다. 광해군은 자기 뜻도 그러하다며 즉시 추진하라고 했다.

그러자 사간원 정언 이사경이, 묘호를 조로 정하면 후세에 말을 듣게 될 것이라며 반대하고 나섰다. 이후 조정 신하들의 의견이 다양하게 나왔는데 결국은 묘호를 종(宗)으로 하는 것이 온당하다는 결론에 도달했다. 이를 예조가 광해군에게 보고했고 광해군은 조정 의견을 수용했다. 1608년(광해군 즉위년) 2월 25일, 선조의 묘호가 선종(宣宗)으로 공식 확정되었다.

즉위 초, 광해군은 유영경 등 반대세력 제거와 임해군 처벌에 집중하고 있었다. 신하들과 선왕 묘호 문제로 대립할 상황이 아니었다. 그래서 미련을 가슴에 담아둔 채 순순히 조정의 뜻을 따랐다. 대략 10년 세월이 흘렀다. 1617년(광해군 9), 광해군은 선종의 묘호를 선조로 바꾸는데 성공했다. 이렇게 선종이 선조가 되었다.

인조가 가고 효종이 왔다. 효종은 아버지 인조의 묘호를 열조(烈祖)로 정했다가 이내 인조(仁祖)로 바꿨다. 대신 이하 신하들이, 이미 인종(仁宗)이 있으나, '세종'과 '세조'에서 보듯 '인조'로 묘호를 정해도 문제없다고 하였다. 그래서 열조가 인조가 되었다.

홍문관 응교 심대부, 부수찬 유계, 사간원 사간 조빈이 각각 상소

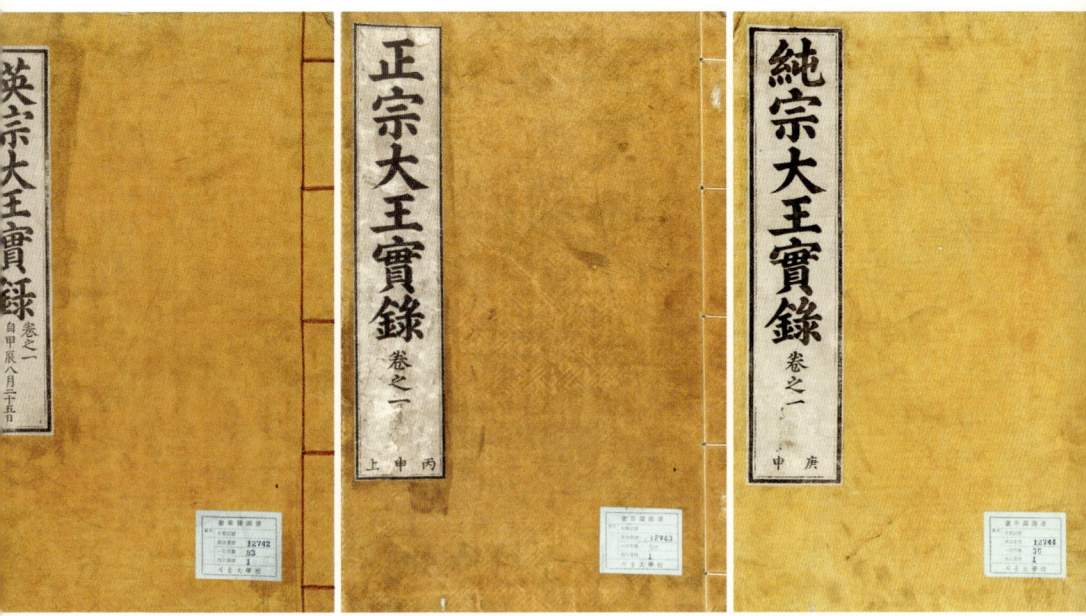

영조실록, 정조실록, 순조실록 표지 [출처: 규장각 한국학연구원]
실록 편찬이 마무리된 이후에 묘호 개정이 이루어졌기 때문에 원래 묘호인 영종, 정종, 순종으로 기록됐다.

하여 묘호 '인조'를 반대하면서 재고를 요청했다.[154] 단종에게 선위 받아 즉위한 세조가 왜 '조'가 됐는지 이해할 수 없다고 했다. 이미 세종이 있는데 '세조'를 묘호로 정한 것이 애초 잘못된 일이라고 지적했다. '선조'는 소인배들의 아첨으로 정해진 묘호일 뿐이라고 했다. 이미 인종이 있는데 인(仁) 자를 또 써서 굳이 '인조'로 해야 하느냐 물었다. 상소 행간에 '조'가 아니라 '종'으로 정해야 한다는 의견을 담았다.

심대부가 효종에게 물었다. "중종대왕께서는 연산군의 더러운 혼란을 깨끗이 평정하시고 다시 문명의 지극한 정치를 여셨으되 조라고 호칭하지 않고 단지 종이라 호칭하였으니 이것이 오늘날 우러러 본받아야 할 바가 아니겠습니까." 조빈도 효종에게 물었다. 선왕의 묘호를 '인조'로 하려는 것이 전하의 "공심(公心)입니까, 사심(私心)입니까?"

묘호 '인조'는 바뀌지 않았다. 그래도 효종 조정은 조정다웠다. 삼사가 살아 있었다. 이렇게 반대 의견이 나와야 정상이다. 철종 조정에서는 '순조'에 대한 또렷한 반대 의견이 나오지 않았다.

1776년, 정조가 즉위했다. 할아버지 영조의 묘호를 영종(英宗)으로 정했다. 그렇게 오래도록 영종이었다. 100년 넘게 흘러 고종 때 가서 영종이라는 묘호가 영조(英祖)로 변경된다. 고종이 지시하고 대신들이 적극적으로 찬동했다. 우의정 조병세는, 영종대왕이 큰 공과 위대한 업적을 남겼는데도 '조'로 칭하지 못한 것은 억울한 일이라며 이제 바꾸게 되어 기쁘고 다행스럽다고 했다. 이렇게 '영종'이 '영조'가 된 것은 1889년(고종 26)이다.

정조도 할아버지 영조처럼 원래 묘호가 정종(正宗)이었다. 순조는 신하들이 올린 정종(正宗)·순종(純宗)·선종(宣宗) 중에서 첫 번째 정종을 택해 아버지 묘호로 정했었다.[155] 그런데 고종이 정종을 정조로 올렸다. 대한제국기인 1899년(고종 36), 궁내부 특진관 서상조가 정종대왕의 존호를 추상하자는 상소를 올렸고 고종이 이에 응하는 형식으로 일이 이루어졌다. 신하들이 올린 정종의 묘호 후보, 정조(正祖)·성조(聖祖)·경조(敬祖) 중에서 고종은 정조를 택했다. 영종이 영조가 되고 10년 뒤에 정종이 정조가 된 것이다.

순조도 순조가 아니었음을 말했다. 철종 8년 때인 1857년에 순종을 순조(純祖)로 올렸다.

태조, 세조, 선조, 인조, 영조, 정조, 순조.

조(祖) 자 묘호를 가진 임금 가운데 처음부터 '조'였던 이는 태조, 세조, 인조이고 원래 '종'이었는데 '조'로 바뀐 이는 선조, 영조, 정조, 순조이다. 이 가운데 영조와 정조는 당대인들이 말하던 묘호 제정 원칙에 잘 맞지 않아서 어색한 면도 있다.

선조는 임진왜란을 극복한 공, 인조는 이괄의 난·정묘호란·병자호란 속에서 나라를 지켜낸 공, 순조는 홍경래 난을 제압한 공, 이런 것을 주된 명분으로 삼아서 '조'가 되었다. 부끄러움을 자랑으로 삼은 셈이다. 애써 높인 것이 오히려 당사자들을 욕보이는 것은 아닌지 모르겠다. 후대인에게 우러름의 대상이 되기를 바라며 '조'를 썼을지 모르나, 지금 후대인은 외려 추레함을 느낀다.

V. 내 사람이여

과거 제도

이시원을 부르다

인재를 찾아

청렴하면 괴짜

외로운 싸움

예송 논쟁

진종을 조천하다

불러도 불러도

평생도 [출처: 국립중앙박물관]
개인의 일생을 몇 편 그림으로 정리한 '평생도' 중 과거에 급제해서 어사화를 쓰고 가는 모습이다. 19세기 말에서 20세기 초에 제작된 것으로 보인다.

과거 제도

　임진왜란 의병장으로 널리 알려진 조헌(1544~1592)이 선조에게 올린 상소에서 육갑(六甲)도 이해하지 못하는 사람이 과거에 합격하는 어이없는 현실을 비판했다. '갑을병정'도 알지 못하는 이가 어찌 급제하는가. 각종 부정행위가 공공연하게 벌어졌기 때문이다.
　조선 전기 과거 응시생들은 기껏해야 커닝페이퍼를 숨겨 시험장에 들어가는 정도였다. 그런데 임진왜란 이후에는 시험장에 책을 갖고 들어가고 옆에서 시중들 사람들도 동행했다. 동행인이 응시자의 답안을 대신 쓰기도 했다. 응시생 끼리끼리 모여 의논해가며 답안을 작성하기도 했다. 이런 행위가 사실상 묵인되었다.
　과거를 진행하는 실무 관료들의 부정도 심해졌다. 청탁받고 뇌물받아 시험문제를 미리 알려주거나 응시자의 답안지에 자기들만 아는 표식을 하게 하는 등 다양한 불법을 저질렀다. 답안지 바꿔치기도 자행됐다. 조선판 '아빠 찬스'가 위력을 발휘했다.
　숙종 때는, "백지로 낸 시험지에 홍지(紅紙, 합격증) 나오니, 어사화

꽂고 사람들 앞에 으스대네." 이런 시가 저자에 나돌았고 "어사화냐? 금은화냐?[御賜花耶 金銀花耶]" 이런 노래가 퍼지기도 했다.[156]

정조는 즉위하자마자 과거제도의 문제점을 짚었다. 선발에 공정함을 잃어서, 부지런히 갈고닦아 능력 갖춘 선비는 낙방의 눈물을 삼켜야 하고 "魚(어)와 魯(로)도 분별하지 못하는 부류들이 도리어 급제의 기쁨을 차지"한다고 지적했다. "지금 조정의 큰 폐단은 과거(科擧)보다 심한 것이 없다.…어찌 크게 변혁해야 할 바가 아니겠는가?" 개혁의지를 표명했다.

정조는 중국의 옛 과거제도 등을 참고하고 지금의 제도와 비교하여 바람직한 개혁안을 마련하라고 지시했다. 신하들이 이런저런 의견을 냈다. 결과는? 사관이 기록했다. "임금이 초원(初元, 즉위 초) 때부터 반드시 과거의 폐단을 통쾌하게 고치려고 했으나 경장해 가기가 어려워 마침내 실현하지 못했다."[157]

철종 시대. 더 심해졌다. 수렴청정기인 1851년(철종 2), 과거를 치를 때마다 인심을 잃는다고 철종이 한탄했다. 그러자 대왕대비는 과거를 불공정하게 운영하는 것은 임금을 속이는 것이요, 선비를 업신여기는 것이라며 경고한다.[158] 헛경고였다.

사간원 정언 강련이 상소했다. 이름 바꿔 시험지를 제출하고 거주지를 거짓으로 적는 등 과거의 폐단이 고질이 되었다고 했다. 철종은 젊은 조정 신료가 용기를 내서 말해주어 가상하다고 칭찬하면서 아닌게 아니라 옆에서 보기가 부끄럽다고 했다.[159]

몇 년 뒤 철종이 당부한다.

북새선은도 [출처: 국립중앙박물관]
국립중앙박물관 소장품인 북새선은도(北塞宣恩圖)는 1664년(현종5)에 함경도 길주목에서 시행된 문무과 과거 시험 장면을 도화서 화원인 한시각이 그린 기록화이다. 이 그림은 무과 종목인 활쏘기 장면의 한 부분이다.

시험을 주관하는 이가 사사로이 이익을 탐하여 공정함을 잃는다면, 이는 신하의 도리가 아니요, 사람이 할 짓도 아니다. 각별히 유념하여 내가 벌을 내리는 일이 없도록 하라!

과거 응시자들에게도 한마디 했다.

과거를 보는 이유는 신하가 되어 임금을 섬기려는 것인데, 염치를 버리고 부정을 행하면 이는 임금을 기만하는 짓이다. "내 많이 말하지 않겠으니, 각기 잘 알도록 하라."[160] 도덕 선생님 말씀 같은 임금님 말씀. 먹히지 않았다.

어디 응시생만의 문제이겠는가. 과거제 운영 방식 자체가 문제였다. 어이없는 경우도 있다. 여러 종류의 과거 중에서 시험 당일로 합격자를 발표하는 것들도 있었다. 응시생들이 제출한 답안지가 1만 장이 넘는 경우가 허다했다. 단 몇 시간 안에, 1만 명의 답안지 속에서 합격자 몇 명을 뽑는 게 가능한 일인가. 그때는 그게 가능했다.

철종은 나라를 위해 일할 인재를 구하고 싶었다. 그런 사람을 곁에 두고 조정을 이끌고 싶어 했다. 그래서 과거에 기대하곤 했지만, 성과가 별로 없었다. 과거제도에 대한 근본적인 개혁이 필요하다고 여겼다. 죽어야 산다는 각오로 싹 갈아엎어야 하는데 그렇게 할 엄두는 내지 못했다.

세도정치기의 과거 급제자 모두 '빽'이나 돈으로 합격한 것은 아니다. 부정(不正)은 정(正)에 섞여서 이루어지는 법이다. 당당하게 실력으로 급제한 이들도 있는 것이다. 그런데 철종은 급제자 가운데 누가 진짜 정이요, 누가 부정인지 제대로 구별하기 어려웠을 것이다.

의문이다. 단계별로 진행되는 식년시 같은 정기 과거를 더 알차게 공정하게 운영하고, 단판으로 승부를 내는 비정기 과거를 축소하고 억제해야 하는 것 아니었을까?

수만 명이 달려들고 당일에 합격자를 발표하는 요상한 과거를 정조도 철종도 중단시키지 못했다. 못한 것이 아니라 안 한 것도 같다. 그런 종류의 과거는 양반층에 대한 국가 차원의 위로 행사요, 잔치마당이기도 했다.

한때 3S라는 말이 유행한 적이 있다. 스포츠(Sports), 섹스(Sex), 스크린(Screen)이다. 사람들의 관심을 이쪽으로 돌려서 정권에 대한 불만을 희석하고 비판 의식을 무디게 하려는, 일종의 우민화 정책을 말한다. 조선 후기에 빈번했던 어이없는 과거시험이 일종의 '조선판 3S'가 아니었을까 하는 생각이 든다.

이시원을 부르다

"어사의 본분을 다하지 못하면 죽어도 좋습니다."

암행어사 역할을 제대로 못하면 죽어도 좋다고 부처님께 맹세하고 길을 떠났다. 목숨 내놓고, 백성 피 빠는 탐관오리를 처벌받게 하고야 말겠다는 각오다. 뭐, 이런 분이 다 계시나.

"과거 급제 못하면 죽어도 좋다." 죽을 각오로 공부한 사람들은 많았다. 개인과 가문의 영광을 위해 이런 맹세를 하는 것은 흔한 일이다. 하지만 백성 살리는 어사 활동에 죽을 각오로 나선 사례는 흔하지 않다. 그는 누구인가.

강화 사람 이시원(1790~1866)이다. 이시원은 조선 양명학, 즉 강화학(江華學)을 대표하는 학자다. 1815년(순조 15) 정시(庭試)에서 장원으로 급제했다. 일반 급제자는 원칙적으로 9품 관직부터 시작한다. 장원급제자는 대개 6품 관직에 임명되는 특혜를 받는다. 이시원은 성균관 전적(典籍, 정6품)으로 관직 생활을 시작했다.

1833년(순조 33), 경기어사로 나가게 되었다. 정말 죽을 각오로 임했다. 열 달 동안 말도 타지 않고 걸어서 산골짝 깊은 곳, 외딴 섬까지 이르지 않은 곳이 없었다. 아무리 뒷배가 든든한 수령이라도 잘못을 파헤쳐 밝혔고 백성의 배고픔이 조금이라도 덜하도록 힘을 다했다.

고종은 나쁜 소리 들리는 수령에게 경고할 때 이런 말을 했다고 한다. "제대로 안 하면 이건창 같은 어사를 보낼 테다." 어사도 어사 나름, 이건창은 탐관오리들이 이름만 들어도 얼어버릴 만큼 멋진 어사였다. 그 이건창(1852~1898), 바로 이시원의 손자다.

이건창이 이런 말을 남겼다.

"내가 충청우도 암행어사가 되었을 때 조부 충정공(이시원)이 처음 암행어사가 되어 큰 명성을 세운 것을 염두에 두고 그것의 만분의 일이라도 이을 수 있기를 바랐다. … 내가 아는 바를 다하여서 백성들에게 이익되는 것을 궁구하여 베풀어 주었다."[161]

장원급제하여 조정에 든 이시원, 이제 살림이 필 조건이 됐다. 대대로 가난했던 집안이다. 스스로 "우리 집안은 너무 가난해서 생계를 꾸릴 방법이 없었다."고 말할 정도였다. 그런데 출세에 뜻을 두지 않았다. 남들은 관직을 힘과 명예 그리고 재산 불리는 수단으로 썼으나 이시원은 관직을 나라와 백성을 위한 희생으로 여겼다.

최선을 다해 일했고 힘들었고 때로 자신의 역량이 부족하다고 여겼다. 그래서 내려지는 벼슬을 사양하고 고향 강화에 머물곤 했다. 아마도 세도정치기 조정의 꼬락서니를 보며 자기 뜻을 펼칠 수 없겠다고 여겼을지도 모른다.

집안은 여전히 가난했다. 이시원은 손수 농사를 지었다. 양반 체면?

이시원 묘 (강화군 화도면)

어사 이시원 불망비 (강화군 화도면)
御史李公是遠 稅恤民永世不忘碑(어사이공시원견세휼민영세불망비)라고 새겼다. "어사 이시원이 세를 줄여주고 백성을 구휼한 것을 영원히 잊지 않기 위한 비"라는 의미이다.

천한 것들이나 손에 흙을 묻힌다는 양반층의 인식을 그는 오히려 가엾게 여겼다. 농사하며 백성들과 같은 눈높이로 소통했다.

화문석도 짜서 팔았다. 역시 생계 수단이었다. 어릴 때부터 하던 일인데 과거에 급제하고도 그치지 않았다. 솜씨가 아주 탁월했던 모양이다. 사람들이 이시원이 짠 화문석이 어느 것인지 금방 알아봤다고 한다.[162] 화문석 한 자리 100만 원이라면, 이시원이 짠 건 130만 원!

1850년(철종 1) 4월 26일, 철종은 이시원을 개성유수로 임명했다. 유수 추천권은 비변사에 있다. 비변사 회의에서 김좌근이 개성유수 후보로 조석우·정최조·심의면을 추천했고 홍종영은 이경재·한정교·이원익을 추천했다. 아무래도 김좌근이 추천한 첫 번째 조석우가 유력해 보인다.

그런데 철종에게 올라온 최종 후보자 3인 가운데 이시원의 이름이 있다. 그것도 1순위로. 이시원은 정원용이 자신을 추천했다고 했다. 정원용은 자신보다 8살 아래인 이시원을 벗이라고 할 만큼 가깝게 여기고 있었다. 그런데 아무리 영의정이라고 해도 독단으로 처리할 수 있는 일이 아니다. 아무래도 이시원을 개성유수로 삼으려는 철종의 의지가 반영된 것 같다.

철종은 진작부터 이시원을 알고 있었다. 강화 유배 시절 그의 이야기를 들었고 호감을 느끼게 된 것이다. 황현은 《매천야록》에 "〈철종이〉 잠저에 있을 때 이시원과는 한 고을 사람이므로 이 승지(承旨)가 좋은 관리라는 말을 많이 들었고 마음속으로 기억하고 있다가, 등극한 후 언제나 인사발령을 할 때 이시원의 이름이 후보 명단에 있으면 아무리 차석이나 말석에 있더라도 반드시 서열을 초월하여 임명하였다."[163]고 썼다.

5월 28일, 이시원이 희정당에 들었다. 개성으로 가기 전에 임금에게 하직 인사드리는 자리다. 철종과 대왕대비 그리고 대신들이 모여 있었다. 그 자리에서 대왕대비는 이시원의 나이를 물었고 이시원은 62세라고 대답했다. 대왕대비는 이시원이 강화에 사는 걸 임금에게 들었다며 마음을 다해 유수 직을 수행하라고 이른다.[164]

그런데 이시원이 개성유수 자리를 넙죽 받은 것은 아니다. 상소를 올려 사양했었다. 재임 중에도 사직 상소를 올리곤 했다. 하려면 정말 잘해야 하는데, 늙고 쇠약한 몸, 자신이 없다, 자리만 차지하고 녹이나 받아먹으며 지내는 건 싫다, 이런 생각을 했던 것 같다.

정약용은 《목민심서》에서 수령의 중요성을 말했다.

"수령 노릇의 어려움은 공후(公侯)보다도 백배나 더하니, 이 어찌 구할 수 있는 것이겠는가. 비록 덕망을 갖추었다 하더라도 위엄이 없으면 하기 어렵고, 비록 하고 싶은 뜻이 있다 하더라도 밝지 못하면 하지 못한다. 무릇 그런 능력이 없는 자가 수령이 되면 백성들은 그 해를 입어 곤궁하고 고통스러우며, 사람이 비난하고 귀신이 책망하여 재앙이 자손들에게까지 미칠 것이니, 이 어찌 구할 수 있는 것이겠는가."

'사람이 비난하고 귀신이 책망하여 재앙이 자손들에게까지 미칠' 수령들이 너무도 많은 세상에서 이시원은 수령의 무게감을 온전히 느끼고 그 책무를 다 하고자 분투했다.

이후 철종은 안동김문이 주도하는 조정임에도 이시원을 대사헌, 예조판서, 이조판서 등에 임명하며 신뢰했다. 거듭 사양하고 사양하면서도 이시원은 철종을 뿌리치지 못했다. 벼슬이 높이 올라가는 걸 오히려 경계하고 근신하며 살았다.

1866년(고종 3) 병인양요! 지배층이 책무를 다하지 못해 프랑스군에게 강화가 함락됐다. 침략군을 막아야 할 강화유수는 재빠르게 도망갔다. 책임지는 이 하나 없다면 얼마나 비루한 세상이 되겠는가. 내 목숨 바쳐 백성에게 사죄하련다. 이시원은 한 사람의 죽음이 백만 군사를 이길 수 있다는 절명시를 남기고, 자결했다.

인재를 찾아

인재에 목마른 철종이 대신들과 각도 관찰사에게 재행(才行) 있는 사람을 천거하게 했다. 과거(科擧)에만 기대고 있을 수가 없는 것이다. "성심으로 널리 구하면 어찌 인재가 없겠는가." 간절함을 내비쳤다.[165] 쓸만한 인재들은 세상 밖으로 나오려 하지 않았다. 철종이 벼슬을 내리면 사양하고 또 사양했다. 하지만 철종의 정성에 마음을 움직여 조정에 든 이들도 적지 않았다.

《철종실록》의 〈철종대왕 행장〉 임자년(1852) 기록에 이런 내용이 있다. "유현(儒賢) 송내희·김병준·송달수·조병덕을 불렀고, 뒤에 또 임헌회·이민덕을 불렀으나 모두 나오지 않았습니다."

행장 문맥으로 볼 때 철종이 원했으나 이들이 조정에 나오는 걸 사양했던 것 같다. 하지만 결국 조정에 들어와 활동하게 된다. 송내희, 김병준, 송달수는 헌종 때 이미 관직 생활을 했었는데 철종이 불러 중히 쓴 경우이다. 조병덕, 임헌회, 이민덕이 철종 때 처음 조정에 나왔다.

임헌회는 좌의정 조두순이 "조용히 거처하며 평소 배양한 뜻을 지키고 있기 때문에 사림에 성대한 칭예가"¹⁶⁶ 있다며 추천한 인사다. 김좌근 역시 임헌회를 벼슬 높여 쓰자고 했다. 하지만 관직에 뜻이 없는 임헌회는 철종이 내리는 벼슬마다 사직하곤 했다. 그래도 경연관은 맡았다.

등용 시기와 의욕 면에서 차이가 있기는 했지만, 이들은 사실상 한 팀으로 활동했던 것 같다. "유학 조병덕에게 우선 음직을 주고, 김병준·송달수를 경연관으로 삼으라고 명하였다."(철종 3), "김병준을 사헌부 장령으로, 송달수·조병덕을 사헌부 지평으로 삼았다."(철종 3), 이런 기록들이 보인다. 1861년(철종 12)에는 철종이 임헌회와 이민덕을 함께 경연관으로 삼는다.

철종은 이들만 따로 불러 뭔가 특별한 말을 전하곤 했다. 1863년(철종 14)에는 "경연관 송내희·조병덕·이민덕·김병준·임헌회를 불러서 특별히 유시(諭示)하였다."고 실록에 나온다. 행장에 거론된 6명 가운데 5명이 경연관인 것이다. 철종은 이들과 더불어 어제보다 나은 오늘을, 오늘보다 나은 내일을 기획했을 것이다. 마치 정조가 이덕무, 박제가 등을 규장각 검서관으로 삼아 의지했던 것처럼. 그런데 그해 1863년(철종 14)에 하늘은 철종을 데려갔다.

6명 가운데 5명이 경연관이라고 했다. 빠진 사람은 누구인가. 송달수다. "송달수를 승지로 삼았으니, 중비(中批)였다."¹⁶⁷ 1854년(철종 5)에 철종은 중비로 송달수를 승지에 임명해서 가까이 두었다. 그러나 송달수는 1858년(철종 9)에 갑자기 세상을 떠나고 말았다.

철종이 애도했다.¹⁶⁸ "이 유현은 학문과 덕으로 명망이 높아 내가 여러 번 간곡하게 청하여 불렀었다. 경연에서 내 공부에 도움을 크게 받고 싶었는데 이렇게 졸서했다는 소식을 들으니 너무 놀랍고 비통하기 그지없다."

중비? 철종이 송달수를 중비로 승지에 임명했다고 했다. 중비란, 정해진 절차 생략하고 임금이 직접 특정인을 지명하여 관리로 임명하는 제도이다.

일반적인 관리 임용 절차는 이러하다. 이조, 병조, 비변사 등 해당 관서에서 관리 후보자들의 명단을 올린다. 그러면 임금은 그 가운데 한 사람 이름에 붓을 들어 점을 찍어 결정해 준다. 대개 첫 번째로 쓴 이름에 점 찍는다. 이를 낙점(落點)이라고 한다.

임용권자가 임금이라고는 하지만, 실상 임금은 신하들이 뽑아 올린 사람들 가운데 한 명을 택하는 권리밖에 없는 셈이다. 그런데 중비는 임금이 단독으로 "아무개를 이조판서에 임명한다." 결정하는 것이다.

'낙점' 과정을 조금 더 들여다보자.

해당 관서에서 관리 후보자를 세 명 올리면 임금이 그 세 사람 가운데 한 명을 결정한다. 하지만 언제나 세 명을 올리는 것은 아니다. 시기에 따라, 관직에 따라 차이가 있었다. 중종 때였다. 임금이 조윤손을 평안도 절도사로 낙점했는데 그때 중종에게 올라온 추천 명단에는 김극핍·한형윤·조윤손·허굉·신공제·최한홍·이사균·이기, 이렇게 8명이나 적혀 있었다.[169]

관리를 선발할 때 세 명 후보자를 올리는 삼망(三望)이 원칙이나 한 명만 올리는 단망(單望), 두 명을 올리는 이망(二望)도 있었고 위 중종 때의 사례처럼 네 명 이상을 올리는 장망(長望)도 행해졌다.

조선 후기에는 승정원 승지, 이조참판과 참의, 규장각 제학과 직제학을 장망으로 추천하게 된다.[170] 관련하여 실록에 이런 기록이 보인다. "승지를 추천할 때는 합당한 사람을 인원수에 구애되지 않고 모조리 나열하여 적기 때문에 장망이라고 한다."[171]

다시, '중비'로 돌아간다.

철종 즉위 기간에 김병국, 김병기 등 여러 안동김씨가 중비로 벼슬을 받았다. 특히 철종 후반기에 많았다. 그래서 안동김문의 강력한 힘과 철종의 허약한 왕권을 함께 보여주는 사례로 중비를 거론하기도 한다. 하지만 철종이, 자기 사람을 쓰기 위한 일종의 '작전'으로 안동김문에 중비로 벼슬 선물을 내렸다고 볼 수도 있을 것 같다.

어차피 조정을 장악한 안동김문, 중비가 아니더라도 벼슬하게 되어 있는 현실, 그네들 중비로 기분 맞춰주면서 내 사람도 중비로 쓰자, 그러면 반발할 수 없을 것 아닌가, 이런 의도? "너희들 중비로 벼슬 줬잖아. 근데 너희들은 되고 이 사람은 왜 안 되니?"

철종에게 중비로 벼슬 받은 이들 가운데 조병기가 있다. 조병기는 조만영의 아들이다. 조만영이 누구인가. 익종비 신정왕후의 아버지이자 헌종의 외할아버지다. 안동김문과 대결하던 때 풍양조씨의 기둥 같은 존재였다.

그 조만영의 아들 조병기. 안동김문이 장악한 철종 조정에서 환영받을 수 없는 인물이다. 그런데 철종은 조병기를 이조참판, 도총부 도총관, 병조판서, 총융사에 임명한다. 모조리 중비였다. 인사를 통해 안동김문을 견제하려는 철종의 정치적 의도가 읽힌다.

철종은 조봉하도 중비로 이조참의에 임명한다. 조봉하는 풍양조씨 세도정치기 중심인물이었던 조병현의 아들이다. 철종이 조봉하를 이조참의로 삼은 때는 즉위 마지막 해인 1863년(철종 14)이다.[172] 승하하기 약 40일 전이었다. 마지막까지 뭔가 해보려고 애쓰던 철종이다.

청렴하면 괴짜

철종이 꼭 쓰고 싶었던 사람이 또 있었다. 남이형(1780~1846)이다. 그러나 그는 이미 고인이다. 김택영은 남이형을 이렇게 소개했다.

> 남이형은 북인이다. 매우 청렴하고 월등하게 뛰어나 군읍의 수령을 역임하였으나 추호도 부를 취한 것이 없어서 서기순과 함께 청백리라고 일컬어졌다. 그러나 경박한 무리들이 혹 그들을 지목하여 '두 괴짜[二怪]'라고 하였다.[173]

청렴한 지방관이 곧 괴짜인 세상이었다. "물이 너무 맑으면 고기가 안 꼬이는 걸세." 오히려 흉들 본다. 하지만 남이형이 수령으로 근무하던 지역의 백성들은 참으로 좋았을 것이다. 남이형은 의주부윤, 개성유수를 지내고 강화유수가 되었다.

1846년(헌종 12) 4월 20일에 강화유수로 임명받았다. 불과 몇 개월 뒤인 9월 14일에 세상을 떠나고 말았다. 유수 재임 중 사망한 것이다.

서기순 불망비 (강화 갑곶돈대 비석군)
行留守兼鎭撫使徐公箕淳氷淸玉潔撫恤軍民永世不忘碑(행유수겸진무사 서공기순빙청옥결무휼군민영세불망비)라고 새겼다. "행유수 겸 진무사 서기순이 얼음처럼 맑고 옥처럼 깨끗하게 군민을 살핀 것을 영원히 잊지 않기 위한 비"이다.

그때 원범이 강화에서 유배살이 하고 있었다.

남이형이 세상을 떠나고 9년이 흘렀다. 임금이 된 철종은 여전히 남이형을 기억한다. '그가 살아 있다면 내게 큰 힘이 되어줄 것인데.' 가끔 생각했던 모양이다. 1854년(철종 5)에 철종은, 남이형이 강화유수였을 때 청렴결백한 수령으로 칭송받는 걸 들어서 알고 있다고 했다. 그러면서 남이형의 아들이나 손자에게 벼슬 내릴 뜻을 밝힌다.[174]

가마솥 한가득 순대국도 딱 한 숟가락만 먹어보면 맛을 안다. 남이형이 강화유수로 근무한 기간이 몇 개월에 불과했지만, 강화 주민들은 그의 사람됨을 알고 칭송했다. 개성유수 때의 행적도 물 건너 강화에 전해졌을 것이다. 그걸 철종이 듣고 오래도록 가슴에 담아 두고 있던 것이다.

남이형과 함께 괴짜가 되어버린 서기순은 어떤 사람일까. 우선 김택영이 소개한 서기순(1791~1854)의 면모부터 보자.

관리로 있으면서 얻어진 것을 모두 백성들에게 나누어주었으므로 비록 높고 중요한 벼슬을 차례차례 밟았으나 집안에는 하루를 살 계책도 없었다. 경상관찰사로 있을 때 서기순의 막료(부하)가 그의 집 대문이 무너질 것 같다고 생각하여 자신의 재물을 내어 수리하였다. 서기순이 돌아와 이를 보고 말하기를 "내 막료가 어찌하여 나의 낡은 집 일까지 챙기는가?"라 하고 바로 집안 하인에게 명하여 이를 철거토록 하였다. 서기순은 소론이다.[175]

대단하다. 대문을 아예 부숴버리다니. 《한국민족문화대백과사전》은 이렇게 적었다. "집안은 명문 벌열 가문이었지만 청렴을 가풍으로 삼았다. 특히 서기순 대에 이르러서는 더욱 청빈함을 강조하여 집이 비바람을 가릴 수 없을 정도로 가난하였다고 한다. 홍한주는 서기순을 일러 '현달하고도 이처럼 한미하게 사는 선비는 오직 이 사람뿐'이라고 평가하였다."

서기순, 철종이 딱 좋아할 만한 사람이다. 순조 때 과거에 급제하고 헌종 때까지 강화유수를 비롯한 내외 주요 관직을 두루 맡아 온 서기순! 철종 조정에서도 경상도 관찰사, 대제학, 병조판서, 이조판서 등을 지내게 된다.

그런데 1853년(철종 4)에 부사과 김진형이 상소하여 서기순을 비판했다. 이조판서직을 제대로 수행하지 못한다, 성품이 여우나 쥐 같다, 겉으로 청렴하고 고상한 척하지만 속으로는 탐욕이 가득하다, 이

는 하늘을 속이는 짓이다. 그러하니 속히 파직하여 변방으로 유배하시라!¹⁷⁶

철종의 대답은 이러했다.¹⁷⁷

"상소문 가득히 〈서기순을〉 헐뜯고 떠들어대어 한 조정에서 벼슬하는 정이라고는 전혀 없으니, 〈그 죄를 물어〉 너를 파직하겠다."

강하게 나가며 서기순을 감쌌다. 평소 철종의 모습과는 아주 다르다. 스무날쯤 뒤에는 부사과 손영로가 상소하여 또 서기순을 탄핵했다. 그랬더니 철종이 이렇게 대답을 내렸다.¹⁷⁸ "지난번 김진형의 상소도 이미 뜻밖이었는데 이제 네가 또 이와 같으니, 김진형은 앞잡이가 되고 너는 하수인이 되었느냐? 지극히 요망하니 너를 귀양보내야겠다."

그렇게 서기순을 아끼고 귀히 쓰려 했건만, 바로 다음 해 1854년(철종 5), 서기순이 세상을 떠난다. 철종은 인복도 별로 없었던 모양이다. 실록은 서기순 졸기를 이렇게 적었다.

"전 대제학 서기순이 졸(卒)하였다. 서기순은 대제학 서영보의 아들로서, 부귀현혁(富貴顯赫)한 가문이었는데도 속세를 떠나 깊은 산중에서 가난한 것을 달게 여기는 지조가 있어 성남의 오두막집에서 풍우를 가리지 못하고 살았다. 수령에 제수되고 지방을 안찰함에 미쳐서는 관물(官物)을 사사로이 쓰지 않았으니, 가는 곳마다 청렴하다는 이름이 있었다."¹⁷⁹

관리가 청렴하다는 게 이렇게도 칭찬받을 일인가. 그렇지 않다. 그렇지 않아야 한다. 워낙 청렴하지 못한 관리가 득실한 시대였던지라 칭송의 대상이 될 수밖에 없었는가 보다.

외로운 싸움

대왕대비가 지도(智島)의 가극(加棘) 죄인 조병현에게 사사(賜
死)하라 명하였다.[180]

철종 즉위하고 얼마 되지 않았을 때다.

전라도 나주목 지도에 귀양 가 갇혀 있던 조병현(1791~1849)이 대왕대비의 명으로 죽임을 당했다. 이런 명령은 왕이 내려야 하지만, 수렴청정 중이라서 대왕대비가 직접 나설 수 있었다. 조병현은 왜 사약을 받았을까.

1849년(철종 즉위년) 7월 14일. 전 사간원 정언 강한혁이 상소하여 조병현과 윤치영을 절도에 안치해야 한다고 주장했다. "온 나라가 다 함께 분통해 하는 사람은 바로 조병현 그 사람입니다." 단언했다. 재물을 탐하고 조정을 위협했으며 임금을 우습게 여긴다는 죄를 댔다.[181] 강한혁은 또 조병현한테 나쁜 짓을 배운 윤치영도 사람이 간사하고 건방지며 조정을 능멸하고 있으니 처벌해야 한다고 했다.

철종왕릉 예릉 문인석 (경기 고양)

같은 날, 사헌부 장령 이정두도 상소했다. 조병현, 윤치영뿐 아니라 그들을 따르는 무리인, 추잡한 이응식과 이능권, 간특한 신관호, 교만한 김건도 아울러 처벌해야 한다고 외쳤다.

즉위한 지 한 달 겨우 넘은 풋내기 임금 철종은 어떤 반응을 보였을까. 어떡하지, 어떡하지, 하다가 대왕대비에게 "뜻대로 하시지요." 떠넘겼을까? 그랬을 것 같은데 아니었다. 대왕대비가 직접 나섰다는 것은 철종이 조병현 처벌을 거부했다는 것을 의미한다. 철종은 사간원, 사헌부 양사의 처벌 요구를 묵살했다.

그러자 조정은 더 격렬하게 조병현을 벌주라고 외쳤다. 대사헌이 나서고 대사간이 나서고 다시 양사가 합계하여 또 요구하고 시임·원임 대신까지 한목소리로 청했다. 철종은 그래도 듣지 않았다. 철종의 대답은 "물러가라."였다. 뜻밖에 강단을 보였다.

그러자 7월 23일에 대왕대비가 조병현을 섬에 가두라고 명했고 한

달 뒤인 8월 23일에 사형을 명한 것이다. 풍양조씨인 조병현은 대사헌, 이조판서, 병조판서 등을 지낸 헌종 조정의 실세로 안동김문을 궁지로 몰았던 인물이다. 그랬다가 철종 조정에서 이렇게 보복을 당한 것이다.

정권 교체의 후폭풍은 계속된다. 윤치영, 이응식, 이능권, 신관호, 김건도 무사하지 못했다. 모두 먼 섬으로 귀양 갔다. 윤치영은 문과 출신이고 나머지 이응식 등은 풍양조문에 가까운 무인 세력이었다. 대신들은 "이응식, 신관호, 이능권, 김건의 무리는 한 꿰미에 꿴 것처럼 모두 죄가 아닌 것이 없고"[182]라며 이들을 일체로 인식했다.

조병헌을 죽이고 조병헌 사람들을 처벌한 것은 철종 조정을 안동 김문이 장악했음을 의미한다. 그런데 철종이 1853년(철종 4)에 조병현을 사면한다.[183] 고인의 죄인 딱지를 떼어준 것이다. 이미 1852년(철종 3)에 철종은 조병현의 죄를 지우라고 명했었지만[184], 그때는 김흥근, 김좌근 등 대신들과 삼사의 반대에 막혀 시행하지 못했었다.

철종은 조병현 사면 이전에 조병현 세력인 이응식 등에 대한 조치도 내리면서 외로운 싸움을 계속한다. 1852년(철종 3) 1월 30일. 철종이 "4년씩 섬에 가뒀으면 이제 됐다!"라면서 명을 내렸다. "윤치영·이응식·신관호·이능권·김건을 모두 방면하라!"

조정의 반대가 극심했다. 철종은 조정의 반응을 충분히 예상했을 것이다. 입 꾹 다물고 있던 철종이 얼마 뒤에 입을 연다.[185] 얼마 전에 죄인들을 모두 풀어주라 명했었는데 대신과 삼사에서 날마다 안 된다고 하니 그 뜻에 따라 석방하라는 명은 거두겠다, 대신 윤치영은 시골 집으로 내쫓고[放歸田里] 나머지 네 사람은 유배지를 뭍으로 옮기라, 내가 양보해서 내린 결정이니 더는 고집부리지 말라!

애초 철종의 계획이 이거였을지 모른다. 처음부터 죄인들의 벌을 경감해서 육지로 옮기라고 명하면 신하들이 반대할 거다. 그러니 석방하라는 명령부터 내린 뒤에 내가 한발 물러나는 척하면서 육지로 옮겨주자!

그래도 조정은 여전히 반대, 반대. 강진현 신지도에 갇혀 있던 윤치영만 용케 뭍으로 옮겨졌고, 이응식 등은 여전히 전라도 외딴 섬에 묶여 있었다. 이응식의 배소(配所)는 강진현 고금도, 신관호는 흥양현 녹도, 이능권은 부안현 위도, 김건은 영광군 임자도였다.

두 달이 훅 갔다. 4월 30일, 철종은 이응식 등을 육지로 옮겨주라고 또 명한다. 왕도 질기고 신하들도 질기다. 봄 가고 여름 가고 가을이 왔는데 아직도 이 문제는 진행형이다. 8월 13일. 승정원에서 명을 거두시라 요청하고, 홍문관도, 양사도 나서서 이응식 등을 육지로 옮기면 안 된다며 왕에 맞선다.

그렇게 해가 바뀌었다. 1853년(철종 4) 3월 2일, 철종은 "이응식·신관호·이능권·김건을 모두 양이(量移)하라." 다시 명했다. '양이'란 섬이나 변경으로 귀양보냈던 죄인을 뭍이나 가까운 곳으로 옮기는 것을 말한다.

또 해가 바뀌었다. 1854년(철종 5) 1월 9일. 의금부에서 철종에게 보고했다. "이응식은 전라도 임피현으로, 신관호는 무주부로, 이능권은 금산군으로, 김건은 임실현으로 양이하였습니다." 드디어 육지로 옮겨졌다. 철종이 뜻을 이루는 데 꼬박 2년이 걸렸다.

그리고 다시 3년 뒤인 1857년(철종 8) 정초, 철종의 마지막 명령. "이능권·이응식·김건·신관호·서상교를 석방하라."186 결국은 철종의 승리였다. 뚝심 있게 밀어붙여 안동김문에 반대하던 주요 세력을 풀어주었다.

철종이 안동김문 쪽 사람들은 형편없고 풍양조문 쪽 사람들은 훌륭하다고 여긴 것은 아니다. 풍양조문 쪽 인사들을 안동김문의 대항 세력으로 키워서 조정의 균형과 왕권의 안정을 도모하겠다는 심산이었

신헌 화상 [출처: 국사편찬위원회]
신헌 61세 때의 모습이다.

을 것이다. 1863년(철종 14)에 조병현 아들 조봉하를 중비로 이조참의에 임명한 것도 역시 같은 의도였다고 하겠다.

철종의 마지막 명령에 불쑥 등장한 사람, 서상교! 그는 헌종 때 대사간이었다. 당시 경상감사였던 김흥근을 탄핵해서 귀양 가게 했었다.

그러니 안동김문이 그냥 둘 리 없다. 서상교에게 무고죄를 씌웠다. 철종이 즉위하자마자 우르르 나서서 서상교를 심문하라고 요구했었으나 철종은 따르지 않았다. 그러자 대왕대비가 서상교를 위리안치하라고 명했었다. 그 서상교까지 철종이 푼 것이다.

이제 풀어준 사람들을 조정으로 불러 쓴다. 윤치영을 이미 좌승지로 삼았던 철종이 1860년(철종 11)에 이응식을 총융사에 임명하고 1861년(철종 12)에는 김건을 좌변포도대장에 임명한다.

철종은 특히 신관호를 중히 썼다. 1860년(철종 11)에 신관호를 우변포도대장으로 삼더니 1861년(철종 12)에는 삼도수군통제사에 임명한다. 1862년(철종 13)에 형조판서로 삼았고 1863년(철종 14)에는 공조판서에 임명했다가 다시 우변포도대장으로 삼는다.

신관호? 신관호? 처음 들어보는데? 신헌이다. 신관호가 신헌으로 개명했다. 신헌(1810~1884)은 김정희의 제자로 당대의 대표적인 무신이다. 학문 능력까지 갖췄다. 신미양요 이후 강화유수가 되어 강화도 해안에 포대를 새로 구축하는 등 방어능력을 크게 키운다. 운요호 사건(1875) 당시 강화도 초지진 수비군이 일본 군함 운요호를 격퇴할 수 있었던 것도 일정 부분 신헌의 공이다.

신헌은 또 강화도조약(1876) 체결 당시 조선 대표였다. 일본의 압박과 위협에 굴하지 않고 어떻게 해서든지 나라의 명분과 국익을 지켜보려고 힘을 다했다. 강화도조약에 대한 우리네 인식은 매우 부정적이지만, 당시 조약 체결에 나섰던 조선 사람들은 나름대로 최선을 다했다. 비굴하지 않았다. 쫄지도 않았다. 한편 미국과 조미수호조약(1882)을 맺을 때도 신헌이 조선 대표였다.

초지진 (강화군 길상면)

예송 논쟁

여기 장렬왕후(1624~1688)로 불리는 여인이 있다. 그녀는 열다섯 살에 왕비가 되었다. 소현세자와 효종을 낳은 인렬왕후가 사망하자, 그 자리를 이어받아 인조의 계비가 된 것이다. 남편 인조의 그때 나이는 마흔넷. 나이 차이가 서른이었다.

그렇다 보니 자식들과의 나이 터울 또한 민망했다. 아들 효종은 새어머니 장렬왕후보다 5살이 많았고, 며느리 인선왕후마저 시어머니 장렬왕후보다 6살이나 위였다. 인조가 세상을 떠나고 효종이 즉위하면서 장렬왕후는 26세 나이에 왕대비가 되었다.

1659년(효종 10) 기해년, 효종이 세상을 떠났다. 이제 장렬왕후는 자신의 의지와 무관하게 거대한 정치 투쟁의 소용돌이로 휩쓸려 들어간다. 예송논쟁이라는 것이다.

효종 상(喪)에 장렬왕후가 상복을 얼마 동안 입어야 하는지 문제가 됐다. 당시 조정은 서인과 남인이 대립하고 있었다. 이때 송시열 등 서인은 장렬왕후가 상복을 기년(期年) 즉 1년간 입어야 한다고 주장했

권돈인 세한도 [출처: 국립중앙박물관]

추사 김정희의 세한도가 유명한데 권돈인도 세한도를 그렸다. 세한도의 원형은 세한삼우도(歲寒三友圖)이다. 세한삼우 즉 추위를 이겨내는 세 벗은 송(松)·죽(竹)·매(梅)이다. 권돈인은 매화 대신 바위를 소나무, 대나무와 함께 배치해서 세한삼우로 표현한 것 같다.

김정희 필 세한도 [출처: 국립중앙박물관]

다. 반면에 허목과 윤휴 등 남인들은 3년 동안 입어야 한다고 했다.

상복을 1년 입든 3년 입든 그게 싸움거리가 되나 싶다. 상복을 몇 년 입을 것인가? 겉보기에 단순한 예법 논쟁으로 보이는데 그 속은 복잡하다. 갖은 이론과 학문적 전거를 들이대며 서로 옳다고 다투지만, 본질은 권력을 쥐기 위한 신하들 간의 다툼이요, 더 나아가 왕과 신하들 간의 기 싸움이기도 했다.

서인이 1년설을 주장할 수 있었던 것은 효종이 적장자가 아니기 때문이다. 인조의 맏아들은 효종이 아니라 소현세자다. 효종이 적장자라

현종왕릉 숭릉 (경기 구리)
조선왕릉 정자각은 맞배지붕이다. 그런데 숭릉은 남아 있는 정자각 중 유일하게 팔작지붕을 얹었다.

면 3년이 맞지만 그렇지 않으니 1년이면 된다는 것이 서인의 논리였다.

남인은, 효종이 왕이기 때문에 일반인의 관점에서 보면 안 된다, 왕실의 특수성을 인정해야 한다, 왕위를 계승했다는 자체가 곧 적장자의 의미이다, 고로 3년이 옳다고 맞섰다. 그러자 서인은 왕실의 예법이 양반 사대부의 예법과 다르지 않다고 받아쳤다.

아버지 효종에 대한 논쟁을 지켜보는 현종의 마음은 어땠을까? 남인 편을 들고 싶었을 것이다. 사실 서인의 주장에는 효종의 정통성에 문제가 있음을 암시하는 뭔가가 스며있다. 소현세자가 죽었을 때 그의 아들이 왕위를 잇는 것이 순리였지, 동생인 봉림대군(효종)이 즉위한 것은 순리가 아니었다는 뉘앙스를 풍기는 것이다.

그러나 승리는 서인의 몫이었다. 장렬왕후는 1년간 상복을 입게 되었다. 현종은, 아직은 서인이 너무 강하다고, 그들을 제압할 수 없다고 생각했을 것이다. 이 논쟁이 기해년에 있었기에 기해예송(己亥禮訟)이라고 하고, 첫 번째 예송이기에 1차 예송이라고도 한다.

기해예송으로 승세를 탄 서인의 기세가 드세졌다. 남인들은 무더기로 숙청됐다. 3년설을 주장하는 상소를 올렸던 윤선도는 멀리 귀양가야 했다. 현종은 윤선도가 고마웠을 것이다. 그러나 "음험한 상소문으로 상하의 사이를 너무도 낭자하게 헐뜯고 이간질하였으니, 그 죄가 빠져나가기 어렵게 되었다."[187]라며 윤선도를 오히려 비난했다. 속마음과 정반대 행동이었다. 정치가 이런 것인가 보다.

십여 년 세월이 흐르고 맞은 갑인년, 1674년(현종 15년), 이번에는 효종 왕비 인선왕후가 세상을 떠났다. 며느리의 죽음을 맞은 장렬왕후는 다시 상복을 입어야 한다. 맏며느리가 죽으면 1년[期年], 둘째 며느리부터는 9개월[大功]이라고 《경국대전》에 나와 있지만, 아직은 모른다. 서인과 남인이 어떤 주장을 했을지는 짐작이 간다.

서인은 대공설 즉 9개월을 주장했다. 효종이 소현세자의 동생으로 장자가 아니듯, 인선왕후도 맏며느리가 아니니까 장렬왕후가 9개월만 상복을 입으면 된다는 것이었다. 반면에 남인은 기년설 즉 1년을 주장했다. 현종의 선택은?

이번에는 현종이 남인의 손을 들어줄 수 있었다. 19살에 왕이 되자마자 맞았던 기해예송. 그때는 뭔가 자신이 없었을 것이다. 기득권을 가진 세력을 그대로 인정해주는 것이 안전하다고 여겼을 법하다. 이제 재위 15년, 나이도 서른이 넘은 현종이다.

현종은 속내대로 기년설로 결정했다. 자신과 부모의 정통성을 세워 국왕과 왕실의 권위를 회복하려는 의지였다. 장렬왕후에게 며느리 상에 1년간 상복을 입게 한 이번 예송은 두 번째이기에 2차 예송, 갑인년에 일어났기에 갑인예송으로 부른다. 갑인예송으로 대공설(9개월)을 주장하던 송시열 등 서인들이 처벌되고 남인들이 중용되기 시작했다.[188] 그래서 숙종이 즉위했을 때 남인이 조정의 주도권을 쥐고 있었다.

그런데, 철종 시대를 말하다가 뜬금없이 현종 때로 거슬러 간 이유는 무엇인가. 예송논쟁과 유사한 성격의 사건이 철종 당대에 벌어지기 때문이다. 그 사건의 중심에 권돈인이 있다.

진종을 조천하다

　권돈인(1783~1859)은 송시열의 학문과 사상을 계승한 권상하의 후손이다. 1813년(순조 13)에 급제하여 조정에 나아갔다. 효명세자의 대리청정 때부터 두각을 나타냈다. 외척의 손아귀에서 벗어나 왕권을 바로 세우려는 효명세자를 보필했다.

　헌종 대에 호조판서를 제외한 6조 판서직을 두루 맡았고 1842년(헌종 8)에는 우의정이 되었다. 세도 가문과 거리를 두었지만, 아무래도

권돈인 묘 원경 (충북 충주)

종묘 정전 지붕

종묘 영녕전

안동김문보다는 풍양조문 쪽에 가까웠다. 그런 권돈인을 대왕대비 순원왕후가 철종 조정의 영의정이 되게 했다. 포용이라는 정치적 제스처이지만, 권돈인의 실무 경험과 능력을 높게 평가한 결과이기도 하다.

  1851년(철종 2) 6월, 헌종의 삼년상이 끝났다. 이제 헌종의 신주를 종묘에 모셔야 한다. 이때 진종(眞宗) 조천(祧遷) 문제가 터졌다.

  진종은 추존왕이다. 영조의 장남이자 사도세자의 형인 효장세자(1719~1728)가 진종이다. 도량이 남달라 두루 촉망받은 세자였다. 9살에 13살 신부를 맞아 혼례를 올렸다. 그런데 다음 해 10살에 돌연 세상을 떠나고 말았다. 홀로 남은 세자빈(효순왕후, 1715~1751)은 시아버지 영조에게 효를 다하다가 37세 때인 1751년(영조 27)에 사망했다.

효장세자가 사망하고 7년 뒤에야 영조가 아들을 얻었다. 사도세자 (1735~1762)다. 사도세자가 영조에게 죽임을 당했기에 그의 아들 정조가 즉위하게 된다. 생부가 사도세자이지만, 효장세자의 후사로 들어가는 형식으로 해서 왕이 되었다. 정조는, 혈연상 큰아버지이고 예법상 아버지인 효장세자를 진종으로 추존했다.

조선은, 제후는 오묘(五廟)를 세운다는 《예기》의 규정을 따라 종묘를 운영했다. 나라를 건국한 태조와 현 국왕의 4대조까지 이렇게 다섯 임금을 종묘에 봉안했다.[189] 5대조가 되는 임금의 신위는 종묘 정전에서 영녕전으로 옮겨 모시게 된다. 이를 조천(祧遷)이라고 한다.

현 임금의 4대 임금까지만 정전에 모시는 게 원칙이니까, 승하한 헌종의 신위를 종묘에 새로 모시려면 5대조가 되는 진종의 신위를 조천해야, 그러니까 정전에서 영녕전으로 옮겨야 한다. 그런데 권돈인이 이에 반대했다.

A. 진종(효장세자) – 정조 – 순조 – 철종
B. 진종(효장세자) – 정조 – 순조 – 익종(효명세자) – 헌종 – 철종

A는 권돈인의 견해다. 철종이 순조의 아들로 입적됐기 때문에 진종은 철종의 증조부에 해당한다. 진종은 철종의 3대조인 것이다, 그러므로 진종은 조천 대상이 될 수 없다, 이런 주장이다.

항렬로 따질 때 철종은 헌종의 숙부다. 숙부 철종이 조카 헌종을 계승해 즉위하는 것이 어색하다 보니 순원왕후가 철종을 순조와 자

신의 아들로 삼아서 즉위하게 했다. 이렇게 하는 바람에 왕실 족보가 꼬여버렸다.

B는 안동김문 쪽의 견해다. 왕실은 일반 사대부가와 다르다, 왕위 계승이라는 결과를 중시해야 한다, 철종이 헌종의 아들은 아니지만, 철종이 헌종을 계승했으므로 헌종과 철종의 관계를 부자지도(父子之道)로 보아야 한다, 이런 논리이다.

철종이 헌종을 계승해서 즉위했으니 철종을 헌종의 아들 위치로 보고 조부, 증조부, 고조부를 따져야 한다는 것이다. 이렇게 하면 정조가 철종의 고조부 위치가 되고 진종은 철종의 5대조에 해당하니 조천해야 하는 것이 된다.

그러나 권돈인은 왕실의 예법이 사대부의 예법과 다르지 않다며 왕실의 각별한 권위를 인정하지 않는 자세를 취했다. 누가 옳은 걸까? 권돈인의 말이 원칙에는 맞는 것 같다. 하지만 예송 논쟁에서 정해진 답은 없다. 현실적인 힘의 우열이 정답, 오답을 가리는 법이다. 안동김문의 뜻대로 진종이 조천되었다.

안동김문의 논리는 현종 대 예송논쟁 당시 윤휴 등 남인의 왕권 강화론과 성격이 비슷하고 권돈인의 논리는 그때 송시열 등 왕권을 견제하려던 서인의 논리와 유사하다.[190]

조정이 들고일어났다. 권돈인의 무례함을 연일 성토했다. 처벌을 주장했다. 그러나 철종은 꿈쩍하지 않았다. 사헌부 장령 유태동이 권돈인을 벌하라는 상소를 올리자 철종은 유태동을 파직하겠다고 했다. 그러자 양사가 함께 나서서 철종을 압박했다. "권돈인을 벌해야 한다

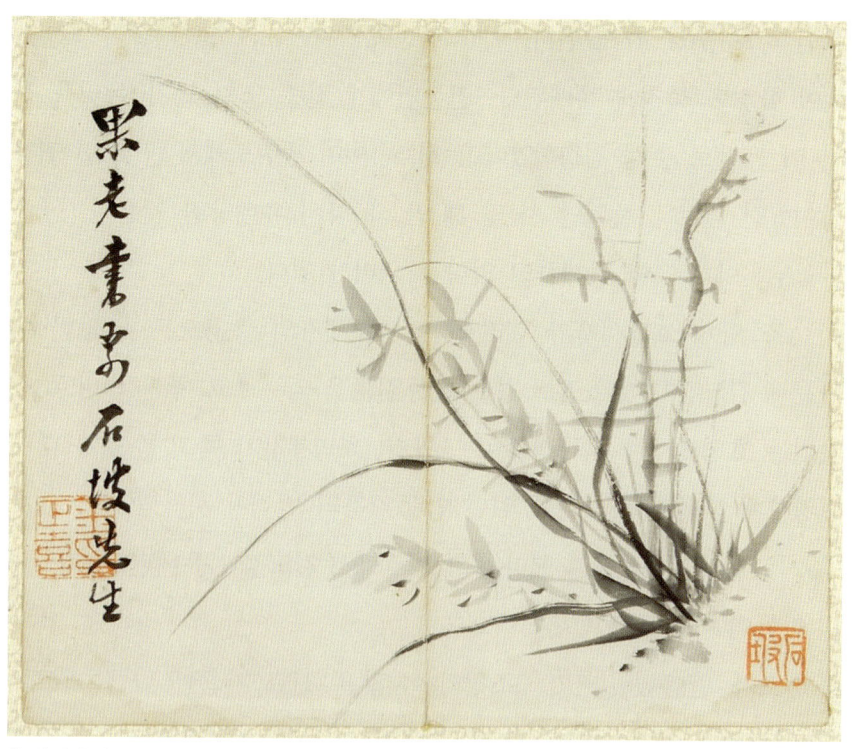

傳 김정희 필 난초도 [출처: 국립중앙박물관]
김정희의 호가 '추사'인 것으로 우리는 안다. 그런데 '추사'가 김정희의 호(號)가 아니라 자(字)라는 사실이 언론을 통해 최근에 알려졌다(KBS뉴스, 2022.11.29.). 1809년(순조 9), 24살 김정희가 청나라에 갔을 때 그쪽 사람들과 필담을 나눴다. 필담 기록 중에 자기를 소개하는 부분이 이렇다. "제 이름은 정희(正喜), 자는 추사(秋史), 호는 보담재(寶覃齋)입니다." 김정희는 평생 '보담재', '완당'을 비롯해 여러 개의 호를 썼다.

는 공의(公議)를 전달한 신하를 마치 불평분자 취급하여 벌주어 꺾으려 하시니 신들은 매우 유감입니다."

철종이 대답을 내렸다. "예론이 각기 자기 소견에서 나온 것은 예로부터 모두 그러한데 유독 이 대신을 성토하는 것은 실로 이해하지 못할 일이다. 다시는 번거롭게 하지 말라."[191]

어쩔 수 없이 수렴청정하던 대왕대비가 나섰다. 권돈인은 왕실을 욕

보인 죄로 귀양 가게 된다. 이때 김정희(1786~1856)도 덩달아 죄인이 되어 함경도 북청에 유배된다. 권돈인에게 진종 조천 불가 논리를 전한 이가 바로 추사 김정희였다고 한다. 이미 제주도에서 근 10년 귀양살이했던 김정희, 풀려난 지 몇 해 안 돼 다시 유배당한 것은, 그만큼 안동김문에서 그를 견제하고 있다는 의미가 된다.

순조 당시 효명세자가 대리청정할 때 세자의 측근으로 활동한 이 가운데 김노경이 있다. 김노경은 안동김문을 억누르고 왕권을 바로 세우려는 효명세자를 적극적으로 도왔다. 효명세자가 죽고 순조가 다시 친정하게 되면서 움츠리고 있던 안동김문의 반격이 시작되었다. 세자 쪽 사람들을 다 없애려 했다. 그 과정에서 김노경이 유배된다. 김노경의 아들이 바로 김정희이다.

순조가 한탄했었다.[192] "조정의 이 많은 신료 가운데 나를 가르쳐 잘 이끌려는 이는 하나도 없고 오로지, 누구를 벌하라, 누구를 죽여라, 성토하는 이들뿐이로구나."

한편, 대왕대비가 권돈인을 유배 보냈으나, 대왕대비 본인의 뜻은 아니었다. 조정의 거센 압박에 어쩔 수 없이 권돈인을 벌한 것이다. 대왕대비는 오로지 안동김문의 이익만을 탐하지 않았다. 팔은 안으로 굽지만, 그녀의 팔이 항상 굽어있던 것은 아니다. 나름의 균형감각이 있었고 상식의 선을 지키려고 했다.

권돈인을 귀양보내겠다고 하면서 대왕대비는 조정 신하들을 질타했다. 안동김문에 대한 경고의 의미가 저변에 깔려 있다. 대략 이렇게 꾸짖었다.[193]

진종을 조천해야 한다는 논의는 예(禮)이고, 조천하지 못한다는 권돈인의 논의는 정(情)이다. 예는 정을 말미암아서 나오고, 정은 예에서 말미암아 나오는 것이 자연의 이치이다. 따라서 정과 예가 다 행해져야 정상인 것이다.

그런데 어이하여 권돈인이 끔찍한 죄를 지은 것처럼 몰아대는가. 조정에 공심(公心) 갖춘 참된 신하가 있었다면 이따위 망령되게 시비하는 무리가 함부로 나대지 않았을 것이다. 생각하니 한심하다. 이후 권돈인에 대한 처벌을 또 말하는 이가 있으면 용서하지 않겠다.

1851년(철종 2) 7월 13일, 대왕대비는 권돈인을 낭천현(狼川縣, 강원 화천)에 중도부처(中道付處)하게 했다. 가벼운 유배형을 내린 것이다. 조정은 조용해지지 않았다. 매일이다시피 권돈인을 먼 곳으로 옮기라고 요구했다. 함경도 끝 국경지대로 이배하라는 것이다. "이후 권돈인에 대한 처벌을 또 말하는 이가 있으면 용서하지 않겠다"고 했던 대왕대비의 경고도 가볍게 무시하고 말이다. 철종은 조정의 요구를 거부했다. "不允(불윤)", 윤허하지 않는다!

불러도 불러도

"권돈인을 순흥부(順興府)로 이배하라!"

1851년(철종 2) 10월 12일. 철종이 명령했다. 권돈인을 낭천현에서 순흥부로 옮겨 가두라고 했다.[194] 바로 전날까지도 "不允"하던 철종인데 어인 일인가. 신하들에게 진 것이다.

아니, 져 준 것이다. 정말 징글징글했다. 날이면 날마다 상소로, 입으로, "권돈인을 극변(極邊, 먼 변경)으로!" 외쳐대는 신하들에게 지쳤다. 아마도 대왕대비와 상의한 결정일 것이다. 그런데 순흥부는 함경도 땅이 아니다. 경북 영주다. 극변이 아니다. 철종은 여전히 권돈인에 대한 배려를 포기하지 않았다.

권돈인 이배(移配)를 명하며 신하들에게 말했다. "내가 계속 조정의 요청을 거부하는 것은 그대들을 대우하는 도리가 아니기에 따르기로 한 것이다. 벌을 더하여 권돈인을 먼 곳으로 옮기게 했으니, 앞으로는 소란 피우지 말라."

임금이 한발 양보했으니 신하들도 그렇게 하면 좋으련만, 소란은

권돈인 묘 (충북 충주)

계속된다. 대사간 등이 우르르, "순흥부는 아니 되옵니다. 권돈인을 극변으로 보내소서." 이쯤 되면 우리는 철종이 어떤 답변을 내릴지 듣지 않아도 안다. "불윤!" 긴말이 필요 없다.

권돈인을 순흥부로 옮기고 10개월이 흘렀다. 그 사이 대왕대비의 수렴청정이 끝났다. 1852년(철종 3) 8월 13일. 철종은 유배 죄인 권돈인을 특별히 방송(放送)하라고 명한다. 김정희도 풀어주라고 했다. 명을 받은 승지들은 놀랍고 한탄스럽다면서 "부디 명을 거두어 주소서." 했다. 철종이 대답했다. "즉시 반포하라!"[195] 드디어 권돈인이 풀려났다. 북청부(北靑府, 함경도 북청)에 갇혔던 김정희도 석방되었다.

1853년(철종 4) 10월, 철종은 권돈인을 판중추부사로 임명하여 조정으로 부른다. 그러나 그는 오지 않았다. 철종은 그간의 고생을 위로하는 편지를 보내고, 그가 있는 광주(廣州)로 사람을 보내 조정으로 돌아오라 간곡하게 요청도 했다. 지방관을 통해 옷감과 음식을 보내기도 했다.[196] 여러 해 정성을 쏟으며 기다렸건만 권돈인은 오지 않았다. 그저 망극하다고 했다.

조정에서 다시 권돈인을 벌하시라, 철종에게 요구하기 시작했다. 사헌부와 사간원이 나서고 홍문관도 나섰다. 대사헌 이유원 등이 연명으로 글을 올렸다. 임금이 권돈인을 지나치게 감싸서 그가 점점 무엄해졌다고 지적했다. 권돈인을 벌주어 나라의 기강을 바로 세워야 한다고 했다.

홍문관은, 임금이 권돈인의 죄를 너무 쉽게 용서해서 나라의 기강이 무너졌고 여론이 아직도 분해하며 식자들이 탄식한다고 했다. 은혜에 깊이 감사하고 뉘우치며 근신 자중해야 할 권돈인이 아무 일도 없었던 듯 행동한다고 비판했다. 권돈인이 사람들에게 번번이 분하다는 말도 한다고 지적했다.[197]

1859년(철종 10) 1월 7일. 철종은 권돈인을 연산현(連山縣, 충남 논산)에 중도부처하라고 명했다. 삼사의 요구를 수용하는 모양새였다. 불러도 오지 않는 야속함을 내보인 것일 수도 있겠다. 의금부 도사가 광주로 내려가 권돈인을 연산현으로 끌고 갔다. 하지만 오래 두지는 않았다.

"연산현에 부처(付處)한 죄인 권돈인을 방송시키라."[198]

3개월여 뒤인 4월 15일에 철종은 권돈인 석방을 명했다. 사흘 뒤 4

월 18일, 철종은 권돈인에게 다시 벼슬을 주어서 조정으로 부르라고 명했다. 이제 권돈인은 철종 곁으로 돌아오려나.

　오지 않았다. 아니, 오지 못했다. 철종이 권돈인 석방을 명하기 하루 전인 4월 14일에 유배지에서 갑자기 사망했다.[199] 철종은 몰랐다. 석방을 명할 때도, 벼슬을 내릴 때까지도, 권돈인이 세상 떠난 걸 알지 못했다.

VI. 노심초사

손발이 묶여도

또 꺾인 꽃 한 송이

이하전을 생각한다

염종수 사건

돌도 아프다

염보길은 누구인가

즉위년과 원년

전(傳) 이세보 초상 [출처: 국립고궁박물관]

용성부대부인 묘 (경기 포천)

손발이 묶여도

철종은 왕권 회복과 강화를 위한 시도를 거듭했다. 생각 없는 허수아비 임금으로, 시키는 대로 순종하는 꼭두각시 임금으로 살지 않았다. 따라 줄 것은 따라 주고 거부할 것은 단호하게 거부했다. 처음부터 그러했다.

그런데 참 힘들었다. 순조, 헌종 때는 안동김문을 제약하는 세력이 조정에 존재했고 특히 헌종 친정 이후에는 풍양조문이 안동김문을 압도하는 형세를 보이기도 했었다. 하지만 철종 초 수렴청정기에 풍양조문이 대거 축출되고 조정은 안동김문의 독무대나 다름없이 되어갔다.

철종은 자기 세력, 자기 사람을 키워 가까이 두려고 했다. 하지만 안동김문은 그냥 두고 보지 않았다. 철종에게 힘이 되어 줄 사람들이 조정에 들지 못하게 막으려고 했다. 부각되는 왕실 인물들을 제압했다. 그 한 인물이 이세보이다. 이세보는 이호, 이인응으로도 불린다.

풍계군을 은전군에게 입후(立後)하고, 세보를 풍계군에게 입후하라고 명하였다.[200]

입후는, 대를 이을 아들로 세운다는 의미이다. 철종은 풍계군을 은전군(은언군의 동생)의 양자로 삼고 이세보를 풍계군의 양자로 들여 제사를 모시게 했다. 은전군→풍계군→이세보로 가계가 이어지게 해준 것이다. 그리고 이세보에게 경평군이라는 군호를 내렸다.

이세보를 풍계군의 양자로? 풍계군 이당의 아들이 익평군 이희라고 하지 않았나? 맞다. 이당의 아들이 이희다. 그런데 익평군 이희는 이미 상계군 이담의 양자로 입적된 상태였다. 그래서 이세보가 풍계군 이당의 양자가 된 것이다.

이세보(1832~1895)는 선조의 후손이기는 하나 여러 대 내려오면서 종친의 지위가 소멸된 상태였다. 그런데 풍계군의 아들로 들어가면서 철종의 6촌 동생이 되었다. 어엿한 종친이 된 것이다. 철종은 자신보다 한 살 아래인 경평군 이세보를 귀히 여겼다. 때로는 벗처럼 속을 터놓고 말할 수 있는 상대가 이세보였을 것이다.

철종은 이세보에게 《선원보략》 수정, 수라상 관리 점검 등을 맡기고 생모 용성부대부인 묘에 보내서 예를 올리게 했다. 청나라에 사신으로도 보냈다. 종친에게 주로 내려지는 관직인 도총관에 임명하고, 종친에게 주는 별도의 품계이기는 하나, 무슨 대부, 무슨 대부, 하는 벼슬도 거듭 올려주었다. 심지어 경연에도 참석하게 했다.

철종은 안동김문의 떨떠름해 하는 눈빛을 무시하고 이세보에게 힘을 실어주었다. 조정의 견제가 어쩌면 당연했다. 홍문관 부교리 김영수의 견제구가 특히 예리했다. 그가 올린 상소가 대략 이러하다.[201]

"종친이 임금을 뵙는 데는 일종의 원칙이 있습니다. 고(故) 남연군은 순고(純考, 순조)의 가까운 종친이 되었음에도 아무 때나 궁궐 출입을 하지 않았습니다. 그런데 요즘 종친 한두 사람이 무시로 드나들며 기거(起居)를 일삼으니 어디에 근거해서 이런 행동을 하는 것입니까."

상소에 이세보 이름을 명기하지 않았으나 글쓴이나 읽는 이나 이세보 얘기임을 안다. 철종은 부교리 김영수에게 자기 과실을 지적해 주어 고맙다는 식으로 대답을 내렸으나 이세보에 대한 우대는 변하지 않았다. 비판을 감수하고서라도 이세보를 키워볼 심산이었던 것 같다.

부교리 김영수가 안동김씨 누군가의 사주를 받아 상소를 올렸다고 단정할 수는 없다. 삼사의 언관으로서 소신과 양심에 따라 임금의 잘못을 간한 것일 수 있다. 철종이 이세보를 자주 궁에 들게 한 것이 잘못된 것인가? 관례상 그렇다. 상소에 따르면 이세보는 궐내에서 기거(起居)까지, 그러니까 자고 먹고까지 했다. 흔한 일이 아니다.

조선 건국 초, 종실 사람들 그러니까 종친의 정치 참여가 활발했다. 관직도 맡았다. 왕과 왕실 사람들이 조정의 주도권을 쥐고 나라를 이끌기도 했다. 문제가 있다. 왕에게도 오히려 해가 될 수 있었다. 사대부 관료들의 불만은 당연했고.

체제가 정비되면서 종친은 예우를 받되, 정치에는 참여할 수 없게 하는 제도가 마련되었다. 과거에 응시할 수도 없고 관직도 맡지 못하게 했다. 《경국대전》에 간접적으로 종친의 정치 참여를 금하는 내용이

들어갔다. 궁궐 출입도 주요 행사 아니면 자제하는 것이 마땅했다. 그러니 김영수의 지적은 정당한 것이다. 철종도 자기가 잘못한 것을 알기에 사실상의 사과를 했던 것이다.

이세보는 비공식적으로 철종을 보좌하는 역할을 수행했다. 요즘 표현으로 '비선 실세' 같은 존재가 되어 가고 있었다. 그런데 1860년(철종 11) 11월에 강진 신지도(지금 전남 완도군 신지도)로 유배되고 만다. 안동김문에 비판적인 태도를 드러내자 그쪽에서 죄를 씌워 처벌받게 한 것이다.

이세보가 공적인 자리에서 안동김문의 거목 김좌근과 김문근의 잘못을 지적했다. 그 계기는 동생 때문이었다고 한다. 1860년(철종 11)에 이세보의 동생 이세익(이택응)이 급제했다. 철종은 이세익을 우대했다. 안동김문은 이세보가 철종에게 청탁해서 동생 이세익이 좋은 벼슬을 받았다며 반발했다. 이 일로 이세보가 김좌근 등 안동김문을 비판하게 된 것이라고 한다.[202] 그동안 꾹꾹 눌러 두었던 안동김문에 대한 반감을 확 터트린 것이다.

경평군 이세보가 어떤 소리를 했는지 구체적인 내용은 알 수 없다. 다만 그 강도가 꽤 세서 김좌근과 김문근이 큰 충격을 받은 모양이다. 공개석상에서 비판받은 자체가 충격이었을 것이다. 대사헌 서대순의 상소 중에 이런 내용이 보인다.[203]

"저 경평군이라는 자가 도대체 어떤 마음을 먹었기에 신하로서 감히 들을 수 없는 말을 대궐 안의 공적인 자리에서 거리낌 없이 한단 말입니까. 이는 세상의 변고입니다."

이세보, 감히 안동김문의 거물들을 공개 저격한 배포가 신선하다. 공격받은 김좌근과 김문근이 조정에 나오지 않고 칩거에 들어갔다. 죄에 대한 벌을 청하는 모양새였으나 실상은 일종의 스트라이크였다. 이세보를 처벌하지 않으면 조정에 들지 않겠다는 위협이었다.

1860년(철종 11) 11월 3일, 철종은 김좌근과 김문근의 거처로, 각각 사람을 보내 돌아오시라 달랜다. 김문근은 악명을 뒤집어썼다며 억울해했다.[204] 조정은 이세보 처벌을 외치는 목소리로 연일 뜨거웠다. 아니 살벌했다. 철종은 이세보를 문외출송(門外黜送, 한양밖으로 추방)하는 선에서 그치려고 버티고 버텼다.

그러자 사헌부와 사간원이 함께 나서 절도에 위리안치하라고 주장했다. 이세보에게 주석지신(柱石之臣, 나라의 기둥 되는 신하)을 헐뜯고 모함한 죄에 백성을 수탈했다는 등의 죄를 덧씌웠다.[205] 정원용 등 대신들까지 나서서 이세보를 섬으로 귀양보내야 한다고 목소리를 높였다.

11월 6일, 결국 철종은 이세보를 신지도로 유배 보냈다. 어쩔 수가 없었다. 11월 7일에 한양에서 출발한 이세보, 신지도에 도착한 것은 11월 22일이었다. 이렇게 철종의 의지처가 머나먼 섬으로 사라졌다. 시린 겨울바람이 철종의 가슴을 휘돌았다.

유배 이후에도 조정에서 이세보를 처벌하자는 주장이 계속 나왔다. 한양으로 끌어다 심문해야 한다고 했다. 다시 처벌하자는 것은 죽이라는 얘기다. 그러나 철종은 끝까지 거부해서 이세보의 목숨만은 지켜주었다. 철종이 가고 고종이 즉위하면서 이세보는 귀양에서 풀려나게 된다.

또 꺾인 꽃 한 송이

1862년(철종 13) 7월 17일. 철종은 추국을 명한다. 김순성이 붙잡혀 와 남간(南間)에 갇히고 이어 이긍선도 끌려와 갇혔다. 김순성과 이긍선 등이 역모를 꾀했다고 이재두 등이 고변하면서 심문이 시작된 것이다. 남간은 의금부에 있는 감옥이다. 서간과 남간이 있는데 서간에는 상대적으로 가벼운 죄를 지은 이들이 갇히고 남간에는 중한 죄를 지은 죄인이 갇힌다고 한다.

관련인들이 하나둘 붙들려오고 추국청에서 연일 심문과 대질 심문이 계속된다. 그런데 죄인들이 혐의를 부인했다. 횡설수설, 서로 다른 소리도 했다. 그래서 사건의 진상이 명확히 드러나지 않았다. 그러나 그들이 '거사'를 말했고, 무사와 무기를 모았다는 걸 보면 모종의 시도가 있었던 것 같다.

김순성은 이긍선이 이런 말을 했다고 했다. "당연히 연산군과 광해군의 고사와 같은 일이 발생할 것이다."[206] 연산군과 광해군의 고사? 반정이 일어날 것이라는 소리였다.

이하전 묘 (경기 남양주)

그런데 이 사건은 김순성과 이긍선으로 끝날 일이 아니었다. 덕흥대원군의 사손(祀孫, 제사를 맡아 올리는 자손)인 경원군 이하전(1842~1862)이 물려 들어왔다. 스물한 살 이하전은 역모인들의 추대 대상이었다.

> "이하전의 이름이 오늘 추국청 진술에서 중요하게 나왔습니다. 청컨대 의금부 도사를 파견하여 붙잡아 오는 것이 어떻겠습니까?" [207]

김순성의 집을 수색하는 과정에서 "일의 관련됨이 이와 같으니 답답한 마음을 벗어날 길이 없다."라고 쓴 편지가 나왔다. 김순성은 이 편지를 이하전이 써 보낸 것이라고 했다. 아울러 그들이 이하전 집에서 모임도 했다고 말했다.

이하전 집에 한 무리의 사람들이 모였던 것은 1862년(철종 13) 7월 6일이었다. 광대패를 부른 잔치였다. 그냥 잔치를 즐기려 사람들을 모은 것인지, 잔치를 빙자하여 의심받지 않게 사람을 모아 은밀한 모의를 진행한 것인지…. 하지만, 이하전은 모두 혐의를 부인했다. 김순성을 알고 지낸 것 외에는 다른 죄가 없다고 말했다.

7월 24일, 이긍선이 새로운 진술을 한다. 본인이 직접 김순성과 네 명의 무신에게 들은 말이라고 했다. "이하전의 어머니가 눈물을 흘리며 바깥사랑에까지 나가서 여러 차례 만류하고 그치게 하여 결국 거사를 하지 못했다."[208]

김순성은 허무맹랑한 얘기라며 펄쩍 뛰었다. "만약 거사에 대한 모의가 있었다면 어찌 한 부녀자가 만류하며 그치게 한다고 해서 거사를 못했단 말이냐?" 이쪽 말을 들으면 이쪽 말이 맞는 것 같고, 저쪽 말을 들으면 또 그게 맞는 것 같고.

7월 25일, 철종이 결론을 짓는다.

왕실의 일원인 사람이 바른 마음과 행동을 하지 못하고 불령한 무리와 함부로 어울려 그들의 손아귀에 놀아나고 말았다. 다만, 이하전이 역모를 직접 꾸미지 않았고 또 알지도 못했다고 하는데 심문 자료를 읽어볼 때마다 "그럴까, 어찌 그렇겠는가 하는 마음이 들었고, 분명히 화응(和應, 화답하여 응함)

했다는 자취를 보지 못하였다." 그래서 목숨은 살려 주려고 한다. 명하노니 "제주목에 안치시키되, 당일로 압송하도록 하라."[209]

김순성은 사지를 찢어 죽였고, 이긍선은 목 베어 죽였다.

철종은 이하전을 당일로 제주로 유배보내라고 했다. 그러나 그리되지 않았다. 조정 반발이 거셌다. 대신들이 바로 연명 상소하여 이하전을 죽이라고 청했다. 이번 역모 사건의 근본은 김순성이지만, 김순성 무리의 우두머리가 이하전이라고 했다. 삼사도 나서서 이하전을 제주로 압송하라는 명을 거두어달라고 했다.

철종이 거절했다. 빨리 이하전을 압송하라고 했다. 추국청에서 보고했다. 즉시 시행하라는 명령을 받았으나, "시행할 수 없다는 뜻으로 놀랍고 황공하게도 감히 임금께 보고드립니다."[210] 임금의 명령을 거부하겠다는 거다. 철종도 물러서지 않았다. 사형시키라는 요구를 "번거롭게 하지 마라." 묵살하고 제주 압송을 다시 지시했다. 결국, 이틀 뒤 7월 27일에 이하전은 제주로 압송되어 간다.[211]

끝이 아니었다. 이후 조정의 압박은 계속됐다. 전·현직 대신들이 연명으로 상소하여 이하전을 다시 붙잡아 올려 심문해야 한다고 했다. 삼사도 그랬다. 철종은 타협책으로 이하전의 유배소에 가시울타리를 더 둘러치라고 명한다. 추가 형벌을 가한 것이다.

소용없었다. "제주목에 천극(栫棘)한 죄인 이하전에게 사사(賜死)하도록 하라."[212] 결국 철종은 이하전에게 사약을 내렸다. 언젠가 철종에게 "이 나라가 이씨의 나라입니까, 김씨의 나라입니까" 따지며 안동김문의 전횡을 비판했었다는 이하전! 나이 불과 21세에 도사 홍만섭이 가지고 온 사약을 받고 죽었다. 1862년(철종 13) 8월 20일이었다.[213] 못다 핀 꽃 또 한 송이 이렇게 꺾였다.

이하전을 생각한다

　전해지길, 순원왕후가 헌종의 후계자를 원범으로 결정하기 전에 먼저 이하전을 고려했었다고 한다. 원범이 항렬상 헌종의 삼촌뻘이라서 곤란한 점이 있었으나 이하전은, 혈연상 멀기는 해도, 헌종의 조카 뻘이기 때문에 오히려 자연스러운 면이 있다고 한다.[214]

　오롯이 사실로 보기는 어려운데, 윤효정(1931)은 이런 기록을 남겼다.[215]

　헌종 말년에 순원왕후가 이하전을 후계왕으로 내정하고 그를 이인손(李仁孫)이라고 불렀다. 순조의 능호 인릉(仁陵)에서 따온 이름이다. 이하전 내정 소식을 들은 김수근이 김좌근에게 그래서는 안 된다며 말렸다. "이하전 주위 사람들이 다 벽파이니, 그들이 집권하게 되면 시파인 우리에게 화가 닥칠 겁니다."

　그럼 누구를? 김수근이 대답했다. "이광의 제3자로 대통을 잇게 하고 문근의 딸로 중전을 삼으면 우리 세력 기반이 단단해질 것입니다." 김좌근이 누님 순원왕후에게 김수근의 말을 전하면서 설득했고 그래서 순원왕후가 이하전 대신에 이원범을 선택했다는 것이다.

'허, 누구로 왕위를 잇게 해야 하나.'

헌종이 앓아누웠을 때 차기 왕위 지명권자인 순원왕후는 고민이 깊었을 것이다. 이하전도 머릿속에 떠올린 후보군에 포함됐을 것이다. 측근 중에 이원범을 말한 사람도 당연히 있었을 것이다. 윤효정에 의하면, 그 주인공이 바로 김수근인 것이다. 김수근은 김문근의 형이다. 이원범으로 왕위를 잇게 해야 한다고 하면서 아울러 자기 동생 김문근의 딸을 중전으로 삼자고까지 했다.

여기서 소설적인 상상을 해본다. 원범을 왕으로 추천한 이가 김수근이 맞는다고 치면, 김수근은 우선 강화의 이원범 정보부터 파악했을 것이다. 본인이 직접 강화에 가서 원범을 만나보았거나 믿을만한 사람을 대신 보내 원범을 살펴보게 했을 것이다. 그 과정에서 원범에게 "당신이 즉위할 수도 있습니다." 어떤 암시를 주지는 않았을까. 그래서 정원용이 모시러 왔을 때 원범이 태연하게 행동할 수 있었던 것은 아닐까?

한편, 이런 이야기도 전한다.

헌종을 이을 왕으로 권돈인이 8살 이하전을 추천했고 정원용은 19살 이원범을 추천했다!

> 순원왕후 김씨가 대신을 모아서 대통 이을 일을 논의하니, 정승 정원용은 전계군의 셋째 아들 변(원범)을 세우자 하고, 정승 권돈인은 도정 하전을 세우자 하여 오래도록 능히 결정하

지 못하였다.

원용이 하루는 궐문 밖에서 대기하다가 동틀 무렵에 내합문에 나아가서 뵙기를 청하였다. 왕후가 인견하니 원용이 아뢰기를, "대행왕이 승하하신 지 여러 날이 되도록 보위(寶位)가 비어서 안팎이 슬퍼하고 염려하는데 어찌하여 큰 계획을 서둘러 정하지 않으십니까?" 하였다.[216]

《근세조선정감》 기록인데 내용이 꽤 구체적이다. 정원용과 권돈인이 후계 임금 문제로 여러 날 대립했고 그래서 헌종이 승하하고 며칠이 지나도록 새 왕을 결정하지 못했다고 했다. 하지만 이 부분 역시 사실이 아니다. 순원왕후가 헌종이 세상을 떠난 그 날로 원범을 모셔오라고 정원용에게 지시한 것이 팩트다.

《근세조선정감》은 이후 상황을 이렇게 기록했다. 정원용이 급히 말 달려 강화에 도착해서 유수에게 원범을 모셔갈 말과 가마를 준비해달라고 한다. 그리고 조정에 연락해서 호위할 병력을 강변에 배치해달라고 요청한다. 정원용은 말한다. "만약 강변에 도착하여서도 호위병이 오지 않았으면 우리들은 다 죽게 된다." 정원용이 원범을 모시고 동작나루에 도착하니 호위병이 와 있다. 정원용이 크게 기뻐하며 말한다. "이제는 내 머리가 어깨 위에 그냥 있게 되었다."

무슨 소리인가? 권돈인이 원범을 제거하고 이하전을 즉위시키려고 사람을 모아 공격해올지 모른다! 뭐, 이런 위기감을 간접적으로 표현한 것이다. 하지만 지어낸 이야기일 뿐이다.

정원용은 궁궐을 출발할 때 이미 원범 모셔갈 가마를 갖추고 호위 병력도 데리고 갔다. 설사 정원용이 병력 없이 와서 원범을 모셔가고, 원범을 죽이려고 권돈인의 사람들이 어딘가에 숨어 있었다고 해도 원범을 공격할 수 없었다. 그럴 수 있는 분위기가 아니었다.

"이어서 출발하여 양화진에 이르니 … 좁은 언덕에는 백성들이 어지럽게 몰려들어 구경하였다. 강화를 떠난 뒤부터 백성들이 곳곳마다 무리를 이루었다. … 금지하라고 하였으나, 〈원범이〉 이를 금하지 말라고 하교하셨다. 여기서부터 서울에 이르기까지 백성을 금하지 아니하니 더욱 기뻐하면서 서로가 '성인이 나셨다'고 말하였다."

원범 봉영 당시의 모습이다. 봉영 행렬을 보려는 백성들로 길가마다 인산인해였다. 이런 데서 무슨 쌍방 전투가 가능하겠나. 그냥 재밌는 허구다.

권돈인이 이하전을 밀고, 정원용은 이원범을 추천했다는 것 자체는 진짜 아닐까?

글쎄, 그럴 가능성이 별로 없는 것 같다. 대왕대비가 후계 왕으로 이원범을 말했을 때 정원용은 이원범을 잘 몰랐다. 대왕대비에게 원범이 몇 살이냐고 물었다. 정원용이, 나이도 모르는 원범을 왕으로 추천했다고 보기 어렵다.

권돈인도 정원용처럼 원범에 대해 모르고 있었다. 정원용이 이원범을 추천하고 권돈인이 이하전을 추천하며 서로 대립한 게 맞다면 상대방에 대한 정보도 갖고 있어야 한다.

1849년(헌종 15) 6월 6일, 헌종이 승하한 그날, 대왕대비가 새 임금으로 모실 이가 이광의 셋째 아들 원범이라고 쓴 글을 내보였다. 가만히 보고 있던 권돈인이 광(廣)자의 변이 모호해서 읽을 수 없다고 말했다. 이를테면, "이게 뭐라고 쓴 건가요?"

그러자 대왕대비가 옥(玉) 자 변의 광(廣) 자라고 알려준다[玉字邊廣字也].[217] 한편, 실록은 이광의 이름을 옥(玉) 자 변의 광 자가 아니라 왕(王) 자 변의 광(廣) 자로 적었다. 瓊(광), 李瓊(이광)이다. 아무튼, 권돈인이 원범 생부의 이름조차 제대로 모르고 있었다는 것은 원범에 대한 정보가 없었다는 의미로 볼 수 있다.

몇 년 전, 정원용은 이원경 역모 사건을 극악한 사건으로 규정하며 놀랍고 분하고 원통하다고 했었다. 이원경을 죽이고 이원범 등 이원경의 친족을 유배 보내자는 주장에 적극 동조했었다. 그런 정원용이 조정 신료들과 치열하게 대립하면서까지 이원범을 왕이 되게 하려 했다는 것도 개연성이 떨어진다. 더구나 정원용은, 실록에 적힌 그의 언행과 일기의 내용으로 보아, 자기주장을 관철하려고 남들과 강하게 맞서는 성격도 아니었던 것 같다.

지금까지 필자는 왕위 계승권자 지정을 놓고 정원용과 권돈인이 대립했다는 설이, 사실이 아닐 거라고 말했다. 하지만, 이 이야기가 정설로 굳어져서 지금도 말해지고 있는 것이 부담스러웠다. 그랬는데 필자의 생각과 궤를 같이 하는 전문학자의 연구결과물[218]을 접하고 마음 부담을 덜게 되었다.

한편, 시중에 나와 있는 《근세조선정감》은 철종 즉위 당시 정원용과 권돈인의 직책을 '정승'이라고 썼다. 원문에 '相臣(상신)'이라고 나오는데 번역자가 이를 낯익은 용어인 정승으로 번역했다. 이후에 나오는 책들마다 《근세조선정감》의 내용을 그대로 옮기면서 '영의정' 정원용이 원범을 세우려고 했고 '좌의정' 권돈인이 이하전을 옹립하려 했다고 썼다. 아니다. 그때 정원용은 영의정이 아니었고 권돈인도 좌의정이 아니었다. 그들은 현직 정승이 아니라 판부사(判府事)였다.

다시 이하전을 보자.

이하전은 철종에게 양면적인 존재였다고 볼 수 있다. 안동김문 세도에 맞서 왕권 안정에 도움을 줄 수 있는, 철종의 '호위무사'가 될 가능성 그리고 언제든 역모 세력에 의해 왕으로 추대될 수 있는, 철종의 잠재적 '적'이 될 가능성, 둘 다 있었다.

따라서 이하전 사사 사건도 두 가지 시각으로 바라볼 수 있겠다. 안동김문이, 이세보를 유배 보냈듯, 철종을 보좌할 재목 이하전을 제거해서 철종이 힘을 쓰지 못하게 한 사건이라고 할 수 있고 거꾸로 역모인들의 추대 대상을 없애서 왕권 안정에 기여한 사건으로 해석할 수도 있다. 철종이 이세보의 목숨을 지켜주었다. 의지가 있었다면 이하전의 목숨도 지켜줄 수 있었을 것이다.

안동김문이 싹수 보이는 왕족을 제거하려고 혈안이 되어 있었고 그래서 아무 죄 없는 이하전을 무고해 반역죄를 씌워 죽였다는 평가는 그래서 단선적이다. 김순성 역모 사건 관련자에 대한 심문 기록을 따라가다 보면, 이하전이 역모를 기획하고 주도하지는 않았어도 일정 부분 개입돼 있었을 것이라는 심증이 든다. 역모죄에 엮일 빌미를 스스로 제공한 것이다.

조선시대 수많은 역모 사건이 있었다. 세도정치기에도 당연히 있었다. 세도정치기의 역모 사건, 그게 다 가짜일 수 없다. 그때 그들은 가짜와 진짜를 알고 있었겠지만, 지금 우리는 그때의 그 역모사건이 진짜인지 가짜인지 구별하기가 참 어렵다.

근본적인 의문!

이하전이 애초에 왕위 계승권자 후보가 될 수 있는 신분인가? 아니, 그전에 종친이라고 할 수는 있는 것인가? 덕흥대원군의 후손이라지만 너무 뒷세대 아닌가?

하긴, 덕흥대원군은 16세기 인물이요, 이하전은 19세기 사람이다. 상식적으로 보면 이하전은 왕족이라고 하기 어렵다. 그런데, 좀 특이한 사례인데, 이하전은 왕실 종친 자격이 있었고 따라서 왕위 계승 후보자로 말해질 수는 있는, 그런 위치에 있었다.

《순조실록》에 "이언식을 봉하여 진안군(晉安君)으로 삼았다."[219]라고 나온다. 순조가 종친으로 인정받지 못하던 이언식을 진안군에 봉함으로써 어엿한 종친으로 공인한 것이다. 종친이 너무도 부족한 현실에서 순조가 조정 신료들과 깊은 논의를 거쳐 내린 조치이다.

이언식은 덕흥대원군의 10대 사손(祀孫)이다. 그동안 덕흥대원군의 직계 사손은 특별히 돈녕부의 벼슬자리를 받아왔다. 덕흥대원군의 아들인 선조가 그렇게 하도록 지시했었다. 그래서 집안에 녹(祿)이 끊어지지 않고 계속 이어질 수 있었다.[220] 왕족은 아니나 왕족에 준하는 예우를 받은 셈이다. 그랬는데 이제 왕족이 되었다.

이희(李爔)가 이언식의 양자로 들어가 덕흥대원군의 11대 사손이 되고 완성군에 봉해졌다(철종의 사촌형인 익평군 이희와 다른 사람이다). 이어서 이시인이 이희의 양자가 되어 12대 사손으로 완창군에 봉해졌다. 완창군 이시인의 아들이 바로 경원군 이하전이다. 이하전이 곧 13대 사손이다.

진안군 이언식-완성군 이희-완창군 이시인-경원군 이하전으로 이어진 왕족 가계인 것이다. 그렇지만, 아무리 그렇다고 해도, 이하전은 헌종과 혈연상으로 너무 멀다. 왕위를 이을 후보자로 심각하게 거론되기에는 아무래도 무리가 있다.

염종수 사건

《승정원일기》에 따르면, 1851년(철종 2) 7월 23일에 대왕대비가 명하여 한량 염종수를 염성화의 사자(嗣子, 대를 잇는 아들)로 삼게 했다.[221] 반면 《경산일록》에는 이보다 나흘 전인 7월 19일에 염종수를 염성화의 사자로 삼으라고 대왕대비가 명한 것으로 나온다.

철종 외조부인 염성화의 대가 끊겼기 때문에 염종수를 양자로 삼아 잇게 해서 제사 모시게 한 것이다. 그런데 대왕대비는 염종수가 도시 마음에 들지 않았다. 상감 외가에 제사 모실 사람이 없어서 하릴없이 염종수로 하려 하나 사람이 참하지 않다고, 일가에게 보낸 내밀한 편지에서 말했다.[222]

어쨌든, 일개 장사치[223]였던 염종수가 이제 임금 철종의 외삼촌이다. 철종은 그를 별군직에 임명하여 격을 높여 준다. 이후 염종수는 훈련주부(1851.10.19.), 선전관(1852.02.10.), 도총도사(1852.06.27.), 훈련부정(1853.01.10.)이 된다. 그리고 1853년(철종 4) 6월 26일에 순천군수가 되어 지방관 생활을 시작한다.

창덕궁 진선문

1854년(철종 5) 9월 1일에는 순천군수로 있으면서 정3품 당상관인 통정대부 품계를 받는다. 군수는 종4품 관직이니 이제 염종수가 품계에 걸맞게 승진할 터, 그래서 도호부사(종3품)가 된다. 삭주부사(1856.04.03.)를 거쳐 선천부사 겸 선천방어사(1856.05.18.)로 임명받는다. '도호부사'를 보통 '부사'라고 부른다.

염종수의 관로(官路)는 탄탄대로. 누가 감히 왕의 외삼촌을 막아설 것이냐.

1858년(철종 9) 6월 4일, 철종은 염종수를 전라좌수사로 임명한다. 그런데 염종수가 병이 심해서 기한 안에 부임할 수 없다고 알려온다.[224] 철종은 즉각 수용하고 다른 사람을 전라좌수사로 보낸다. 대신 염종수를 첨지중추부사(1858.08.01)로 임명해 변함없이 예우한다. 1859년(철종 10) 2월 3일, 염종수는 충청병사가 되는데 한 달여 뒤인

3월 8일에 황해병사로 옮긴다.

1861년(철종 12) 9월 30일에는 철종이 염종수를 오위도총부 부총관(종2품)으로 삼는데 그 과정이 예사롭지 않다. 복수의 후보자를 적은 망단자가 철종에게 올라왔다. 철종은 그 가운데 한 사람 이름에 낙점하면 된다. 그런데 철종은 망단자에 추가로 '廉宗秀(염종수)'라고 직접 쓰고 거기에 낙점했다.[225] 이렇게 염종수는 부총관이 되었다. 철종은 외가 쪽 귀한 친척 염종수를 아끼고 배려했다. 생모 집안의 대를 잇는 '외삼촌'이라고는 하지만 정도가 지나쳤다.

1861년(철종 12) 10월 25일, 큰 사건이 터졌다. 강화도에 사는 염보길이 염종수를 고발한 것이다. 실록은 이렇게 적었다. "염보길을 심영(沁營)에 압송하여, 사실을 조사해 장문(狀聞, 보고)하도록 명하였으니, 격고명원(擊鼓鳴冤)한 때문이었다."[226]

무슨 소리인지 알쏭달쏭하다. 우선 '심영'은 심도(沁都)의 군영이라는 뜻이다. 심도는 강화의 또 다른 이름이다. 강화의 군영은 곧 진무영이다. 진무영의 수장인 진무사를 강화유수가 겸한다. 따라서 '심영'을 강화유수부로 해석해도 된다.

격고명원, 북을 쳐서 억울함을 호소했다는 얘기다. 어디서? 강화유수부가 아니고 한양이다. 염보길은 강화에서 한양으로 가서 궁궐 돈화문 서쪽 협문으로 들어가 신문고를 쳤다.[227] 철종은 염보길이 하려는 말이 무엇인지 조사해서 보고하라고 강화유수에게 지시했다. 염보길은 강화유수부로 끌려갔다.

철종 때도 신문고가 있었어?

있었다. 태종 때인 1401년(태종 1)에 신문고(申聞鼓)라는 북을 궁궐에 설치했다. 신문고 제도는 이후 폐지와 시행이 반복되면서 조선 말기까지 유지됐다. 명성에 비해 실효성이 적었다고 하나, 어쨌든 철종 시기에도 엄연히 존재했던 신문고다.

북을 설치한 위치는 세월 따라 몇 번 바뀌었다. 영조가 "창덕궁의 진선문과 시어소(경희궁)의 건명문 남쪽에 신문고를 다시 설치하도록 명"[228]했었는데 철종 당대에도 같은 자리에 북이 있었을 것이다. 진선문은 창덕궁 돈화문과 인정문 사이에 있다. 염보길이 여기 진선문 주변에 있는 신문고를 두드렸을 것이다.

염보길이 신문고를 친 다음 날인 10월 26일, 철종은 심영에서 조사할 동안 염종수를 잡아 가두라고 명한다.[229] 뭔가, 문제가 있음을 알게 된 것이다. 며칠 뒤 강화유수 이명적이 염보길을 심문하고 조사한 결과를 임금에게 보고했다. 보고 내용이 충격적이었다.

파평(坡平, 파주) 염씨인 염종수가 용담(龍潭) 염씨인 철종 생모 집안을 자기와 같은 파평염씨로 위조하는 큰 죄를 저질렀던 것이다. 족보의 '용담'을 칼로 긁어내고 그 자리에 '파평'이라고 썼다. 강화유수부에 보관된 호적대장도 담당자를 매수해서 변조했다.[230] 강화유수는 이 사실을 관에서 보관하던 오래전의 호적을 모두 조사하고 대조해서 밝혀냈다.[231] 물론 염보길의 제보가 결정적이었을 것이다.

파평염씨에서 용담염씨가 갈라져 나왔기에 두 염씨의 시조는 같다. 그래서 위조가 더 쉬웠을 것이다. 어쨌든 염종수는 용담염씨가 아니니까, 철종의 외가붙이도 아니다. 애당초 염성화의 양자가 될 수 없는 위치였다. 그런데 이렇게 임금을 속이고 대왕대비도 속여서 염성화의 후사로 입적됐던 것이다. 벼슬까지 넙죽넙죽 받아먹으며 10년 세월 호사를 누렸던 것이다.

철종의 생모 염씨는 측실이다. 집안도 한미했다. 어린 시절 철종은 어머니의 가계(家系)에 대해서 제대로 듣지 못했을 것이다. 생모는 이미 고인이다. 그래서 속았다.

사기당한 걸 알게 된 철종, "어찌 이처럼 지극히 흉악하고 패려한 자가 있는가?" 기막혀했다. 마음 아프고 부끄럽다고도 했다. 정말 부끄러웠을 것이다. 임금이 돼서 한낱 사기꾼에게 속아 온 것도 부끄럽고 외가 집안이 초라하고 한미한 게 부각돼 또 부끄러웠을 것이다.

철종은 "정(情)을 붙일 데가 없다."고도 했다. 정 붙일 데가 없다! 철종의 외로움이 손에 잡히는 것 같다. 아무튼, 왕의 권위를 바로 세워 보려고 부단히 애쓰고 있을 때 하필 염종수 사건이 터져서 위신이 추락하고 만 철종이다. 데미지가 너무 컸다.

대신들이 '위로' 한다. 판부사 김흥근은 염종수를 교활하고 악독하다고 했고, 영돈녕 김문근은 간악하고 음흉하며 흉측하다고 했다.[232] 철종에게 아무런 위로가 되지 않았을 것이다.

1861년(철종 12) 11월 7일, 철종은 금위영으로 가서 염종수를 직접 심문했다. 염종수는 용담염씨 집안을 자기와 같은 파평염씨로 둔갑시키는 작업에 자기 아들을 비롯해 여러 사람을 동원했다. 호적을 변조한 것은 1850년(철종 1)이었다. 진실이 드러나지 않게 하려고 염씨 집안의 무덤들을 파헤쳐 없애기도 했다.[233]

11월 7일 그날로 염종수는 서소문 밖에서 사형당한다. 참수형이었다. 오래 끌면 철종이 그만큼 더 힘들어지는 상황이었다. 며칠 뒤 철종은 염종수의 아들 염희영을 제주목의 노비로 삼으라고 명한다. 아들의 목숨은 거두지 않았다. 12월 1일, 신하들이 염종수의 처자식을 모두 처형하고 아들 염희영을 다시 잡아다 국문하자고 청했으나 철종은 불허했다.[234]

이렇게, 국왕을 상대로 한 희대의 사기극이 막을 내렸다.

염종수가 황해병사일 때였다.

비변사에 청하기를, 군영 복무 대상자에게 2냥씩 베[布]를 걷어 그 값으로 장정을 사서 대신 복무하게 하자고 했다.[235] 오래도록 입번(入番)하지 않았는데 별안간 징발하면 강제 복무하게 된 백성들이 소요를 일으킬 것이라는 협박성 이유를 댔다. 1년 뒤에도 염종수는 비슷한 요청을 또 했다.

비변사가 철종에게 아뢰기를, 염종수의 요청을 일단 들어주되, "군무(軍務)가 허술해지는 결과를 불러일으킨다면 담당자는 책임을 져야 할 것이니, 각별히 단속하여 죄에 저촉되는 일이 없게 하라고 분부하는 것이 어떻겠습니까?"[236] 하였다. 철종은 그리하라고 했다.

비변사의 말을 풀어 보면, "염종수! 2냥씩 거둔 걸로 복무 대신할 사람 꼭 사서 세워. 안 그리고 그 돈 착복하면 용서하지 않는다." 경고하자는 것이다. 아닌 게 아니라 냄새가 난다. 염종수가 정말 백성들에게 거둔 돈으로 장정을 모아 대신 복무하게 했을까. 아닐 것이다. 아마도 대부분 꿀꺽했을 것이다. 충실하게 탐관오리의 길을 걸었을 것이다. 그래서 엄청난 재산을 모았다. 염종수가 처형되고 그의 재산은 환수됐는데, 관련하여 영의정 김좌근이 철종에게 아뢴다.

"적몰한 가산 가운데 밭과 논은 으레 양향청에 귀속되는데, 근래 총청의 형세가 매우 군색하니, 이번에 적몰한 염종수의 땅 중에서 신천에 있는 밭과 논은 총청에 귀속시켜 조금이라도 힘을 펼 수 있게 하는 것이 좋을 듯하므로 아룁니다."[237]

양향청은 훈련도감의 재정 담당 관청이고 총청은 총융청을 말한다. 신천은 염종수가 병사를 지낸 황해도에 있다. 죄인에게 몰수한 논밭은 훈련도감 운영 경비로 쓰게 되어있지만, 총융청 재정이 너무 어려우니, 염종수의 적몰 재산 가운데 황해도 신천의 논밭은 총융청에서 쓰게 하자는 요청이다. 염종수가 차지한 땅이 상당히 넓었음을 짐작하게 한다.

황해병사 시절에 염종수는 사신 접대 용도의 공금 7,492냥을, 제멋대로 무기와 성곽 보수비로 돌려놓은 뒤, 상당량을 빼내서 신천에 땅을 샀었다.[238] 어디, 사기만 했을까. 병마절도사라는 지위를 무기로 신천 백성들을 겁박해서 빼앗은 토지도 적지 않았을 것이다.

돌도 아프다

"부대부인(府大夫人)의 봉작한 작호(爵號)를 이미 고쳐서 내려주셨으니, 《선원록》·《선원보략》에 고쳐 기록하고, 대원군·부대부인 묘소의 비석도 고쳐 새기게 하소서."

염종수를 처형하고 사흘 뒤인 1861년(철종 12) 11월 10일에 영의정 김좌근이 청했다. 철종은 그리하라고 했다. 당연히 고쳐야 했다.

우선 '부대부인'부터 해결하자.

《경국대전》은 "부인의 작위는 남편의 관직을 따른다."라고 규정했다. 그래서 1품 관리의 아내는 정경부인(貞敬夫人), 2품 관리의 아내는 정부인(貞夫人), 이런 식으로 정해져 있었다. 왕비의 어머니와 대군의 처는 부부인(府夫人)이라고 했다.

부대부인(府大夫人)은 《경국대전》에 규정된 작위가 아니다. 그래서 일관된 기준 없이 쓰이다가 조선 후기에 임금의 어머니에게 올리는 칭호로 굳어졌다. 고향이나 본관 등의 읍호를 붙여 'ㅇㅇ부대부인'으로 불렀다.

정상적으로 아버지로부터 왕위를 물려받은 임금의 어머니는 왕비이거나 후궁이다. 따라서 그들에게는 '부대부인'이라는 작위가 필요 없다. 철종, 고종의 어머니처럼 예외적인 경우에만 붙이는 호칭이다. 부대부인의 남편이 바로 대원군이다.

철종이 즉위한 해에 대왕대비 주도로 철종 생모 염씨에게 영원부대부인(鈴原府大夫人)이라는 작호를 올렸었다. 그 날짜가 1849년(철종 즉위년) 6월 23일이다. 그런데 염종수 처형 전날인 1861년(철종 12) 11월 6일에 철종이 어머니 작호를 용성부대부인(龍城府大夫人)으로 변경했다. 그러니 김좌근의 요청대로 왕실 족보와 묘비에 쓰고 새긴 '영원부대부인'을 전부 '용성부대부인'으로 고쳐야 했던 것이다.

용성부대부인 묘비 (경기 포천)
비 앞면을 깊게 갈아 글씨를 지우고 새로 새긴 것이다. 원 비문에 영원부대부인(鈴原府大夫人)이라고 했던 것을 용성부대부인(龍城府大夫人)으로 고쳤다. 용성부대부인 염씨의 묘는 전계대원군 묘 옆에 따로 조성되었다. 서울 홍은동에 있던 것을 여기로 이장해 모셨다.

철종이 어머니 작호를 바꾼 이유가 무엇일까?

어머니가 파평염씨가 아니요, 용담염씨라는 것을 명확하게 해두려는 의도였다. 경기도 파주의 옛 지명이 파평(坡平)인데 영평(鈴平)이라고도 했다. 영원부대부인의 '영원(鈴原)'은 영평 즉 파평을 의미한다. 용성부대부인의 용성(龍城)은 전라북도 진안의 옛 지명인 용담(龍潭)에서 따온 것이다.

철종 친모의 첫 작호가 영원부대부인이었다는 것은, 철종이 친모 본관을 처음부터 파평으로 잘못 알고 있었다는 것을 의미한다. 1849년 즉위 초에 올린 작호이니, 이때는 아직 염종수의 농간질이 시작되기 전이다. 염종수가 심문 중 자백하기를 호적을 변조한 해가 1850년(철종 1)이라고 했다.

따라서 철종이 염종수에게 속아서 어머니가 파평염씨인 걸로 믿고 영원부대부인으로 작호를 정하게 했다는 주장은 오류다. 염종수가 족보를 위조할 때, 자기 본관인 파평을 용담으로 고치지 않고, 용담염씨의 본관을 파평으로 고친 것도 철종이 어머니 본관을 파평으로 알고 있었다는 것을 시사한다.

염종수 사기 행각이 드러나고 조사가 진행되면서 비로소 어머니 본관이 용담임을 철종이 알게 되었다. 그래서 파평을 의미하는 '영원부대부인'을 버리고 용담의 의미를 담아 '용성부대부인'으로 생모 작호를 바꾼 것이다.

이제 묘비 등에 대한 수정 작업이 불가피해졌다. 아버지 전계대원군의 묘비는 해당 글자 일부만 고치면 되지만, 어머니 묘비는 그렇지 않았다. 손이 많이 가게 생겼다.

철종이 1851년(철종 2)에 친모 묘를 정비하고 세운 묘비 앞면에 '有明朝鮮國 鈴原府大夫人 鈴平廉氏之墓(유명조선국 영원부대부인 영평염씨지묘)'라고 큰 글씨로 새겼었다. '영평염씨'는 '파평염씨'와 같은 의미다.

묘비명을 고친 것은 10년 넘게 지난 1862년(철종 13)이다. 묘비 앞면 전체를 갈아내고 '有明朝鮮國 龍城府大夫人 廉氏之墓(유명조선국 용성부대부인 염씨지묘)'라고 새로 새겼다.[239] 옛 비를 없애고 새 비를 세운 것이 아니라 기존 비석의 표면을 갈아내고 다시 글을 새긴 것이다.

조선시대 묘비에 흔히 등장하는 有明朝鮮國(유명조선국), 무슨 뜻일까.

'유명한 조선'은 아닐 터. '유명하다'의 유명은 有名이니까. 밝음이 있는 조선, 그러면, 빛나는 조선? 아니다. '명나라의 조선'이라는 의미다. 형식적이고 관례적인 표현이기는 하나 명에 대한 조선의 사대 의미가 내포되어 있다.

TV, 어떤 과자 광고에서 여배우가 그랬다. "h는 묵음이야."

공자 말씀에, "有朋自遠方來, 不亦樂乎(유붕자원방래 불역낙호)"가 있다. "벗이 있어 먼 곳에서 찾아오면 또한 즐겁지 아니한가."로 풀기도 하지만, '有'를 버리고 "벗이 먼 곳에서 찾아오면 또한 즐겁지 아니한가."로 푸는 게 더 자연스럽다. '有'는 '있다', '어떤' 등의 뜻이지만, 그냥 아무 의미 없이 다른 글자 앞에 붙여 쓰이기도 한다. "h는 묵음이야." 처럼. 그래서 '유명(有明)'은 그냥 '명(明)'으로, 그러니까 명나라로 풀면 되는 것이다.

그때 명나라는 없었잖아? 그렇다. 이미 오래전에 명은 망해서 사라졌고 청나라가 들어섰다. 그런데도 조선은 '꿋꿋하게' 유명조선국, 했다.

강화군 선원면에 철종외가가 있다. 철종외가 근처에 철종의 외조부 염성화 등 선대 염씨를 모신 묘역도 있다. 묘역에 1859년(철종 10)에 세운 묘비들이 있는데 강화유수 조충식이 묘역을 정화하면서 세웠다고 한다.[240] 당시 잘나가던 염종수가 강화유수에게 묘비를 세우는 게 좋겠다고 부추겼을 가능성이 있다.

염성화 묘비 앞면에 '龍潭廉公諱星華之墓(용담염공휘성화지묘)'라고 새겼다. 그런데 '龍潭(용담)'이라는 글자가 조금 파인 부분에 새겨져 있다. 원래 있던 두 글자를 갈아내고 '龍潭'으로 고친 것이다. 원래의 글자는 '坡平(파평)' 또는 '鈴平(영평)'이었을 것이다. 다른 묘비들도 마찬가지다.

전해지기를 염종수가 '坡平'을 긁어내고 '龍潭'이라 새겼다고 한다. 하지만, 사실일 수 없다. 말이 안 된다. 파평염씨인 염종수는 용담염씨인 철종 생모 집안을 자기와 같은 파평윤씨로 둔갑시켜 철종을 속여먹은 사람이다. 그가 '파평'을 지우고 '용담'이라고 새길 이유가 없다. '龍潭'으로 고친 것은 염종수가 처형된 이후이다.

서울 은평구에 흥창사라는 사찰이 있다. 대웅전 옆으로 귀부까지 온전한 비석이 섰다. 비 앞면에 절 창건주 이름을 크게 새겼고 옆면에는 1967년 3월에 이 비석을 세웠다고 새겼다. 그런가보지 뭐.

그런데 비 뒷면을 온통 시커멓게 칠해서 거기 새긴 글씨를 감췄다. 세월 흘러 칠이 벗겨지면서 원래 글씨가 부분 부분 드러났다. 비 뒷면 드러난 부분에 '崇禎紀元後四辛亥八月'에 이 비를 세웠다고 나온다. 숭정 기원후 네 번째 신해년은 1851년(철종 2)이다. 그러니까 이 비석은 1967년이 아니라 철종 때 세운 비였다.

드러난 비면에 은언군 이름이 이인이요, 자는 명흥이라는 뜻인 '恩彦君諱䄄字明興(은언군휘인자명흥)'이라는 글씨도 또렷하다. 그렇다. 이 비석은, 철종의 할아버지인 은언군 신도비다. 글씨는 철종이 직접 쓴 것이라고 한다.

도대체 이게 뭔 일인가.

은언군 묘는 없어졌다. 정확한 위치도 지금은 알 수 없다. 거기 있던 비석과 석물들은 뿔뿔이 흩어졌다. 그중 신도비가 흥창사로 끌려 내려와 앞면이 갈려서 '興昌寺 孫城君 創設主…', 창건주의 비로 둔갑한 것이다. 세상에는 별 어이없는 일이 참 많이 벌어진다.

이 세상 삶 기구했던 은언군, 저세상에서도 여전히 기구하다.

철종 집안은 비석들도 아프다.

  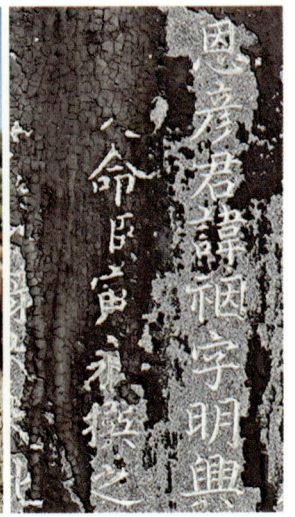

은언군 신도비 (서울 은평구)   은언군 신도비 뒷면   은언군 신도비 뒷면 부분 확대
칠 벗겨진 부분에 恩彦君(은언군)이라는 글씨가 선명하게 드러났다.

염보길은 누구인가

염보길이 상경해서 신문고를 치자 철종은 그를 강화로 '압송' 해서 조사하라고 지시했었다. 압송이란 죄인을 붙잡아 다른 곳으로 보낸다는 뜻이다. 그렇다면 염보길이 죄인이라는 말인가.

궁궐에 함부로 들어갔으니 염보길도 죄인이다. 염보길이 무단으로 궁궐에 들어가는 바람에 궐문을 지키던 이들도 처벌받았다. 지키는 사람이 있는데 어떻게 통과했을까. 염보길이 천익(天翼, 철릭)을 입고 있었다.[241] 아마도 무관으로 변장했던 것 같다. 그렇다면 관인 사칭죄가 된다. 염보길의 죄는 또 있다. 거쳐야 할 절차를 무시하고 바로 북을 치는 죄를 범했다.

> 정치의 득실과 민생을 아뢰고자 하는 자는, 의정부에 글을 올려도 위에 아뢰지 않는 경우, 즉시 와서 북을 치라.…억울함을 펴지 못하여 호소하고자 하는 사람으로, 서울 안에서는 주무관청에, 외방에서는 수령·감사에게 글을 올리되, 따져서 다스리

지 아니하면 사헌부에 올리고, 사헌부에서도 따져 다스리지 아니한다면, 바로 와서 북을 치라.[242]

신문고를 처음 설치했던 태종의 명령이다. 이후 신문고를 치는 절차에 변동이 생기기는 하지만, 어쨌든 몇 단계를 거쳐야 북을 두드릴 수 있다는 원칙은 변함없었다. 이 절차를 무시하면 처벌 대상이 되는 것이다.

학교로 가정하여 이야기를 꾸며 본다. 어느 학생이 교장선생님에게 억울함을 호소하고 싶다. 그러려면 우선 담임교사에게 글을 올려 허락을 받고 그다음에 학생부장, 또 그다음에 교감선생님에게 허락을 받아야만 교장선생님을 만날 수 있다. 절차 무시하고 교장실 문을 두드리면 강제전학 당한다!

신문고 치는 절차가 이런 식이었다. 절차 건너뛰고 신문고 두드린 염보길, 압송될 수밖에 없었다. 강화유수에게 알리지 않고 한양 궁궐로 직접 간 것은 강화유수를 믿지 못했기 때문인 것 같다. 염종수는 막강한 영향력을 행사하고 있다. 강화유수는 염종수 편에 설 것이다. 강화유수에게 고변했다가 염종수는 무사하고 외려 자신만 다치게 되지 않을까, 염보길은 우려했을 것이다. 그래서 궁궐로 직행.

염보길, 그는 누구인가.

철종의 외숙 즉 외삼촌으로 알려져 있다. 철종 생모의 친오빠라는 것이다. 잘못 알려졌다. 염보길이 철종의 외가 편 친척이긴 하지만, 외삼촌은 아니다. 외삼촌이 맞는다면, 염종수 문제로 격고명원했을 때 철종이 강화로 잡아 보내 조사하라고 하지는 않았을 것이다. 그전에, 굳이 변장하고 궁궐에 들어가 북을 치지도 않았을 것이다.

정말 외삼촌이라면, 철종이 진작 벼슬을 주었을 것이다. 생모의 친오빠인데 얼마나 우대했을지 짐작할 수 있는 것 아닌가? 그런데 염종수를 처형한 뒤인 1862년(철종 13)에 가서야 '한량(閑良) 염보길'에게 '부장(部將)'이라는 직책을 내릴 뿐이다.[243] 염보길은 바로 글을 올려 병으로 직을 수행할 수 없다며 사직을 청했고 철종은 사직을 받아들인다.[244]

염씨 전자 족보에는 염보길의 아버지 염성화, 조부 염덕석, 증조부 염상임, 고조부 염한수라고 나온다. 이에 따른다면 염보길이 철종의 외삼촌이다. 하지만 어딘지 앞뒤가 안 맞는 것 같다. 아무래도 《승정원일기》를 확인하는 것이 낫겠다.

《승정원일기》에 따르면, 1861년(철종 12)에 염보길을 염복흥의 양자로 삼는다.[245] 염복흥은 염성화의 양자이다. 염성화의 아들로 입적됐던 염종수가 처형된 후 염복흥을 새로운 아들로 삼은 것 같다. 염성화의 양자 염복흥, 염복흥의 양자 염보길이다. 염성화→염복흥→염보길로 가계를 잇게 한 것이다.

염복흥은 염보길과 원래 '삼종숙질지간(三從叔姪之間)'[246]이다. 8촌 아저씨와 조카 사이였다. 염복흥의 8촌 조카 염보길이 염복흥의 양자가 된 것이다.

정리하자면, 염보길은 철종의 외삼촌이 아니다. 그냥 외가 쪽 먼 친척 정도였을 뿐이다. 그런데 염보길이 염복흥의 양자가 되면서 철종과 염보길의 관계가 이종사촌 형제로 바뀌었다. 그에 대한 예우 차원에서 철종이 부장(部將) 벼슬을 내렸던 것이다.

염종수의 죄악이 드러나게 된 것은 염보길이 고발했기 때문이다. 염종수가 족보 등을 위조한 것은 1850년(철종 1)이고 염보길이 이를 고발한 것은 10년도 더 지난 1861년(철종 12)이다.

염보길은 강화에 사는 용담염씨이고 염종수는 경기 시흥에서 태어난 파평염씨이다. 염종수가 위조 작업을 기획할 때 염보길한테 집안 내력에 대한 정보를 얻었던 것 같다. 막연하나마 가정하자면, 염보길이 염종수에게, "임금님 어머님이 우리 용담염씨인데 나라에서는 파평염씨라고 하시네요, 허참." 뭐 이런 식으로 말하지 않았을까.

염보길은 염종수에게 용담염씨 족보도 제공했던 것 같다.[247] 의심의 눈으로 보자면, 염보길이 일정 부분 위조 작업을 도왔을 수 있다. 물론 그만큼의 대가를 받고, 또 더 큰 대가를 약속받고 말이다. 그런데 염종수가 약속을 지키지 않으니까 뒤늦게 그의 죄를 궁궐 북을 쳐서 알린 것일 수 있다. 아니면, 무언가 계기로 위조와 관련된 자신의 죄가 드러날 상황에 처하자, 선수를 쳐서, 억울함을 호소한다며, 신문고를 두드렸을 수도 있겠다.

즉위년과 원년

"1849년(철종 즉위년)"

지금까지 여러 번 언급된 해다. 즉위년은 원년과 같은가 다른가, 원년이 1년인가, 알쏭달쏭하다. 미리 말하면, 즉위년은 원년과 다르다. 원년이 곧 1년이다. 즉위년≠원년=1년! 이 문제를 짚어보고 다음 장으로 가도록 하자.

> 논하여 말한다. 임금이 즉위하면 해를 넘겨 원년을 칭하니, 그 법이 《춘추》에 상세히 나와 있다. 이는 선왕들이 덜어내지 않은 전범(典範)이다.[論曰. 人君即位, 踰年稱元, 其法詳於春秋. 此先王不刊之典也.]

《삼국사기》 신라본기 남해차차웅 편에 실린 사론(史論)이다. 이 원칙이 조선시대 실록 편찬에도 적용됐다. "임금이 즉위하면 해를 넘겨 원년을 칭"한다고 했다. 즉위한 다음 해부터 원년(元年)이라는 것이다. '元'은 으뜸이라는 뜻이지만, '처음', '시작'이라는 의미도 있다. 따라서 원년은 '첫해' 또는 '1년'과 같은 뜻이다.

해를 넘겨 원년을 칭하는 것을 '유년칭원(踰年稱元)'이라고 했다. '유(踰)'가 넘는다는 뜻이니 유년(踰年)은 넘어간 해, 다음 해를 가리킨다. 새 임금이 즉위한 다음 해부터 1년(원년)으로 쓴다는 걸 알았다. 그러면 즉위한 그해는 뭐라고 하는가. 바로 '즉위년'이다.

헌종이 1849년(헌종 15) 6월에 세상을 떠나고 철종이 즉위했다. 같은 1849년이지만 6월까지는 헌종 15년이고, 철종 즉위 이후는 철종 즉위년이다. 다음 해 1850년이 철종 원년, 즉 철종 1년이다. 1851년은 철종 2년, 1852년은 철종 3년….

임금이 즉위한 해에 바로 원년을 칭하지 않는 것은 전왕(前王)에 대한 예우와 존중의 의미로 해석할 수 있다. 1849년에 철종이 즉위했어도 그해까지는 헌종의 해로 규정하고 다음 해부터 철종의 해로 인식하는 것이다.

그런데 조선왕조실록에 '즉위년' 없이 바로 원년(1년)으로 기록한 사례가 보인다. 태조, 정종, 태종, 세조, 중종, 인종, 인조, 이렇게 일곱 임금이다. 이 중에 진짜 즉위년이 없는 임금이 있고 즉위년이 있으나 없는 것처럼 보이는 임금도 있다.

정종, 태종, 인종은 즉위년을 실록에 편성하지 않았을 뿐 실제로는 즉위년이 존재했던 임금들이다. 태조, 세조, 중종, 인조는 정말 즉위년 없이 바로 원년으로 시작한 임금들이다.

우선 정종, 태종, 인종을 보자.

태조가 1398년(태조 7) 9월에 정종에게 왕위를 물려주었다. 이때부터 그해 12월까지가 정종 즉위년이고 1399년이 정종 1년이다. 그런데 1398년 9월~12월, 정종 즉위년 기록이 통으로 《태조실록》에 편성됐다. 그래서 정종 즉위년이 없는 것처럼 보이는 것이다.

태종과 인종도 마찬가지다. 태종은 1400년(정종 2) 11월에 정종에게서 왕위를 물려받았는데 이때부터 12월까지 즉위년 기록이 《정종실록》에 실렸다. 중종이 승하하고 인종이 즉위한 것은 1544년 11월이다. 인종 즉위년 11월~12월 기록도 《중종실록》에 수록되었다.

1849년(철종 즉위)	
헌종 15년	철종 즉위년
1623년(인조 즉위)	
광해군 15년	인조 원년(1년)

이제 진짜 즉위년 없이 바로 원년으로 시작되는 태조, 세조, 중종, 인조를 보자.

태조는 건국자다. 즉위한 첫해 1392년이 그대로 원년이 되는 게 당연하다. 이를 '즉위년칭원(卽位年稱元)'이라고 한다. 즉위한 해를 원년으로 칭한다는 뜻이다.

1455년 윤6월 11일. 세조가 즉위했다. 세조의 왕위 계승은 단종의 양위 형식으로 이루어졌으나 실제는 찬탈에 가깝다. 당시 역사 편찬 담당자들은 고민했다. 세조가 즉위한 1455년을 즉위년으로 쓸지 원년으로 쓸지.

> 춘추관에 전지하기를, "지금 계감청에서는 병자년(1456)을 세조 원년으로 칭하였고, 춘추관에서는 을해년(1455)을 원년으로 칭하였으니, 어찌 된 것인가?" 하니, 동지사 양성지 등이 아뢰기를, "세조께서 을해년에 즉위하셨으니, 만약 이 해로 칭하지 않는다면 원래 노산(魯山)에 관계될까 염려됩니다.…" 하니, 임금이 말하기를, "옳다." 하였다.[248]

예종 때였다. 《세조실록》 편찬 중이다. 예종은 실록과 별도로 《무정보감》이라는 역사서를 편찬하라고 계감청을 설치했었다. 계감청은 관례를 따라 1456년을 세조 원년으로 칭했다. 즉위한 1455년을 즉위년으로 본 것이다. 그런데 《세조실록》 편찬 기관인 춘추관은 1455년을 바로 세조 원년으로 삼았다. 즉위년을 없앤 것이다.

'왜 다르지?' 예종은 궁금했다. 그래서 춘추관에 물었다. 양성지 등이 1455년 을해년으로 원년을 삼지 않으면 노산군(단종)과 관계될까 염려된다고 했다. 단종 시대와 다른 세상을 표방한 것이다. 예종은 옳다고 했다. 신숙주 역시 세조가 즉위한 해를 원년으로 삼는 것이 마땅하다고 예종에게 고하였다.[249] 그래서 《세조실록》은 세조가 즉위한 그날부터 세조 원년으로 짜였다.

유년칭원, 즉 즉위 다음 해를 원년으로 칭하는 것은 전왕에 대한 예우의 성격이 있다고 했다. 반정으로 즉위한 중종과 인조는 전왕 연산군과 광해군을 존중하고 예우할 이유가 전혀 없다. 반정의 정당성을 갖추기 위해서도 전왕을 예우해서는 안 된다. 그때와 지금은 전혀 다르다는 점을 강조해야 한다. 따라서 《중종실록》과 《인조실록》에도 즉위년이 없다. 반정한 그날부터 원년으로 기록했다.

정리하면, 조선은 왕이 즉위한 다음 해를 원년으로 칭하는 '유년칭원' 규정을 따랐다. 즉위한 해 연말까지는 즉위년이라고 했다. 하지만 나라를 연 임금과 반정으로 즉위한 임금은 즉위한 해부터 바로 원년을 칭하는 '즉위년칭원' 규정을 취했다.

이제 세조의 편년 문제를 조금 더 들여다보자.

세조는 1455년(을해년) 윤6월 11일에 즉위했다. 《세조실록》은 이 해를 원년(元年)이라고 적었다. 그런데 《국조보감》은 '병자원년(丙子元年)'이라고 썼다. 병자년은 세조가 즉위한 다음 해인 1456년이다. 그러니까 《세조실록》의 즉위년칭원법을 버리고 즉위한 다음 해를 원년으로 삼는 유년칭원법을 따른 것이다.

《국조보감》에 세조 편이 수록된 것은 1782년(정조 6)이다. 노산군이 단종으로 복위된 것은 1698년(숙종 24)이다. 단종이 정통 군주로 공인되면서 그에 대한 존숭의 여건이 마련됐다. 그래서 《국조보감》은 세조가 즉위한 1455년까지 단종의 해로 보고 그 해를 세조 즉위년으로 편년한 것이다. 1456년 병자년을 세조 1년, 즉 원년으로 삼은 것이다.

《국조보감》의 영향으로 대한제국기의 여러 국사 교과서도 1456년을 세조 1년으로 보는 유년칭원법을 따랐고[250] 일제강점기의 각종 신문 역시 세조의 편년을 유년칭원법에 따라 쓰는 경우가 많았다고 한다. 꽤 혼란스러웠겠다. 물론 지금은 《세조실록》의 편년을 따르고 있다.

세조 어진 초본 [출처: 국립고궁박물관]

Ⅶ. 백성을 살려야 한다

호미 대신 죽창

삼정이정청

내 탓이다

대사간을 유배하다

오로지 백성

"씹어라, 삼켜라"

어사라는 사람들

백낙신

무정한 하늘

상위복!

철인왕후도 떠나고

호미 대신 죽창

철종 말년인 1862년(철종 13) 임술년, 거대한 항쟁의 물결이 일어났다. 단성(경남 산청)에서 비롯된 농민 봉기가 진주에서 제대로 터졌다. 이후 제주도를 포함한 전국 70여 고을로 번져 나갔다. 임술년에 일어난 사건이기에 '임술 농민 봉기'라고 한다.

고종 때 일어나는 동학농민운동(1894)이 고부군수 조병갑의 가렴주구에서 촉발됐다면, 철종 때의 진주 봉기는 절도사 백낙신의 탐학이 한 배경을 이룬다.

(2004년에 '동학농민혁명 참여자 등의 명예회복에 관한 특별법'이 제정되면서 '동학농민혁명'이 공식적인 법률용어가 되었다. 관련 기관과 단체들도 대부분 동학농민혁명을 공식 이름으로 사용한다고 한다.[251] 하지만 이 글에서는 한국사 교과서를 따라 '동학농민운동'으로 쓴다.)

알려진 대로, 임술년에 농민들이 일어날 수밖에 없었던 현실적 문제는 '삼정의 문란'으로 말해지는 과도하고 불합리한 세금 때문이었다.

여기에 탐관오리의 가혹한 수탈이 결정적 계기가 되었다. 애옥살이 속에서도 애면글면 살아내던 백성들. 굶어 죽으나 싸우다 죽으나 죽는 건 매한가지. 움켜쥔 손등으로 눈물을 찍으며 죽창을 들었다. 일어나고야 말았다.

문란해진 삼정은 무엇인가.

전정, 군정, 환곡이다. 전정·군정·환곡이면 2정 1곡이지 어찌하여 3정으로 부르나. 환곡이 환정이 되었기 때문이다. 그래서 전정·군정·환정, 이렇게 삼정이 되는 것이다. 한자로 보자. 田政, 軍政, 還政. 끝 자가 다 '政'이다. '政'은 정치를 뜻하는 한자이지만, 세금이라는 뜻도 있다. 삼정의 '정'은 그래서 세금을 의미한다.

전정은 토지세다. 군정은 군역 대상자가 군포로 내는 세금이다. 환곡은 본디 세금이 아니었다. 배곯는 백성에게 곡식을 빌려주고 추수해서 갚게 하는, 일종의 구휼책이다. 그런데 조선 후기에 사실상 세금이 되면서 환정으로도 부르게 되었다. 세금이 되었다는 것은 백성이 납부해야 할 '의무'가 되었다는 뜻이다.

백성들에게 환곡으로 내줄 곡식 창고에 쥐가 들면 곡식이 줄어들겠지. 참새도 마찬가지겠고. 빗물이 스며들면 곡식이 썩기도 한다. 그럼 버려야 한다. 이래저래 자연 손실분이 생긴다. 그래서 손실분을 충당한다는 명목으로, 모곡(耗穀)이라는 명칭의 이자를 징수하게 되었다.[252] 대략 10%였다. 10되를 빌려 갔으면 11되 갚는 것이다.

처음에는 모곡을 각 지방 관아의 운영 경비로 썼다. 중앙 정부로 보내는 것이 아니었다. 그랬는데 시나브로 모곡의 일부를 중앙으로 보내게 되었고 그 양도 점점 늘어났다. 그만큼 나라 재정이 어려웠기 때문이다.

지방 관아 경비로 쓰던 모곡을 나라에서도 긁어가니 모곡의 비율 그러니까 이율도 상승할 수밖에 없다. 빌린 양의 10%였던 이자가 20%가 되고 30%가 되고 지역에 따라 그 이상이 되었다.

이자 무서워 빌리지 않으려 해도 강제로 빌리게 했다. 심지어 빌려준 곡식에 모래를 섞기도 했고, 빌리지 않아도 무조건 일정량의 모곡을 강제 징수하기도 했다. 세금이 되어 버린 것이다.

군정도 환정만큼이나 심각했다.

> 노전마을 젊은 아낙 그칠 줄 모르는 통곡 소리
> 현문(縣門, 관아의 문) 향해 가며 하늘에 울부짖길
> 싸움터에 간 지아비가 못 돌아오는 수는 있어도
> 남자가 그걸 자른 건 들어본 일이 없다네
> 시아버지 삼년상 이미 지났고 아이는 배냇물도 안 말랐는데
> 조자손 삼대가 다 군보에 실리다니
> 가서 아무리 호소해도 문지기는 호랑이요
> 이정은 으르렁대며 마구간 소 몰아가고
> 칼을 갈아 방에 들자 자리에는 피가 가득
> 자식 낳아 군액 당한 것 한스러워 그랬다네
> ……

군정의 참혹한 현실을 비판한 '애절양(哀絕陽)'이라는 작품이다. 사망한 지 3년 지난 시아버지 앞으로 군포 내라는 고지서가 왔다. '백골징포'라는 것이다. 태어난 지 얼마 되지도 않은 아기에게 군포를 내란다. 이게 '황구첨정'이다.

제목 애절양! 슬플 애(哀), 끊을 절(絕)이다. 뭘 잘랐나. 양(陽)이다. 양은 남자의 생식기를 가리킨다. 정약용은 이 시를 짓게 된 사연을 《목민심서》에 밝혔다.

이 시는 1803년(순조 3) 가을에 강진에 있을 때 지은 것이다. 그때 노전에 사는 백성이 아이를 낳은 지 사흘 만에 군보에 들어가고 이정이 소를 빼앗아갔다. 백성이 칼을 뽑아 그 남근을 스스로 자르면서 하는 말이, "내가 이것 때문에 이러한 곤욕을 받는다."라고 하였다. 그 아내는 피가 뚝뚝 떨어지는 남근을 가지고 관아에 나아가 울부짖으며 호소하였으나 문지기가 막아버렸다고 한다. 내가 이 말을 듣고 이 시를 지은 것이다.

백성들에게 임금은 아득히 먼 곳에 있다. 그 존재에 현실감을 거의 느끼지 못한다. 백성에게는 수령이 임금이나 마찬가지이다. 임금이 임명해서 보낸, 임금을 대리하는 그 수령을 통해 임금을 느낀다. 그래서 수령이 잘 다스리면 한양 궁궐에 계신 임금에게 감사하고 수령이 탐학하게 굴면 그런 수령 보내 준 임금을 탓하게 된다. 좋은 수령 만나기보다 나쁜 수령 만날 확률이 더 높다. 세도정치기엔 더 높았다. 별의별

짓 다해서 백성들 후리는 수령이 참 많았다.

좌의정 김흥근이 철종에게 아뢴다. "전후한 어사의 장계들을 보니 열에 일곱 여덟은 모두 탐관오리입니다. 대저 법을 무시하고 멋대로 탐학한 자들의 수법이 한두 가지가 아닌 바, 전결을 훔치거나 관직을 팔고, 송사에 뇌물을 받거나 위협해서 재물을 뺏으며, 창고의 곡식을 교묘하게 농간을 부려 밑천을 만들어서 이윤을 취합니다."[253] 김흥근은 지방관의 70%~80%가 탐관오리라고 했다.

수령을 보좌하는 향리들도 탐학하기는 마찬가지였다. 임기 맞춰 왔다가는 수령과 달리 향리는 터줏대감이다. 지역 사정을 훤히 꿰고 있다. 때로 수령을 속이고 때로 수령을 따돌리고 때로 수령과 손잡고 부정하게 축재했다. 백성을 탈탈 털었다.

관아에서 말단 행정 실무를 담당하던 이들을 보통 서리(胥吏)라고 하는데 글자 앞뒤를 바꿔서 이서(吏胥)라고도 썼다. 또 아전(衙前)이라고도 했다. 지방 관아에 속한 행정 실무자는 읍리(邑吏)라고 했는데 보통 '고을 아전'으로 번역한다. 지금 우리에게는 읍리보다 향리(鄕吏)라는 호칭이 더 익숙하다. 이방·호방·형방, 이런 사람들이 향리들의 대표급이다.

향리가 하는 일은 오늘날 지자체 공무원의 업무와 비슷하다. 그런데 공무원과 달리 조선의 향리들은 보수, 그러니까 규정된 봉급이 없었다. 일종의 역(役)으로 부담하는 일이었기 때문이다. 일반 백성이 군역을 지고 향리들은 향역을 지는 셈이다. 사실 나라 재정이 부실해서 전국의 수많은 향리에게 봉급을 지급하기도 어려웠다.

그럼 어떻게 먹고살라고? 그냥 적절히 '알아서 해먹는' 시스템이었다. 세금 거두면서 조금 떼먹고 무슨 공사 같은 거 하면서 조금 남겨 먹고, 뇌물도 좀 거두고, 적정한 선을 지키며 말이다. 그러나 '적정한 선'은 일찌감치 무너졌다. 독하게 해먹는 향리들이 후대로 갈수록 늘어났다. 향리의 농간을 피하기 어려운 조선의 현실이었다. 그 대가는 백성의 고통이었다.

《경국대전》에 따르면, 각 고을 향리의 정원은 부(府) 34명, 대도호부와 목 30명, 군 22명, 현 18명이다. 하지만 실제는 이보다 훨씬 많았고 점점 증가했다. 19세기 후반에는 아무리 작은 현이라도 향리가 80~90명이었고 큰 부(府)의 향리는 600~700명 정도였다고 한다.[254]

임술 농민 봉기, 불길이 사그라들고 수습되는 과정에서 많은 탐관오리가 처벌받고 귀양도 갔다. 당연히 그래야지. 봉기를 주도했던 백성들은, 사형당했다. 자기 배 불리려 백성을 죽이거나 죽음의 구렁으로 몰던 수령들은 벼슬만 잘렸고 저항한 백성은 목이 잘렸다. 아무리 모질게 해 먹었어도 아무리 심하게 탐학했어도 목 잘린 수령은 없었다….

백성이 세금 때문에 고통스러운 게 탐관오리 때문만은 아니었다. 반듯한 수령이라도 세금 독촉을 할 수밖에 없는 처지였다. 나라에서 지역별로 할당한 액수를 채워야 했기 때문이다.

예를 들어보자. 우리 고을에 할당된 세금이 3억 원이라고 치자. 집마다 나눠 거둬서 그럭저럭 내왔는데 견디기 힘들게 된 농민들 다수가 집을 버리고 도주했다. 이제 수령은 3억을 채우기 어렵다. 그래도 채워야 한다. 어떻게?

김서방네가 산으로 도망갔단다. 큰일이네. 그럼 김서방네 친척에게 받아내라!(족징). 친척도 도망가 버렸다고? 그럼 남아 있는 마을 주민들에게 도망간 사람들 몫을 더 거둬라!(인징). 그래 환곡, 그것도 괜찮다. 빌려준 쌀 되받을 때 이자 팍팍 올려라. 안 빌린다 그러면 억지로 떠맡기고. 뭐라고? 박서방네가 환곡 쌀 떼어먹고 도망갔다고? 할 수 없지, 친척에게, 친척도 없으면 마을 주민들에게 물려라. 공동책임이다!

이러면 안 된다는 걸 수령들도 안다. '아, 내가 이러려고 지방관이 되었나.', '이러고도 내가 목민관(牧民官)인가, 차라리 백성 잡아먹는 식민관(食民官)이라 하지.' 자괴감에 홀로 탄식하는 지방관도 적지 않았을 것이다.[255]

삼정이정청

철종은 박규수(1807~1877)를 경상도 안핵사로 파견했다. 박지원의 손자인 박규수는 이후 평안도 관찰사가 되어 제너럴셔먼호를 제압하게 된다(1866).

1862년(철종 13) 5월 22일. 경상도 지역의 봉기 상황을 살핀 안핵사 박규수가 봉기의 가장 큰 원인으로 환곡의 폐단을 꼽고, 문제 해결책을 제시하는 상소를 올렸다.

박규수는 환곡 문제 등을 풀어갈 전담 관청을 설치하자고 했다. 그 관청 주도로 각계의 다양한 아이디어를 모으고 옛 제도도 참고하여 잘 갈고 다듬어서 개혁안을 만들어 시행하자고 했다. 우선 한 도에서만 신중하게 시작하고 그 과정에서 발견되는 문제점을 보완해 가며 다른 도로 확대 시행하자고 했다.[256]

5월 25일. 철종은 "한밤중에도 여러 번 일어나서 사방의 벽을 돌며 잠을 이루지 못한 지가 오래되었다."고 하면서 "탐욕스러운 수령들이 침학하고 간사한 향임과 교활한 서리들이 주구(誅求)"하여 백성들이

"뼈를 깎는 듯한 원통함과 살을 에는 듯한 고통으로 살 수도 죽을 수도 없으므로" 봉기한 것이라고 진단했다.

그리고 삼정의 "폐단이 극에 이르렀으니 완전히 뜯어고치는 일이 없어서는 안 된다."라고 하면서 비변사에서 주관하여 별도의 청을 설치하여 개혁하고 교정하라고 명한다.[257] 박규수의 제안을 즉각 수용한 것이다.

5월 26일. 철종은 시임 대신과 원임 대신을 삼정 개혁 기구의 총재관으로 삼으라고 지시한다. 그날로 비변사가 철종에게 보고했다. "호조와 선혜청의 당상 및 본사의 여러 재신과 함께 이달 27일에 본사에 회동하되, 청호(廳號)는 이정청(釐正廳)으로 정하겠습니다."[258]

5월 27일. 삼정이정청(三政釐整廳)이 설립되었다. 이(釐)는 고치다, 바로잡다, 라는 뜻이고 정(整)은 정리, 정돈, 할 때의 그 정이다. 삼정이정청은 삼정의 문란을 바로 잡는 관청이라는 의미이다.

신속하게 이정청 설립까지 이른 것은 철종의 강한 의지가 반영된 결과였다. 또한 신료들도 '임술 농민 봉기'의 심각성을 충분히 인식하고 있다는 의미이다. 이날 비변사는 한 도에서 시험적으로 시행하자는 박규수의 의견을 버리고 전국을 대상으로 실태를 조사해서 개혁안을 마련하겠다고 철종에게 아뢰었다. 철종은 그렇게 하라고 했다.[259]

삼정이정청은 총재관, 당상, 낭청으로 구성됐다. 총재관은 원임 대신 3명과 시임 대신 1명, 총 4명인데 정원용(영중추부사), 김흥근(행판중추부사), 김좌근(행판중추부사) 그리고 조두순(좌의정)이다.

당상은 김병기를 비롯해 14명, 실무진인 낭청은 부응교 김기현과 부사과 정기회 이렇게 2명이 맡았다. 김기현과 정기회는 암행어사로 나가 현장의 문제점을 파악한 이들이었다.[260] 이정청 구성원 대개가 비변사 소속이었고 안동김문이 많았다. 박규수는 여기에 포함되지 않았다. 이후 삼정이정청 구성원이 더 늘어나고 교체도 있었다.

삼정이정청 주도로 전국적인 실태 파악과 의견 수렴이 진행되었다. 백성의 부담을 줄이면서 나라 재정을 유지할 수 있도록 궁궐 각종 경비를 줄이고 세금을 내지 않은 채 숨어 있는 토지, 즉 은결을 파악하는 등 다양한 방안이 강구된다.

개혁의 중심은 환곡이었다. 삼정 가운데 가장 문제가 심각한 것이 환곡이라고 판단한 것이다. 전정과 군정은 부세 원칙을 바로 세우고

정원용 묘 (경기 광명)

다잡는 정도로 추진했다. 황구첨정과 백골징포를 금했다.

개혁안 마련의 중심인물은 정원용과 조두순이었다. 정원용은 환곡제 자체를 폐지하는 건 반대했다. 신중하고 보수적인 개혁을 주장했다. 반면 조두순은 적극적이고 과감한 개혁을 지향했다. 김흥근 등이 조두순의 의견을 지지했다. 그래서 조두순의 견해를 중심으로 일이 진행되어 갔다. 드디어 윤8월 7일에 삼정이정절목三政釐整節目)이라는 이름의 개혁안이 마련되었다.[261]

열흘 여 뒤인 윤8월 19일에 이정청에서 철종에게 아뢰었다.

"본청은 오늘부터 철폐하지만, 이후에 무릇 삼정(三政)에 관계된 공문서는 모두 비변사에서 거행하도록 하는 내용을 감히 아룁니다."[262]

철종은 그리하라고 했다. 삼정이정청 폐지다. 불과 100일 정도 유지되고 만 것이다. 개혁이 실패해서 삼정이정청을 없앤 것이 아니다. 삼정이정청의 본디 역할이 여기까지, 그러니까 개혁안을 마련하는데 있었던 것이다. 이후 실무는 비변사에서 맡아 진행하는 것이다. 이 부분이 많이 오해되고 있다.

삼정이정절목이라는 개혁안의 핵심은 파환귀결(罷還歸結)이었다. "환(환곡)을 파하고 결(토지)로 돌린다"는 말이다. 강제적 세금이 되어 있던 환곡제를 폐지한 것이다[罷還]. 환곡을 없애면 나라로 들어오는 세금이 크게 줄어든다. 그래서 보완책으로 토지에 새로운 세금을 매겼다[歸結].

그 대신 토지에 규정된 법적 세금 외에 잡다한 명목으로 징수해온 세금은 걷지 못하게 했다. 땅 가진 이들의 부담이 더 늘어나게 되지만, 땅 없는 다수의 백성은 환곡 부담에서 벗어나게 된다. 일단, 좋다.

그런데 실제 추진 과정이 매끄럽지 못했다. 환곡과 무관한 항류곡(恒留穀, 예비곡)을 마련하는 과정에서 다시 백성에 대한 부담이 가중됐다. 땅 가진 이들이 자기네가 내야 할 세금을 땅 없는 소작농에게 떠넘기는 현상도 여전했다.

기대치가 올라갔던 백성들의 불만이 여기저기서 터져 나왔다. 소요도 일어났다. 환곡의 폐단이 삼남 지역은 정말 심각했다. 하지만 별문제 없는 지역도 있었다. 그런데 지역의 특수성을 고려하지 않고 일괄적으로 전국적인 개혁을 추진했다. 그래서 불만의 소리가 다양하게 나왔다. 경기도 광주가 특히 뜨거웠다.

1862년(철종 13) 11월 3일, 비변사에서 철종에게 아뢰는 말 중에, 일전에 광주 백성들이 원통함을 호소한다며 여러 날 시끄럽게 굴었다는 내용이 있다. 수많은 군중이 모였다고 했다. 《비변사등록》에 나오는 내용인데, 모인 인원이 얼마나 되는지 시위 장소가 어디인지 명확히 드러나지 않는다.

그런데 다른 사료에 의하면, 10월에 6, 7만 명의 광주 백성들이 도성으로 들어가 조두순과 정원용의 집 앞에서 5, 6일 동안 시위를 벌였다.[263] 개혁 실무 대표 격인 두 사람의 집으로 몰려가 시위한 것은 곧 개혁을 취소하라는 얘기다. 지금도 6~7만 명이 모여 시위하는 건 쉽지 않다. 당시 형편으로 볼 때 어마어마한 인원이 모인 것이다. 아무래도 시위 규모가 실제보다 꽤 부풀려진 것 같다. 그렇지만, 대규모의 지방민이 상경해서 도성 안으로 들어가 시위했다는 자체가 큰 사건이었다.

결국, 비변사는 개혁을 포기한다. "파환귀결"을 폐기하고 옛 제도로 다시 돌아가는 결정을 내렸다. 없애려고 했던 환곡을 없애지 못했다. 삼정이정, 시작부터 이렇게 끝나기까지 6개월이었다.

너무 서둘렀다. 완전 시행에 100년이나 걸린 대동법은 차치하더라도 균역법도 몇 년간의 준비 기간이 있었다. 철종 대의 삼정이정책은 조정 논의가 충분하지 못했고 합의를 이루지도 못했고 또 지방마다 다른 현실도 고려되지 않았다.

점진적인 개혁을 말했던 박규수와 달리 비변사는 전국에 동일하게 적용되는 대책을 쫓기듯 마련하고 공포했다. 백성들의 반발에 효과적으로 대응할 힘도 지혜도 없는 상태에서 수백 년 켜켜이 쌓인 모순을 단 몇 개월에 매조지려고 하는 조급함을 드러냈다. 그러다가 주저앉고 말았다.

하지만 소 잃고 외양간 고치는 건 한심한 일이 아니다. 잘하는 거다. 최선은 아니었으되 차선은 된다. 고쳐야 다시 잃지 않는다. 삼정이정청, 비록 성과를 내지는 못했으나 개혁을 시도한 것은 의미 있는 일이다. 아무것도 하지 않고 엎드려 있는 것보다, 실패하더라도, 해보려고 애쓰는 것이 훨씬 값지다.

다만, 백성들이 봉기하기 전에 미리 추진했다면 어땠을까, 하는 아쉬움이 있다. 일찍이 1854년(철종 5)에 김좌근이 환곡제의 개혁을 주장했었다. 백성에게 혜택을 주려고 시작한 제도가 이제는 백성의 고혈(膏血)을 남김없이 짜내고 학대하는 주범이 되었다고 지적했다. 김좌근은 수령과 향리의 농간을 아울러 비판하면서 대대적인 변통과 경장[大變通大更張]의 필요성을 역설했었다.²⁶⁴

다른 사람도 아니고 안동김문의 실세 김좌근이다. 그때 철종이 의욕적으로 환곡제 개혁의 시동을 걸었다면, 과속하지 않고 차분하게 장기적인 안목으로 일을 진행해 갔다면, 좋은 그림이 그려졌을지도 모른다. 타이밍을 잘 잡는 것도 지도자의 능력이다.

위기가 곧 기회라고 한다. 철종에게 임술 농민 봉기는 분명한 위기였으나 기회이기도 했다. 신료들이 움츠리는 상황에서 정치 쪽의 개혁도 시도해 볼 수 있었을 것인데 그런 면은 잘 보이지 않는다. 다만 백성들의 봉기가 계속되던 시기에, 민폐의 온상이 돼 버린 서원에 손을 댄 것은 의미심장하다.

1862년(철종 13) 5월, 철종은 자신이 재위한 13년 동안 세워진 전국 서원 가운데 사액하지 않은 서원을 철폐하도록 지시했다.²⁶⁵ 서원을 중심으로 지방 양반 세력이 결집해 있고 또 조정과도 연결되어 있는 마당에 이런 개혁을 시도한 것은 의미 있다. 전면적인 서원 철폐는 고종 때 가서 흥선대원군에 의해 이루어진다.

내 탓이다

철종이 즉위하던 날 권돈인이 아뢰었다.

옛날의 인군 중에는 혹 여염집에서 생장하여 깊이 백성들의 질고를 알아서 이를 정치의 근간으로 삼았습니다. 치국의 근본은 백성을 사랑하는 데 있고 백성을 사랑하는 근본은 오직 절검하는 데 있습니다.

하늘이 장차 대임을 내리실 때는 반드시 먼저 그 마음을 수고롭게 하는 것인데, 전하께서는 이미 그러한 노고를 겪으셨으니, 어찌 하늘의 뜻이 오늘날에 있었던 것이 아니었음을 알겠습니까.

전하께서 대임을 감당해내실 수 있는 것은 오직 '무망재거(無忘在莒, 고생하던 때의 일을 잊지 아니함)' 하는 데 있습니다. 항상 경계하고 항상 강화에 계실 때를 잊지 아니하신다면 절검애민(節儉愛民)은 저절로 따라오게 될 것입니다. 오늘부터 경사(經史)를 보시되 성심을 다하시고 부지런함을 다 하시옵소서.[266]

염자보민 현판 [출처: 국립고궁박물관]
철종 친필이다. "念玆保民(염자보민)"은 "백성을 보호할 것을 생각하라"라는 의미이다. 1860년(철종 11)에 제작된 현판으로 창덕궁 어느 건물엔가 걸렸던 것이다.

    이보다 따듯할 수 없다. 철종은 강화 유배 생활을 콤플렉스로 여길 텐데 권돈인은 오히려 그걸 철종만의 장점으로 평했다. 훌륭한 임금이 되게 하려는 깊은 뜻에서 하늘이 유배라는 고통을 내렸던 것이라고 위로했다. 백성들의 현실을 직접 보고 듣고 느꼈던 강화에서의 경험을 잊지 말고 기억하시라!
    의례적인 덕담이 아니다. 철종은 권돈인의 말에서 위안을 얻었을 것이다. 눈물이 핑 돌았을지도 모른다. 철종이 다른 임금들과 다른 점은 백성을 안다는 것이다. 그들의 곤궁함을, 그들의 간절한 소망을 실제로 알고 있었다. 그래서 즉위 초부터 마지막까지 백성에 대한 관심을 끊지 않았다. 권돈인의 요청대로 강화에 있던 때를 잊지 않았다. 권돈인의 뜻을 따랐다기보다는 애초 권돈인과 같은 생각을 하고 있었을 것이다.
    '임술 농민 봉기' 십 년 전인 1852년(철종 3), 철종이 말한다.
    "삼정은 국가의 대정(大政)인데, 지금 삼정이 모두 병들어서 민생이

고달프고 초췌해졌다. 그중에서도 적정(환곡)은 가장 백성의 뼈에 사무치는 폐단이 되었다. … 심지어 나누어 주지도 않은 곡식을 납부하라고 독촉하니, 슬프다."

일찍부터 삼정이 문란함을 제대로 꿰고 있던 철종은 수령들에게 백성을 각별히 돌보라고 명했다.[267] 환곡을 바로잡아 백성의 골수에 사무치는 억울함을 덜어주도록 하라고도 했다.[268]

재위 기간 내내 '백성'을 입에 달고 살았다. 지방관으로 임명받아 떠나는 관리마다 불러 만나서 "오직 우리 백성이 편안해지도록 도모하여 내가 구중궁궐에서 늘 하는 근심을 조금이라도 덜어달라."고 간절하게 당부했다.[269]

백성 삶이 나아지는지, 수령은 선정을 베푸는지 끊임없이 살피었지만, 탐관오리의 횡포가 여전하였다. 실망한 철종이 한탄한다.

"탐관오리의 해로움은 홍수, 맹수보다 심하다. 그들이 백성을 수탈하여 파산시키면서 자신만 살찌우는 게 지금 세상 풍조이다. 호소할 곳조차 없는 우리 백성들이 결국은 굶어 죽어 구렁을 메우는데도 구휼하지 않으니 이게 나라인가."

누구 잘못인가? 철종은 말한다. "내가 왕위에 오른 이후 이 폐단을 궁구하여 그동안 수없이 명령하고 타일렀는데도 효과가 나타나지 않으니, 이는 첫째도 과인의 허물이요, 둘째도 과인의 허물이다."

1854년(철종 5), 철종이 작심하고 명령한다.

"이제부터 감사와 수령을 막론하고 백성을 괴롭히는 행위가 있다고 들리는 자가 있으면 단연코 갑절을 더 하는 형률로 처리할 것이니,

성심으로 왕명을 천하에 알리라. 승정원으로부터 8도의 관찰사 등과 4도의 유수에게 명하여, 그들이 각 지방의 수령에게 알리게 하라."[270]

탐관오리에 대한 처벌 수위를 두 배로 올리겠다는 경고다.

철종은 홍수 등 재해 입은 백성들의 처지를 걱정하여 세금을 면해주고 식량을 제공했다. 가을에 큰비가 오면, 다 익은 벼가 물에 잠기겠구나, 생각하며 농군처럼 아파했다. "하찮은 이 한 몸이 만백성 위에 의탁하여 있으므로 한번 비가 오고 한번 날이 개는 데 따라 항상 마음이 놓이지 않았다."[271]라고 했다. 비가 너무 와도 걱정, 안 와도 걱정이다.

가뭄이 심각했던 1853년(철종 4)에는 이런 글을 내렸다.

> 내가 부덕한 몸으로 외람되게 왕업을 이어받아서 밤낮으로 근심하고 두려워하느라 감히 편안하게 지낼 겨를이 없었는데, 이제 이 심한 가뭄은 어찌하여 그러한가? 기우제를 여러 번 올렸어도 신령의 응험은 오히려 아득하니, 민정(民情)을 생각하면 마음을 가눌 수 없다. 재앙은 헛되이 생기지 않으니 반드시 그 이유가 있을 것이다.
> 민생이 곤궁해도 구제할 수 없고 법령이 막혀도 쇄신할 수 없고 재물과 곡식이 다 없어져도 절약하지 못하고 탐묵(貪墨, 탐욕스러운 짓)이 횡행해도 징계하여 다스리지 못하니, 첫째도 과매(寡昧, 덕이 부족하고 우매함)한 나의 죄요, 둘째도 과매한 나의 죄이다.[272]

가슴만 친다. 또 자책이다. 그런데 철종은 글의 끝을 이렇게 맺었다. "대소 신료들은 모두 잘 알라." 모든 걸 자신의 잘못으로 말하면서도, 신하들이 뭔가 깨닫고 반성하기를 바라는 마음을 행간에 담은 것이다.

이세보 등을 청나라에 사신으로 보낼 때다. 철종은 사신단에게 몇 가지 중요한 당부를 하는데,[273] 그 가운데 하나, "오가는 길 우리 백성들의 농사 형편이 어떠한지 상세하게 탐지하여 오라!" 외국 가는 사신에게까지 백성 삶을 제대로 살펴서 알려달라고 했다.

임금들 대개가 말로만 백성을 걱정하고 위로했지 진심으로 그리고 지속적으로 백성을 살피고 염려하지는 않았다. 형식적인 위로의 말조차 내리지 않은 경우도 있었다. 순조 때다. 33살 신하 정원용이 26살 임금 순조에게 아뢰었다. 정원용은 거듭된 기근으로 백성들이 몹시 고달픈 시기라고 하면서 말했다.

"삼남과 경기 지방에서 지금 한창 크게 구휼을 행하는 중인데도 이를 독려하는 한 말씀이 없고, 곧 봄갈이가 시작되어 때맞춰 도와야 하는데도 권고 격려하는 한 말씀이 없었으며, … 백성들의 말에 만약 '우리가 믿는 바는 오직 우리 임금님인데 우리 임금님은 우리 백성들에 대하여 불쌍히 여기고 사랑하며 구제하려는 마음이 전혀 없다.'고 말한다면, 전하께서는 장차 그 책임을 어떻게 모면하시겠습니까?"[274]

사실상 신하가 임금을 꾸짖은 것이다. 임금이시여, 제발 백성들의 삶과 처지에 관심을 좀 가지시라! 철종은 달랐다. 재위 10년이 되어도 변함이 없었다.

지방관의 정해진 임기를 다 채우게 하라고 명했다. 그동안 수령들이 너무 자주 바뀌었다. 나그네처럼 왔다 가는 경우가 흔했다. 그러면 백성에게 정성을 다할 수 없다. 철종은, 이를테면, 잦은 이임식과 취임식으로 백성만 더 고달프다고 지적했다.[275] 수령 잠시 머물다 떠나는 고을은 향리들이 더욱 활개 치며 백성을 수탈하기 쉽다.

철종왕릉 예릉 장명등 (경기 고양)

"방백과 수령 가운데 탐오함이 가장 극심한 자는 침실의 벽에 다 써놓았다는 것을 이미 하교한 바 있다."[276]

각도 관찰사와 전국 고을 수령 가운데 백성을 심하게 수탈한다는 자의 이름을 잠자는 방 벽에 써 놓을 정도로 이 문제를 고민하고 또 고민하고 있었다. 철종은 궁궐 깊은 곳에 있는 자신도 누가 탐관오리인지 알고 있는데, 그렇다면 조정 신하들도 알고 있을 것인데, 어찌하여 양사는 입 다물고 있는가, 꾸짖었다.

양사 특히 사헌부가 하는 일이 중앙과 지방 관리들의 부정부패를 파악하고 탄핵하는 것인데 어찌 잠자코만 있는 것인가! 철종은 사헌부 관원들을 모조리 파직했다. 정적(政敵)을 조정에서 몰아낼 때는 그리도 극렬하게 끈질기게 "처벌하소서" 외쳐대는 사람들이 백성 잡는 지방관의 횡포는 모르는 척 외면하고 벙어리 행세다.

1860년(철종 11). 철종이 관찰사에게 이런 명을 내렸다.

내가 궁 안 깊은 곳에 있어도 전국 민생의 처지가 어떠한지 들어 알고 있다. 탐관오리의 착취와 약탈로 백성들이 떠돌고 흩어지고 있으니 몹시 가슴 아프다. 수령 중에 훌륭한 이들도 있다만, 대개 수령이 거리낌 없이 재화를 탐하고 자기만 이롭게 하는 걸 능사로 여기고 있다. 이는 조정의 기강이 무너졌기 때문이다.

이제부터 각도의 관찰사는 지역 수령을 꼼꼼하게 살펴서 정식 세금 외에 단 1전이라도 함부로 징수하는 자를 적발하면 즉시 보고하라. 그것이 우리 백성에 대한 사과이다. 만약 사사로운 정에 이끌려 수령의 비리를 숨기고 아뢰지 않으면, 이는 나라를 배반하는 죄를 범하는 것이다.[277]

어느 날 철종이 조정 신하들에게 묻는다. "지금도 뇌물이 오가는가?" 당연하지. 그걸 철종이 모를 리 없지만, 짐짓 물어본 것이다. 그리고 덧붙인다. "뇌물이 성행하면 그 피해가 백성에게 돌아가지 않고 장차 어디로 돌아가겠는가?"[278] 또 백성 걱정이다.

대사간을 유배하다

사간원은 임금의 처사를 따져 비판하는 간쟁(諫爭)을 주 업무로 한다. 신하들의 잘잘못을 밝혀 비판하는 것도 역시 이들의 일이다. 중앙과 지방의 관리를 감찰하는 기구인 사헌부도 사간원과 함께 간쟁을 행한다. 그래서 이들을 묶어 양사(兩司)라고 부른다.

말이나 글로 임금을 논박하는 간쟁 행위를 언론(言論)이라고 했다. 때로 홍문관도 양사처럼, 간쟁을 했기에 이들을 통틀어 삼사(三司), 언론 삼사라고 했다. 임금은 비위가 상해도, 원칙적으로, 삼사의 간쟁을 금하거나 삼사의 관리를 처벌할 수 없었다. 간쟁은 삼사의 권리이자 의무였다.

'언론'이라는 단어의 쓰임새가 조선시대와 지금, 비슷하면서도 좀 다르다. 조선시대 '언론'은 임금과 신하들의 잘못을 지적하고 시정을 요구하는 행위에 방점이 찍힌다. 오늘날의 '언론'은 사회 전반에 대한 비판 기능을 포함하되 우선 뉴스를 전하는 것이 기본적인 행위로 인식된다.

사헌부나 사간원을 감사원이나 검찰청에 비유하기도 한다. 관리 탄핵이라는 면에서 적절하지만, '간쟁' 업무에 관해서는 현실적으로 그렇지 않다. 작금에 간쟁 기능은 국회 야당에서 맡고 있다고 할 수 있다. 삼사가 간쟁 행위로 처벌받지 않는 권리를 가졌던 것처럼 국회의원들도 불체포특권을 누린다. 조선시대 임금은 늘 '야당'(삼사)을 곁에 두고 살았는데 현대 대통령은 그렇지 않다. 너무 멀다.

삼사는 임금의 독단이나 대신들의 전횡을 막아서 조정을, 나라를 바른길로 이끄는 역할을 했다. 시기에 따라 삼사의 힘이 강할 때도 있었고 약할 때도 있었지만, 어쨌든 소금과도 같은 존재였다. 그러나 삼사가 제 권한을 악용하여 조정을 너저분한 싸움장으로 만드는 경우가 적지 않았다. 나라와 백성의 이익이 아니라 자기 당파, 자기 세력의 이익을 위해 상대 쪽을 죽일 듯 욕하고 공격하는 일이 흔했다. 말이 지나치게 살벌하고 난폭하기도 했다. 간쟁도 그렇다. 훌륭한 임금이 되기를 바라는 맑은 충정이 아니라 공연히 딴지 걸고 어깃장 부려서 임금의 기를 꺾고 손발을 묶으려는 속셈으로 펼치는 간쟁이 적지 않았다.

1861년(철종 12), 철종은 사간원 수장인 대사간 임백수를 엄하게 꾸짖고 평안도 중화부로 귀양 보낸다. 이럴 때 우리는 대사간이 왕을 너무 심하게 비판해서 처벌했나보다, 여긴다. 원칙적으로 그러면 안 되지만, 임금이 삼사의 간쟁이나 신하에 대한 탄핵 행위를 문제 삼아서 삼사 해당 관원을 벌한 경우도 꽤 있었다.

그런데, 사실은, 반대였다.

"언책(言責, 간쟁)을 지고 있지 않은 자도 오히려 시사를 진언(進言)하는데, 대각(臺閣, 사간원과 사헌부)의 자리에서 도리어 적요하게 말이 없으니, 혹 풍문으로 전하는 것도 듣지 못하여서 그러하단 말인가? 어물거리며 말하지 않는 것이 비록 풍습을 이루었다고 하더라도 사체(事體)가 진실로 지극히 한심하다."279

삼사 관원이 아닌데도 나랏일을 걱정하여 말하는 이들이 있는데 어이하여 꼭 말해야 할 대사간은 맨날 입 꾹 다물고 조용히 있느냐고 호통친 것이다. 복지부동, 무사안일, 직무유기. 철종이 오죽했으면 대사간을 유배 보냈을까. 한심하다고 했을까. 싸움질보다 더 심각한 것은 무책임한 침묵이다.

오로지 백성

어느덧 재위 13년, 1862년. 자나 깨나 백성 걱정, 머릿속에서 가슴속에서 떠나지 않았건만, 백성은 일어났다. 임술 농민 봉기.

> 도저히 살아갈 수 없게 된 백성들이 탄식과 원망 끝에 일어난 것이다. 그들이 하고 싶어 그랬겠는가. 이렇게 된 것은 우선 내가 부덕하여 백성을 잘 다스리고 이끌지 못했기 때문이고, 신료들이 백성을 잘 보살피지 못했기 때문이다. 내 스스로 돌아보니 부끄럽기만 하다.[280]

진주 백성의 봉기 소식을 들은 철종, 얼굴이 붉어졌다. 감히 소요를 일으켜? '건방진' 백성에게 분노한 게 아니다. 스스로 부끄럽고 백성한테 미안해서 얼굴이 달아오른 것이다.

철종이 호남 선무사로 내려가는 조귀하에게 이런 말을 했다.

"익산과 함평 두 고을의 변란이 달마다 발생하였으므로 듣고서 놀랐는데, 이는 관에서 무휼(撫恤, 어루만져 구호함)하지 못하여 그렇게 된 것은 아닌가? 만일 탐학한 정사가 없었다면 반드시 절박한 억울함이 없었을 것이고, 또한 반드시 패악한 일도 없었을 것이니, 전후의 사유를 따져보면 수령의 죄인 것이다."[281]

수령의 죄가 정말 크다. 그런데 탐관오리만이 문제가 아니었다. 토호(土豪)들 역시 백성을 쥐어짰다. 1862년(철종 13) 8월, 철종이 명한다.[282]

"토호들의 횡포를 몇 번에 걸쳐 금했었다. 이들이 향리와 결속해서 백성을 수탈하는 게 나라의 근심이다. 이들에게 백성이 끊임없이 시달림을 당하니 불쌍한 백성들이 어떻게 살아갈 수 있겠는가. 앞으로도 이런 짓을 범하는 토호는 강력하게 처벌하겠다.

각 도의 관찰사는 백성을 탐학하는 토호를 조사하여 보고하라. 만약 못된 토호를 아는 사람이라 하여 숨기고 보고하지 않으면 그 관찰사도 처벌하겠다. 이 내용을 전국 방방곡곡에 내걸어 토호는 물론 모든 백성이 알게 하라."

토호는 대개 지방 양반이다. 그들도 음으로 양으로 조정 신료, 관찰사, 수령, 향리와 연결되어 있다. 지방 여론의 주체이기도 하다. 그런데도 철종은 토호 세력에게 직접 강력한 경고를 보낸 것이다.

인조 때 대사헌 장유가 임금에게 이런 말을 했다. "사족(양반)에 대해서 백성은 마치 그림자나 메아리 역할을 하는 데에 불과하다고도 하겠습니다. 그래서 신이 일찍이 백성의 마음을 차라리 잃을지언정 사족의 마음을 잃어서는 안 된다고 말했던 것입니다."[283]

이게 지배층 대개의 속마음이다. 입으로는 백성을 말해도 내심 백성을 그림자에 불과한 존재로 인식하는 것이다. 대개 임금의 내심도 이러했을 것이다. 백성의 마음을 잃어도 사족의 마음을 잃어서는 안 된다!

하지만, 철종은 내심도 백성이었다. 이처럼 절절히, 진실로, 백성의 처지를 걱정하고 고뇌하고 어떡해서든지 민생을 돌보려고 애썼던 군주가 도대체 얼마나 되랴. 그럼에도, 임술 농민 봉기는 임금 철종의 잘못이다.

허나 그에게 독박을 씌우는 건 옳지 않다. 홍경래의 난(1811)이 순조 때문에 일어났다고 콕 찍어 말하지 않으면서, 동학농민운동(1894) 발발이 고종 때문이라고 못 박지 않으면서 임술 농민 봉기만 철종이 무능했기 때문이라고 규정하는 것은 형평성에서도 어긋난다.

오랜 세월 쌓이고 쌓인 백성의 분노가 하필 철종 말년에 터진 것이다. 모든 죄를 철종에게 물어서는 아니 되는 것이다. 알려진 것처럼, 철종이 정치에서 손을 놓고 백성들이 죽어 나가든 말든 신경 안 쓰고 주색에 빠져 살았다면, 욕먹어도 싸다. 당연히 욕해야 한다. 하지만 철종은 그렇게 살지 않았다.

"씹어라, 삼켜라"

탐관오리를 해결하는 방법은 탐관오리가 되지 않을, 훌륭한 인물을 수령으로 파견하는 것이다. 그런데 이게 말이 쉽지, 보통 어려운 일이 아니다. 지방관 추천을 신하들이 한다. 그들은 대개 자신들의 이권과 관련된 사람을 지방관으로 추천한다.

철종이 이 문제를 짚었다. "수령을 신중히 선택해야 하는 것은 어느 때인들 그렇게 하지 않을 수 있겠는가마는, 지금은 이전보다 갑절이나 더 절실"하니, 제발 제대로 된 사람을 추천하라고 비변사에 일렀다.[284] 거듭 말했지만, 잘 되지 않았다.

그래서 철종은 탐관오리를 적발하고 처벌함으로써 백성을 위로하고 지방관을 경계하려는 수단으로 암행어사 제도를 적극 활용한다. 세도정치기 순조 34년간 14회, 헌종 15년간에는 4회에 걸쳐 암행어사를 파견했는데 철종은 재위 14년 동안 암행어사를 8회 파견했다.[285] 순조가 평균 2.4년에 한 번, 헌종이 3.8년에 한 번꼴이고 철종은 1.8년에 한 번꼴이다.

1854년(철종 5)에 경상좌도 암행어사로 다녀온 박규수가 전·현직 수령과 군지휘관 17명을 처벌하고 2명은 상을 주시라고 보고했다. 1857년(철종 8)에는 충청도 암행어사 서승보가 15명 처벌, 1명 포상 요청이라는 결과를 아뢰었다.

   암행어사가 모든 수령에게 저승사자인 것은 아니다. 백성을 잘 보살피는 수령에게는 천사가 되어 상 받고 승진하게 해준다. 그런데 상과 벌의 대상이 경상좌도 2:17, 충청도 1:15다. 다른 지역도 비슷했다. 얼마나 많은 백성이 얼마나 많은 지역에서 수령의 가렴주구에 시달리고 있는지 보여주는 사례이기도 하다.

   제주도 암행어사 심동신은 제주목사, 전 제주목사, 전전 제주목사 등을 한꺼번에 탄핵했다. 가혹하게 백성을 착취하는 행위가 관례가 되어 계속 이어지고 있음을 보여준다. 물론 다른 지역도 형편이 다르지 않았다.

   심각한 재해나 백성 봉기 같은 사건이 발생하면 임금은 우선 안핵사, 선무사 등을 현지에 파견한다. 안핵사와 선무사는 정식 관직이 아니라 특정 상황이나 사건을 처리하는 일회성 직책이다.

   안핵사(按覈使)는 특정 사건의 발생 원인과 전말을 조사하고 또 해결 방안까지 찾아서 임금에게 보고하는 것이 주 임무이다. 반면에 선무사(宣撫使)는 해당 지역의 백성들을 다독이고 위로해서 성난 민심을 달래는 일을 주로 했다.

   안핵사가 객관적이고 사무적인 성격의 업무를 맡았다면, 선무사는 감성적인 느낌의 업무를 수행했다고 할 수 있다. 백성을 바라보는 눈빛도 안핵사와 선무사가 서로 달랐을 것 같다. 하지만, 실제 현장에서는 안핵과 선무의 역할이 명확히 구분되지 않을 때가 잦았다. 선무하며 안핵하고, 안핵하고 선무하는 식이었다.

1862년(철종 13) 임술년, 삼남의 백성들이 봉기하자 철종은 안핵사 등과 별도로 암행어사를 다시 파견했다. 이때 경상도, 전라도, 충청도로 보낸 어사가 다해서 10명이나 되었다. 10명 중 40대 이상은 3명이었고 나머지 7명은 30대였다. 10명 어사 가운데 제일 젊은 사람은 1858년(철종 9)에 급제한 임승준으로 경상좌도 암행어사로 나갈 당시 30세였다.[286] 체력, 정신력, 사명감, 모두 파릇한 암행어사들이 삼남 지방을 누비며 본연의 역할을 수행했다. 민란이 진정되는데 일정한 기여를 했다.

"씹어라."

"삼켜라."

경상우도 암행어사 이인명이 어느 고을 향리에게 명했다. 향리는 도저히 입에 넣을 수 없는, 시커멓게 썩은 쌀을 입안 가득 넣고 씹어 삼킨다. 그따위 쌀을 백성들에게 환곡으로 떠넘기고 새 쌀을 몇 배로 징수하던 향리였다. 썩은 쌀을 씹고 있는 향리의 얼굴에서 눈물이 흐른다. 이를 지켜보는 백성들도 운다. 향리의 눈물과 백성의 눈물, 같은 눈물이면서 전혀 다른 눈물이다.

평상시 암행어사는 암행을 통해 수령의 잘못을 찾아 밝히는 일을 주로 하지만, 이때는 수령 감찰 업무와 함께 민란 발생의 원인을 파악하고 대책을 마련하며 백성의 하소연을 들어주는 일까지 했다. 어사,

안핵, 선무의 역할을 겸한 셈이다. 따라서 어사 신분을 드러내고 활동하는 경우도 있었다.

암행어사가 수령의 탐학을 밝혀 보고해도 그 수령을 감싸는 중앙 고위 관료의 농간으로 처벌이 내려지지 않는 경우가 잦았다. 하지만 당시는 백성들이 분노하여 일어난 상태다. 봐줄 수 없는 상황이다. 죄가 명확한 수령은 처벌을 면치 못했다. 관찰사도 예외가 아니었다.

> "전 완백(完伯, 전라도 관찰사) 김시연은 일찍이 개성유수로 있었을 적에 용서받지 못할 죄를 범하였는데도 은총이 변함없었으니, 그로서는 당연히 감격하여 보답하기를 도모했어야 합니다. 그런데 동번(東藩, 여기서는 강원도)에 관찰사로 나가서는 개성에서보다 학정이 더 심했고, 호남에 관찰사로 나가서도 구습을 고치지 않고 더욱 제멋대로 탐욕을 부렸습니다."[287]

사헌부 집의 윤치현이 상소하여 김시연의 죄를 아뢰고 처벌을 요청했다. 김시연이 개성유수 때도, 강원도 관찰사 때도, 전라도 관찰사 때도 변함없이 탐학했다. 습관성 가렴주구라고 할까. 전라도 관찰사 때만 따져도 부정축재한 금액이 백낙신보다 더 많았다고 한다.

철종은 전라우도 암행어사 이후선을 불러 김시연의 죄를 구체적으로 확인했다. 철종은 불쌍한 전라도 백성들이 김시연의 학정을 견디지 못하고 봉기했다고 진단하면서 조정은 그를 버리지 않았는데 그가 조정을 저버렸다며 분개했다. 철종은 김시연을, 단순 탐관오리가 아니라,

역신(逆臣)으로 규정했다.

"생각하면 분통이 터져 차라리 말하고 싶지도 않다. 금부도사를 보내어 즉시 잡아다가 가두게 하라."[288] 하였다. 며칠 뒤 철종이 명했다. "잡아 가둔 죄인 김시연을 파면하여 서인(庶人)으로 만들고 제주목에 위리안치시키되, 길을 3배로 걸어 압송하여 가게 하라."[289] 철종이 얼마나 화가 났으면 양반 신분을 박탈해서 서인으로 만들고 유배 가는 길을 돌아 돌아 3배로 늘려가게 했을까.

어사라는 사람들

1462년(세조 8)에 세조는 전국 팔도에 어사를 파견하면서 몇 가지 지침을 내린다. 그 가운데 하나가 처벌이 필요한 지방관에 대한 조치 방법이다. 세조는 탐학, 부정의 증거가 명확한데도 조사에 응하지 않는 지방관은 고신(告身, 관직 임명장)을 압수하고 가두어 국문하라고 했다.[290]

고신을 거둔다는 것은 수령직을 정지시킨다는 의미이다. 보통 봉고파직이라고 한다. 업무 정지라는 상징적인 의미와 함께 현장 보존을 위한 조치로, 관아 창고를 닫아 봉하고[封庫] 파직(罷職)한다는 의미이다. 여기서 '파직'은 현대적 의미의 '파면'과는 다르다. 임금은 어사의 보고서와 구두 보고를 바탕으로 해당 수령에 대한 최종 처벌을 결정한다.

어사가 모든 수령을 바로 봉고파직할 수 있는 것은 아니다. 세조는 처벌 대상이 당상관 급의 지방관일 경우에는 임금에게 먼저 보고하고 지시를 받아서 행하라고 했다. 당하관 수령만 어사가 직접 벌할 수 있

마패 앞면 [출처: 국립고궁박물관]

마패 뒷면 [출처: 국립고궁박물관]

게 한 것이다. 어사의 권한 한계를 지정해 준 세조의 지시는 이후 일종의 기준이 되었다.

관리들은 관직과 함께 일종의 계급인 품계를 받는다. 1품~9품인데 품마다 '정'과 '종'으로 나뉘니까 모두 18등급이 된다. 정1품에서 정3품 통정대부까지가 당상관이고 정3품 통훈대부 이하는 당하관이다. 같은 정3품이라고 해도 당상관과 당하관에 대한 인식과 대우에 차이가 꽤 컸다.

지방 현의 수령인 현감은 종6품, 현령은 종5품이다. 군의 수령인 군수는 종4품, 도호부의 수령인 도호부사(부사)는 종3품이다. 오늘날 도지사 격인 관찰사(감사)는 종2품 관직이다. 종2품이면 당상관이니 어사의 직접 처벌 대상이, 원칙적으로, 아니다.

임금은 어사에게 마패와 함께 유척을 주어 보낸다. 마패는 역에서 관리하는 말을 쓸 수 있는 증명이면서 암행어사의 증표이기도 했다.

병조가 관할하는 상서원에서 발급했다.

유척은 길이를 재는 자다. 지방 관아에서 세금 받는 그릇, 이를테면 되의 크기를 규정대로 했는지, 아니면 늘렸는지 재는 용도다. 어떤 농민이 세금 낼 쌀 10되를 넉넉하게 담아서 관아에 왔다고 치자. 관아 되로 쌀을 담아보니 8되밖에 안 된다. 향리는 2되가 모자란다며 더 가져오라고 다그친다. 관아에서 규정보다 큰 되를 쓴 것이다. 유척을 이런 짓 적발하는 데 쓴다. 한편 유척으로 곤장의 크기도 재서 규정보다 큰 매를 썼는지도 확인했다.

어사로 뽑힌다는 건 큰 영광이다. 하지만, 고통스러운 일이기도 하다. 체력이 받쳐 줘야 한다. 기껏 고생하고도 업무 문제로 처벌받는 경우도 종종 있었다. 보복당하기도 했다. 그럼에도 대부분의 암행어사는 힘 다해 직무를 수행해 냈다. 그래서 그나마 세상이 돌아갈 수 있었다.

젊은 관리가 어사로 뽑히는 경우가 많다. 나이 먹은 기성 관리들보다 불의와 타협하지 않는 정의감이 강하다. 책임감, 소명감 역시 상대적으로 높다. 다만 실무 경험이 부족해서 업무 수행에 서툰 점이 있다. 임금에게 올리는 보고서 형식이나 내용에 문제가 생겨서 벌을 받기도 했다.

어사로 나가 처벌받게 했던 수령이 나중에 조정에 돌아와서 보복하기도 했다. 어사의 탄핵으로 귀양 간 수령의 친척이나 가까운 이가 조정에 있을 수 있다. 그들이 어사에게 죄를 씌워 모함하기도 했다. 심지어 어사에게 협조했던 백성이 보복당하기도 했다. 관련하여 두 가지

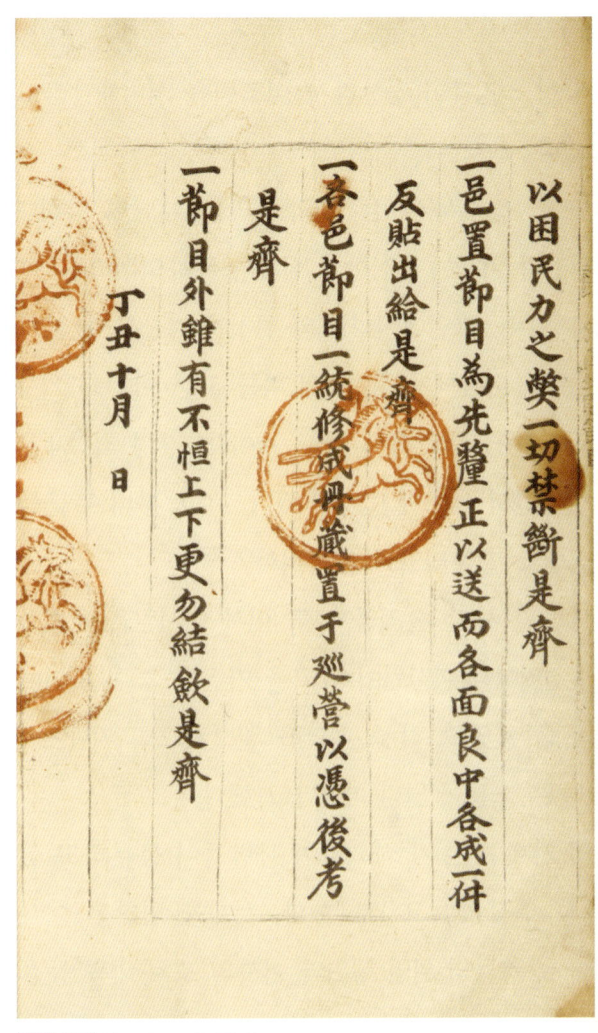

마패 도장 [출처: 국립고궁박물관]
문서의 날인으로 보아 마패가 암행어사의 도장으로도 쓰였음을 알 수 있다.

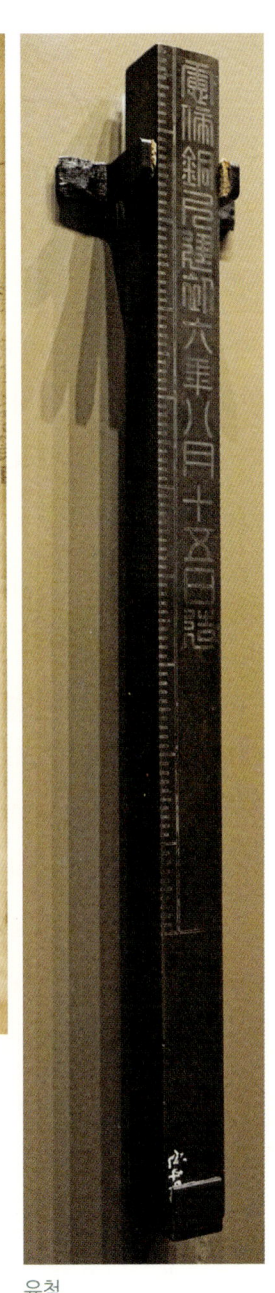

유척

사례를 보자.

정조 때다. 사헌부 장령 최경악이 경상감사 이조원을 처벌해달라고 상소했다. 사연이 이러했다.

암행어사가 떠서 경상도 상주목사 심기태의 비리를 낱낱이 밝혀내 처벌받게 했다. 고을 아전과 기생이 어사에게 심기태 목사의 비리를 구체적으로 말해 준 덕분이었다. 그런데 심기태의 친척인 경상도 관찰사 이조원이 치사한 짓을 했다. 어사에게 심기태의 죄를 고한 아전과 기생을 잡아다 매를 때리고 1년 넘도록 옥에 가둔 것이다. 장령 최경악은 이조원을 파직하시라 청하면서 상소에 이렇게 썼다. "이로부터 누군들 어사를 두려워하며 사실대로 말하려고 하겠습니까?"[291]

이번엔 순조 때다. 사간원 사간 윤석영이 경기어사 이시원을 처벌하시라는 상소를 올렸다. 경기어사 이시원이 37고을 가운데 20여 곳이나 출도하여 '암행'의 본뜻을 잃었고 각종 폐단을 일으켰으며 지나치게 위엄을 뽐냈고 그래서 나쁜 소문이 널리 퍼졌다고 했다.

윤석영은 또 이시원의 서계(書啓)가 해괴하여 사람들이 통분하고 있으며, 별단(別單)은 몹시 추잡하다고 비난했다. 서계와 별단은 어사 활동 보고서이다. 서계에 수령들의 위법 행위와 어사의 조치 내용 등을 간단하게 기록하고 별단에는 해당 지역의 사정까지 상세히 적고 어사 나름의 개선책까지 제시한다.

사간 윤석영의 상소를 따르면 이시원은 참 나쁜 어사다. 그런데 높은 분들에게 나쁜 어사일지 몰라도 백성들에게는 고맙고 통쾌한 어사였다. 여러 고을에 출도했다는 것은 그만큼 열정적으로 활동했다는 의미가 된다. 이시원의 서계에 통분하고 있는 이들은 뒤가 구린 사람들일 것이다.

사간 윤석영은 이시원의 인물 평가도 했다. "그의 고약하고 사나운 성품을 말한다면 원래 그런 종자(種子)라서 조정은 안중에도 없었고, 사람들을 접대하는 데도 너무 박절하였습니다." 이시원이 윗분들에게 굽신거리지 않았던 모양이다. 윤석영은 그게 미웠나 보다.

이시원을 처벌하라는 상소에 순조는 어떤 대답을 내렸을까. NO다. 당연히. 그러면서 윤석영에게 한마디 했다. "남을 너무 심하게 논박하는 것은 본래 아름다운 일이 아닌데, 그대의 말이 또 이에 가깝지 않겠는가?"[292]

백낙신

백낙신.

1836년(헌종 2)에 선전관에 임명된다. 이후 개천군수, 훈련도감 파총 등을 지낸다. 철종이 즉위하면서 훈련원정이 되었다가 1853년(철종 4)에 종성부사로 부임한다.

3년 뒤, 1856년(철종 7). 함경감사 이시원이, 백낙신이 종성부사였을 때 저지른 잘못을 적발하여 보고했다. 철종은 백낙신을 잡아 가두라고 했다.293 그런데 이때는 신하들의 요청을 받아들여 그냥 넘어갔다. 처벌하지 않았다. 철종은 잡아 가뒀던 것만으로도 자극이 됐을 것이라고 여겼다. 아마도 백낙신이 스스로 성찰하기를 기대했을 것이다.

이후 백낙신은 어영청 천총, 영종첨사를 거쳐 1858년(철종 9)에 전라좌도 수군절도사가 된다. 이때 그의 죄상이 제대로 드러났다. 바다 지키고 백성 지켜야 할 절도사가 뇌물 챙기고, 불법으로 세금 징수하고 더해서 가혹한 곤장질로 백성을 죽이기까지 했다. 철종은 그를 파직했다.294

그런데, 보란 듯이 경상우도 병마절도사가 되어 부활한다. 그만큼 뒷배가 든든했던 것이다. 이때가 1861년(철종 12) 4월 29일이다. 다음 해 2월에 진주에서 백성들이 봉기하자 병마절도사 백낙신이 장계를 올려 사태를 보고한다.

"진주의 흉측한 백성들이 무리를 지어 와서 읍의 주변에 모여 환곡과 결세(結稅)를 원통하게 징수한다는 것을 핑계로 들면서 가사(家舍)를 헐어버리고 불태우며 인명을 살해하고 재물을 약탈"[295]하였다고 했다.

자신은 잘못이 없는데 흉측한 백성들이 함부로 폭동을 일으켰다는 투다. 철종은 수신(帥臣)과 수령이 "평소 백성들을 잘 위무하고 보살폈다면 어찌 이런 일이 일어났겠는가." 나무랐다. 하지만 이때만 해도 철종은 백낙신이 어떤 짓을 했는지 잘 몰랐다.

1862년(철종 13) 4월, 경상도 안핵사로 급히 내려간 박규수의 조사로 백낙신이 얼마나 못되게 재물을 긁어모았는지 밝혀졌다. 온갖 나쁜 짓을 다 했다. 탐관오리의 교과서였다.

백성들이 피땀으로 개간한 땅을 불법 경작이라는 죄를 씌어 벌금 겸 세금을 거두고, 죄 없는 백성들을 마구 잡아다 곤장 쳐 위협해서 재물을 빼앗고, 환곡 부족분을 채운다며 집마다 강제로 또 세금을 징수하고, 그래서 부임한 지 1년 만에 어마어마한 재물을 챙겼다.[296] 아주 작정했던 것 같다.

또 파직되었다. 파직으로 끝날 일이 아니지. 철종은 백낙신을 전라도 강진현 고금도로 유배하라 명했다가 벌을 더 올려 제주에 위리안치시킨다.²⁹⁷ 하지만 1863년(철종 14)에 육지로 옮겨 놓는다. 어쨌든 유배 생활은 계속된다. 그래야 옳다.

그런데, 고종이 즉위해서 명한다. "방송(放送)하라."²⁹⁸ 풀어주라는 것이다. 이세보 등과 함께 백낙신이 풀려났다. 여기서 끝이 아니다. 고종은 다시 백낙신에게 벼슬을 내렸고, 백낙신은 다시 조선의 관리로 잘 산다.

백낙신보다 조정의 인사 체계가 더 문제지 싶다. 전라좌도 수군절도사 때 명백한 잘못으로 파직된 사람이 경상우도 병마절도사로 살아났다. 진주 봉기를 촉발한 주범으로 위리안치까지 됐다가 왕이 바뀌자 풀려나서 또 등용됐다. 동학농민운동을 불러온 고부군수 조병갑도 마찬가지였다. 고금도에 귀양 갔다가 풀려나더니 대한제국의 법부 민사국장으로 복귀한다.

그러면 철종이 귀양길을 3배로 늘려 제주도에 가뒀던 김시연은 어떻게 됐을까?

"방축향리(放逐鄕里)한 죄인 김시연의 죄는 실로 용서해 줄 여지가 없지만, 대행(大行)의 조정에서 처분이 있었을 뿐 아니라 옛 관계도 고려해야 할 것이니, 특별히 목숨만은 살려주어 제주목에 위리안치하도록 하라."²⁹⁹

1864년(고종 1), 어린 고종을 도와 수렴청정을 시작한 대왕대비 신정왕후(조대비)가 김시연을 제주목에 위리안치하라고 명했다. 죽여야 마땅한 죄인인데 철종 조정에서 이미 벌을 받았으니 목숨은 살려준다고 했다. 응? 김시연이 제주도에 유배돼 있던 게 아닌가?

당시 김시연은 고향으로 쫓겨가는 형식(방축향리)으로 제주 유배에서 풀려나 있었다. 철종이 재위 말년에 그렇게 하도록 명했었다. 철종 본인의 뜻은 아니었을 것이다. 조정 실세들의 압박에 굴한 것으로 짐작된다. 임금 철종의 한계이기도 했다.

고종 즉위하자마자 대왕대비가 김시연을 다시 제주도로 유배 보낸 것은 정의를 구현하려는 의지의 표현으로 보인다. 대왕대비는 "〈김시연이〉 몇 해 전에 전라감사로 내려가 탐욕스럽고 포학한 소행을 자행한 까닭에, 깊은 대궐에 있는 내 귀에까지 다 들렸다."며 김시연을 벌하는 사유를 밝혔다. 얼마 뒤 대왕대비는 김시연의 벌을 더 올려 천극 안치하게 한다.

사헌부 집의 이기호는 상소에서 철종이 김시연을 풀어줄 때 그걸 반대하지 않았던 사헌부와 사간원의 관원들을 비판했다.

"그가 풀려나옴에 미쳐서는 의당 대각에서 이의를 제기하며 쟁집(爭執)했어야만 합니다. 그런데 입을 다문 채 아무 말도 하지 않아서…석방하게 하였습니다. 이에 용서해서는 안 되는 크나큰 죄를 지은 자가 태연히 섬에서 나오기를 마치 작은 죄를 짓고서 가벼운 벌을 받았다가 풀려나오는 자처럼 하였으니, 나라 법이 비로 쓴 듯이 없어졌고 대간의 체통이 완전히 없어지게 되었습니다. 이것이 신이 지금까지 가슴속에서 통한으로 여기고 있는 것입니다."[300]

구구절절 옳은 얘기다. 이제 정말 조정 꼴이 바로 서는 것 같다. 다행이다.

그런데 여기까지. 딱 여기까지였다. 1865년(고종 2), 고종이 명한다. "그의 노모가 밤낮으로 울어 앞을 보지 못하게 되었다고 한다. … 방축향리하여 어미와 아들이 서로 만나볼 수 있도록 하라."[301]

고종이 이렇게 김시연을 풀어주었다. 어머니께 효도하라고. 이때 고종 나이 14살, 아버지 흥선대원군의 뜻을 따랐을 가능성이 크다. 이후 고종은 김시연을 좌승지로 임명했다가 형조판서로 삼는다. 결국은, 또, 그러했다.

아 참, 염종수도, 철종 속여 먹은 그 염종수도 고종이 죄를 벗겨 주었다. "죄명효주(罪名爻周)하라!" 죄명을 삭제하라고 명했다.[302] 사면(赦免)해 준 것이다. 이것은 대왕대비의 뜻이었다. 거참….

철종이 백낙신을 제대로 손보려고 작정한 적이 있었다.

1862년(철종 13) 5월, 철종이 의미 있는 명령을 내렸었다. 제주에 위리안치된 백낙신을 다시 붙잡아다 심문하라고 지시한 것이다. 백낙신은 조정 사람들과 막대한 뇌물 상납이라는 고리로 연결되어 있다. 드디어, 백낙신의 뒷배가 누구누구인지 밝혀질 것이다.

그런데, 철종은 비변사의 요청을 받고 백낙신을 심문하지 말라고 말을 바꿨다. 비변사에서 청하기를, 백낙신을 심문한다고 해서 새로 나올 죄도 없고, 사형 바로 아래 등급인 위리안치에 처한 이상 더 높은 벌을 내리기도 어려우니, 심문하는 걸 그만두시지요, 했고 철종이 그러라고 대답했다.[303] 아쉬운 용두사미.

철종이 백낙신의 죄를 밝히려다 포기한 이유가 무엇일까.

백낙신을 심문하지 말라는 조정 대신들의 압박에 굴해서 그랬을 것이다. 또 한편으로 두려웠는지도 모른다. 만약 백낙신이 조정과 결탁해서 저지른 잘못을 구체적으로 다 밝힌다면? 거기에 연루된 이들이 다 드러난다면? 어떻게 수습해야 할지 자신이 없었을 수도 있을 것 같다.

　조정과 지방관의 검은 연결고리가 제대로 밝혀지기를 바라는 마음과 그런 상황과 맞닥뜨리고 싶지 않은 마음! 모순 속에서 갈등하다가, 물러서기로 한 것은 아닐까.

　좌절, 고뇌, 번민. 임금 철종의 심정을 마음으로 그려보니 이런 단어들이 연상된다. 쓸쓸함, 외로움도 떠오른다. 그런데 임금 아닌 아비로서 철종의 심정도 이와 다르지 않았다.

무정한 하늘

아이 낳기를 원해 본 이들은 안다.

자식은 사람의 노력만으로 가져지는 게 아니다. 하늘이 주는 것이다. 원하지 않는 시기에 아이가 생기기도 하지만, 몇 해 별별 노력을 다하며 가지려 해도 아이 소식을 접할 수 없는 경우가 많다. 그러면 몸이 지치고 마음이 지친다. 절망감에 빠지기도 한다.

보통사람이 이러하거늘, 한 나라의 임금은 말할 나위 없다. 자식, 특히 아들을 낳는 것은 대를 잇는 그 자체보다 몇 배 중요한 가치를 지닌다. 나라와 왕실의 영속성을 보장하는, 아들을 두는 것이, 임금의 기본적인 '의무'가 된다.

조선 전기에는 임금들이 자식을 많이 둔 편이다. 왕위를 이어가는 데 위기감이 없었다. 그런데 조선 후기에는 임금의 자식이 급격히 줄어서 왕위 계승에 심각한 문제를 드러내곤 했다. 평균 12명이던 왕의 자식이 인조 이후에는 평균 6명으로 반토막 난다. 더구나 왕의 자식이 아주 어린 나이에 사망하는 일도 빈번하게 벌어진다.[304]

조선에서 자식을 가장 많이 둔 임금은 태종이다. 아들딸 다해서 29명이다. 그다음이 성종(28명), 선조(25명), 정종(23명), 세종(22명) 순이다. 대개 조선 전기에 해당하는 시기의 임금들이다.

철종을 이을 아들이 없어서 이하응의 아들이 즉위해 고종이 된다. 그렇다 보니 철종은 아들을 낳지 못했다고 말해지고, 심지어 주색에 몸이 곯아 자식을 가질 수 없었다는 악의적인 말까지 흘러 다닌다. 그렇지 않다.

철종은 자식을 11명 두었다. 아들 다섯에 딸 여섯이다. 많았다. 그런데 딸 하나 남고 모두 일찍 죽고 만다. 철종이 자식 죽어나가는 비극을 열 번이나 겪은 것이다. 아이가 아예 없는 것보다 태어나서 얼마 안 돼 계속 사망하는 게 철종에게 더 큰 고통이었을 것이다. 자식에게 왕위를 잇게 하지 못할 수 있다는 불안감에 가위눌리는 날이 많았을 것이다.

철종은 다른 임금들에 비해 후궁을 많이 둔 편이다. 7명이나 된다. 간택으로 뽑힌 후궁은 없다. 모두 궁녀로 있다가 철종의 승은을 입어 후궁이 되었다. 후궁이 많은 걸 철종이 여자를 '밝힌' 결정적인 근거로 꼽기도 한다. 하지만, 아들을, 건강한 아들을 낳으려는 한 사내의 몸부림으로 해석하는 것도 가능할 것이다.

철종의 첫 아가는 딸이었다. 1851년(철종 2)에 숙의방씨가 낳았다. 아들은 1854년(철종 5)에 귀인박씨가 처음 낳았다. 철종이 명했다. "궁인 박씨가 오늘 인시에 생남(生男)하였으니,…궁인 박씨를 귀인으로 봉작하라."[305] 궁인이었던 박씨가 이렇게 귀인이 되었다.

철종이 정력제를 먹었다던데?

그렇다. 가미지황탕 등 이런저런 정력제를 복용했다고 한다.[306] 정력제는 호색한만 먹는 약이 아니다. 더 강해지고 싶어서 호기롭게 먹기도 하지만, 그보다는 여의치가 않아서 어쩔 수 없이 먹는 경우가 더 많다. 철종이 정력제 먹은 걸 흘겨볼 이유가 없다.

사실, 남자가 여자를 '밝히는' 것은 죄가 아니다. 부끄러운 일도 아니다. 이성을 탐하는 것은 인간의 본능이다. 관점의 문제를 지적하고 싶다. 우리가 긍정적으로 평가하는 임금들 가운데 여색을 심하게 탐했던 이들이 여럿 있다. 뭐라고 하는가. 남자답다고 말한다. 능력있다고도 한다. 아니면, 모르는 척 외면한다. 그런데 철종에게는 정치에 무관심한 무능한 군주의 증표로써, 여탐을 들이댄다. 철종 입장에서 본다면, 억울한 일이다.

왕비 철인왕후는?

1858년(철종 9) 10월 17일 오후, 드디어 철인왕후가 창덕궁 대조전에서 아들을 낳았다.[307] 철종 나이 28세, 철인왕후 22세 때다. 오래오래 기다렸던 원자의 탄생이다. 이미 후궁이 아들을 낳은 바 있기에 첫 아들은 아니다.

그래도 철종은 적자가 태어남에 감사, 또 감사했다. 신하들에게 천만다행이라고 말했다. 원자는 젖도 잘 빨았다. 건강했다. 철종은 없던 기운이 다시 막 솟는 느낌도 받았을 것이다.

백일 날 철종은 원자를 대조전으로 데려와 신하들에게 보이고 안아 보게 했다. 아마 철종 얼굴에 아빠 미소가 그득했을 것이다. 각 궁에서 올린 백일 떡에 수복(壽福)이라는 글자가 곱게 쓰여 있었다.[308] 그

창덕궁 대조전

랬는데, 1859년(철종 10) 4월 23일, 원자가 별안간 죽고 말았다. 태어난 지 6개월여 만이다. 철인왕후는 더는 자식을 보지 못했다.

철종의 자식 11명 가운데 유일하게 생존한 딸은 숙의범씨가 낳은 영혜옹주다.

"영혜옹주의 부마를 이제 간택해야 하겠다. 12세부터 14세까지의 남자는 혼인하는 것을 금지하라. 그리고 사조(四祖)에 현관(顯官, 실제 관직자)이 없는 사람과 결격 사유가 있는 사람

을 제외하고 명단을 바치라. 초간택 날짜는 정월 20일께 이후로 택일하여 들이라."³⁰⁹

1871년(고종 8), 고종이 영혜옹주 시집 보낼 준비를 하라고 명했다. 아, 공주·옹주의 남편도 왕비 뽑듯 간택을 했구나.

간택이 끝났다. 고종이 전교했다. "영혜옹주 부마는 전 도사(都事) 박원양의 아들 박영효로 정하였으니, 해조(該曹, 관련 관청)에서 거행하게 하고 그 밖의 사람들은 다 혼인을 허락하라."³¹⁰ 박영효? 그렇다. 갑신정변의 주역이 될 그 박영효(1861~1939)이다. 철종의 유일한 사위이다.

1872년(고종 9) 4월 13일. 영혜옹주와 박영효의 혼인 절차가 모두 마무리됐다. 고종은 영혜옹주의 혼인을 검소하게 치렀다. 철종의 뜻을 따른 것이다. 김병학이 고종에게 철종이 남긴 말을 전했었다.³¹¹ "뒷날 옹주의 혼인을 검약하게 하라."

저세상에서 지켜보고 있었을 철종, 무사히 딸 시집보냄에 사위를 얻음에 모처럼 함박웃음 지었을 것 같다. 생각해보니 평생 웃을 일 별로 없었을 철종이다.

1872년(고종 9) 7월 4일. 고종이 명했다. "영혜옹주의 병이 심하다고 하니 어의를 보내어 간병하고 오게 하라." 어의가 급히 갔으나 힘쓸 도리가 없었다. 그날 영혜옹주가 사망했다. 혼인하고 3개월도 채 되지 않았을 때다. 나이는 겨우 13살이었다. 이렇게 철종의 자식 11명이 모두 하늘로 갔다. 하늘이 아비 철종에게는 참으로 가혹하였다.

상위복!

1863년(철종 14) 12월 8일 이른 아침, 철종이 창덕궁 대조전에서 승하하였다. 갑작스러운 죽음이었다. 간밤에 담체(痰滯) 증세가 있어 약을 들긴 했는데, 이렇게 허망하게 세상을 하직할 줄이야.

급히 입궐하라는 소식을 받은 정원용이 서둘러 왔다. 대조전 승명문 앞에 이르렀는데 곡성이 들려왔다. 놀라서 무슨 일이냐고 물으니 옆에 있던 이가 대답했다. "이미 승하하셨습니다."[312]

내시가 궁궐 지붕에 올라가 철종이 입던 옷을 흔들며 북쪽 하늘을 향해 외쳤을 것이다. "상위복(上位復)!", "상위복!", "상위복!" 임금이시여 돌아오소서, 세 번 외치는 것이다.

철종이 세상 떠난 그 날, 대왕대비는 빈전도감 제조에 김병국·홍종응·김병덕, 국장도감 제조에 김병기·김병학·이돈영, 산릉도감 제조에 윤치희·김대근·오취선을 임명했다. 그리고 빈전은 환경전(歡慶殿)으로 정했다.

'도감'이라는 명칭이 붙는 기관은 어떤 특정 목적을 위해 임시로 설치뒀다가 그 일이 끝나면 해체된다. 그게 원칙이다. 중앙군영 훈련도감도 원래는 임시 기구로 설치됐던 것이지만, 이후 상설기구로 바뀐 것이다. 빈전도감은 빈전 설치와 운영, 국장도감은 장례 주관, 산릉도감은 왕릉 조성을 맡는다. 제조는 해당 업무를 총괄하는 책임자 정도의 의미이다.

승하 사흘 뒤인 12월 11일에 철종의 시신을 재궁(梓宮, 왕의 시신을 모신 관)에 안치한 후 빈소를 열었다. 입관했다는 것은 상(上)이 위복(位復)하지 않는다는, 철종의 혼이 돌아오지 않는다는 의미이다. 그러니까 철종이 사망했다는 걸 인정하고 받아들이는 행위이다.

> 빈청에서 묘호 망단자를 철종(哲宗)·선종(宣宗)·장종(章宗)으로 〈서계하니〉, 수망(首望)대로 하라고 하고, … 능호 망단자를 예릉(睿陵)·헌릉(憲陵)·희릉(熙陵)으로 〈서계하니〉, 수망대로 하라는 칙지를 내렸다.[313]

1863년(고종 즉위년) 12월 15일. 묘호와 능호가 결정됐다. 조정에서 올린 '철종·선종·장종'과 '예릉·헌릉·희릉' 가운데 고종은 첫 번째 것으로 하라고 명했다. 그래서 묘호 철종, 능호는 예릉으로 결정되었다.

12월 17일, 대왕대비는 여러 곳을 돌아보고 예릉 모실 가장 좋은 자리를 잡으라고 산릉도감에 명한다. 12월 20일, 희릉의 오른쪽 산등성이, 창릉의 왼쪽 산등성이, 소령원의 오른쪽 산등성이, 의소묘의 오른쪽 산등성이로 후보지가 압축됐다. 대왕대비는 김병학과 김병국도 함께 가서 묏자리를 보게 한다.

12월 24일, 철종왕릉 모실 자리로 희릉의 오른쪽 산등성이가 결정됐다. 왕릉 조성이 본격적으로 시작됐다. 1864년(고종 1) 4월 7일, 철종 시신이 예릉에 모셔졌다. 임금 장례는 대략 4~5개월간 치른다. 왕릉 조성에 시간이 필요하기 때문이다. 철종을 예릉에 모시기까지는 4개월 걸렸다.

이제 3년 동안 추모하는 기간이다. 3년상이라고 하지만 실제로는 26개월 정도라고 한다.[314] 1866년(고종 3) 2월 6일, 3년상을 끝내고 철종의 신주를 종묘에 모셨다.[315] 모든 국상 절차가 이렇게 마무리되었다.

한 서양인은 이런 기록을 남겼다. "〈철종은〉 온화하게 나라를 다스리고 백성들의 신망이 두터웠기 때문에 그가 죽자 온 나라가 이루 말할 수 없는 슬픔에 빠졌다."[316]

임금 철종은 창덕궁에서 살아내다가 창덕궁에서 삶을 마감했다. 경희궁에 머문 적도 있으나 길지 않았다. 유배지 강화에서 창덕궁으로 가서 희정당에서 관례를 치르고 인정전 정문인 인정문에서 즉위했다. 주로 희정당에서 정사를 펼치다가 대조전에서 승하했다. 철종의 혼전(魂殿)은 선정전에 마련되었다.

조선의 궁궐 구조는 정전(正殿), 편전(便殿), 침전(寢殿)을 중심으로 짜였다. 창덕궁에서 가장 규모 있고 장중한 건물인 인정전(仁政殿)이 정전이다. 정전은 대내외 주요 행사와 의식을 펼치는 공간이다. 임금이 항상 여기 있는 것이 아니다.

철종왕릉 예릉 능침 (경기 고양)

인정전

선정전

354 철종의 눈물을 씻다

희정당

대조전

Ⅶ. 백성을 살려야 한다   355

임금이 신하들과 국정을 논하는 공식적인 집무실을 편전이라고 한다. 창덕궁의 편전은 선정전(宣政殿)이다. 아니, 선정전이었다. 조선 후기에 희정당(熙政堂)이 편전의 역할을 대신하게 된다. 침전(寢殿)은 기본적으로 침실이라는 의미이니, 임금의 사적 생활 영역이다. 창덕궁의 침전은 대조전(大造殿)이다.

한편 희정당이 편전이 되면서 선정전은 다른 기능을 갖게 되는데 주로 혼전과 같은 신성한 공간으로 쓰였다. 왕이 승하하면 빈전(殯殿)에 관을 모셨다가 왕릉으로 옮겨 모신다. 그리고 혼전에 신위를 모시고 삼년상을 치른 뒤 종묘로 신위를 옮기게 된다.

조선 제25대 임금 철종, 이원범(1831~1863), 고친 이름 이변. 길지도 않은 33년 인생, 참으로 고단하였다. 1849년, 19살에 즉위해서 1863년, 33살에 승하했으니 임금으로 산 기간은 15년이었다.

14살 때인 1844년(헌종 10)에 이복형 이원경 역모 사건에 연좌되어 강화도에 유배당했다. 이미 할아버지 은언군 이인, 아버지 전계대원군 이광이 수십 년 귀양 살던 섬, 강화다. 1849년(헌종 15), 19살 때 유배가 풀렸다. 5년 만이다. 동시에 임금이 되었다.

대왕대비 순원왕후의 수렴청정을 받았다. 하나에서 열까지 모든 게 낯설고 서툰 즉위 초, 숨죽이고 사는 게 당연해 보였다. 대왕대비에게 순종하고 겉으로나마 안동김문 비위 맞춰 주고 그렇게 말이다. 누구라도 그러했을 것이다. 그런데 웬걸, 맹목적으로 따르지 않았다. 불쑥불쑥 고집스럽게 자기 뜻을 내세우고 지키려고 했다. 대왕대비의 뜻과 다른 결정을 내리기도 했다.

1849년(철종 즉위년)부터 펼쳐진 수렴청정이 1851년(철종 2)에 끝났다. 1852년(철종 3), 22세 철종의 친정이 시작된다. 수렴첨정 2년여, 그동안 철종은 배우고 익히며 수렴청정 이후를 기획하고 준비했을 것이다. 왕권을 바로 세우고 백성을 위한 바른 정치를 펼치리라 다짐했을 것이다. 사실 백성의 현실을 경험으로 알고 있는 임금은 철종뿐이었다. 하지만 철종은 볼만한 성과를 내지 못했다.

　친정 시작하고 5년이 흐른 1857년(철종 8), 대왕대비 순원왕후가 69세 나이로 세상을 떠났다. 순원왕후는 친정 가문인 안동김씨 세력을 키웠으나 너무 과하지 않도록 제어하는 역할도 했다. 그녀가 사망한 뒤 안동김문의 조정 장악력은 오히려 더 강해졌다.

　순원왕후는 철종에게 의지처이면서 동시에 넘어서야 할 '벽'이기도 했다. 철종은 벽 너머 자유를 꿈꿨을지도 모른다. 하지만, 그 벽이 사라지자 안동김문이라는 산이 앞을 턱 막고 있었다. 그래도 철종은 왕의 길을 간다. 안동김문을 우대하고 또 그들과 타협하면서도, 한편으로 그들을 견제하고 조정을 정상화할 세력을 키우고자 애쓴다. 어떻게 해서든지 백성의 고통을 조금이라도 덜어주려고, 버둥댄다.

　1861년(철종 12), 31세 철종. 즉위하고 이렇게까지 참담한 적은 없었다. 염종수에게 사기를 당했다. 대대로 역적 집안이었다는 딱지를 힘겹게 떼어내면서 꾹 눌러 두었던 열등감이 염종수로 해서 다시 솟구쳤다. 지나치게 보잘것없는 외가의 현실, 그 외가에 대해 너무 무지했던 자신의 문제, 이게 빌미가 되어 한 나라의 군주가 일개 사기꾼에게 오래도록 농락당했다. 철종은 고개를 꺾었다. 신하들이 모두 등 뒤에서 손가

락질한다고 여겼을 것이다.

　설상가상, 염종수 사건 다음 해인 1862년(철종 13) 임술년에 백성들이 봉기했다. 거대한 횃불이었다. 철종은 봉기한 백성들을 원망하지 않았다. 터질 게 터졌다고 여겼다. 백성들을 위안하고 탐관오리를 처벌하면서 세금 제도 개혁을 추진한다. 개혁은 성공하지 못했다.

　조선의 임금으로 살아온 십여 년, 마음 편할 날이 없었겠지만, 염종수 사건과 임술년의 봉기를 겪으며 마음이 더 곪았을 것이다. 그래도 재위 마지막 해인 1863년(철종 14)까지도 뭔가 해보려는 의지를 보였다.

　자기가 언제 세상을 떠날지 아는 사람은 없다. 철종도 몰랐다. 건강이 안 좋기는 해도 33살 그 나이에 덜컥 목숨을 놓아버릴 거라고는 생각도 안 해봤을 것이다. 철종 30세 때, 점심으로 냉면과 전복을 먹고 탈이 나서 여러 날 앓은 적이 있다. 겨우 회복되었을 때 한 신하가 괜찮으시냐고 물으니 철종이 웃으며 대답했다. "내 나이가 한창이오."[317]

　한창나이에 철종은 갔다. 10명 자식 먼저 보낸 그 하늘로 갔다. 뭔가 마음속에 앞으로 추진해 갈 '왕의 계획'이 있었을 것이다. 철종은 그 계획을 아무도 모르게 싸 들고, 갔다.

철인왕후도 떠나고

하나뿐인 아들, 돌상도 차려 주지 못하고 먼저 보냈다. 남편 철종도 떠났다. 배 아파 낳은 자식은 아니라도 역시 소중한 딸, 영혜옹주마저 가버렸다. 홀로 남았다.

철종이 사망한 뒤 철인왕후(1837~1878)는 한여름에도 더위 쫓으려 부채질하지 않았고 겨울에는 따듯한 자리에 눕지 않았다. 영혜옹주를 각별하게 아꼈는데 혼례를 치르자 몹시도 기뻐하였다. 병약한 옹주의 건강을 늘 염려했는데 결국 옹주가 세상을 떠나자 오래도록 슬퍼하며 잊지 못했다.[318]

황현(1855~1910)은 철인왕후를 "현명하고 정숙하여 궁내에서 모두 추앙하였다. 그는 철종이 승하한 후로 웃는 얼굴을 남에게 보이지도 않았고, 글도 잘 알고 글씨도 단아하게 잘 썼지만, 남에게 한 번도 보이지 않았다."[319]고 기록했다.

1878년(고종 15) 5월 12일 새벽, 창경궁 양화당에서 철인왕후가 42세 나이로 세상을 떠났다. 판중추부사 김병국이 철인왕후의 묘지문[320]

철종비 철인왕후 가상존호 옥보 [출처: 국립고궁박물관]

을 지었다. 묘지문은 결혼식 주례사처럼 좋은 말만 쓰기 마련이다. 더구나 글쓴이 김병국은 철인왕후 큰아버지인 김수근의 아들이다. 그러니까 철인왕후의 사촌 오라버니가 김병국인 것이다.

그렇다 해도 김병국이 묘지문을 쓰면서 없던 일을 꾸며 만들지는 않았을 것이다. 부풀려진 부분이 있을지라도 말이다. 김병국의 묘지문을 통해 철인왕후가 어떤 사람인지 헤아려 본다.

철인왕후는 편안하고 자상하며 온순하고 너그러운 맘씨를 지닌 여인이었다. 말이 많지 않았고 기쁨과 노여움을 얼굴에 잘 나타내지 않았다. 남을 헐뜯는 사람이 있으면 잠자코 대답하지 않음으로써 험담한 이 스스로 부끄러움을 알게 했다.

덕과 도량이 일찍 성숙하여 근엄하기가 마치 어른 같았다. 문리(文理)가 크게 통하였다고 할 만큼 학문도 깊었으나 스스로 부족하다 여기고 드러내지 않았다.

"옷은 비단을 입지 않았고 다만 겨울에는 무명옷을 여름에는 모시옷을 항상 입었는데 검소한 것을 좋아하는 덕은 자못 옛날의 왕비들에게도 없었던 일이었다." 풍족한 집안에서 태어나 부족함 없이 살다가 왕비가 되었는데도 사치를 멀리했다. 고종도 철인왕후가 참 검소하다고 했다.[321] 검소했던 지아비 철종을 따른 행실이었다.

궁궐 안 잠관(蠶館)에서 양잠 일을 하다가 옷이 지저분해지면 아랫사람의 옷을 빌려 입었다고 한다. 별일 아닌 것 같아도 다시 생각하면 대단한 일이다. 일국의 왕비가 스스럼없이 남의 옷을 걸친다는 게 쉬운 일이 아니다.

먹을 것과 입을 것은 사람이 살아가는 근본이다. 이에 왕들은 직접 농사짓는 친경(親耕)을, 왕비들은 누에 키우는 친잠(親蠶)을 행하여 농업과 양잠 활동의 모범을 보여왔다. 물론 의례적인 행사 성격이 강했다.

철종과 철인왕후는 친경, 친잠 의례를 한 번도 안 한 것으로 말해진다. 실록 등에 구체적인 언급이 없기 때문이다. 하지만 철인왕후의 묘지문에 '잠관'이 나오는 것으로 보아 철인왕후 역시 친잠 활동을 한 것으로 보아야 한다. 아울러 농민 삶에 지대한 관심을 보였던 철종도 친경했다고 보는 것이 사리에 맞을 것이다.

한편, "옛날의 왕비들에게도 없었던 일"은 또 있었다. 철인왕후는 자기 집안의 부귀영화에 관심을 두지 않았다. 조정에서 안동김문이 누리는 권력을 오히려 경계했다. 수렴청정하며 친정 집안의 권세를 키워주던 선대 왕비들과 달랐다.

철인왕후가 걱정스러운 기색으로 김병국에게 이르기를, "벼슬하여 재상에 이르는 것은 신하로서 매우 영예롭고 중요한 자리입니다. 형과

철종 추상존호 금보 [출처: 국립고궁박물관]

동생이 의정부에서 다투어 명예를 차지하게 되어 우리 가문은 지나친 데에 이르게 되었습니다. 어느 자리에 있든 마땅히 이 말을 명심하십시오." 하였다.

고종도 직접 말하기를, 철인왕후가 친정에 사사로운 은혜를 베푸는 걸 경계했고[322] "사람들의 방문이 많을수록 사사로운 청탁을 경계"[323]했다고 했다.

연산군 파탄의 계기 가운데 하나가 어머니 윤씨였다. 왕비임에도 시기와 질투가 심했다. 후궁들과 격하게 갈등했다. 성종을 몹시 힘겹게 했다. 물론 성종도 왕비 윤씨에게 지아비로서 믿음을 주지 못한 잘못이 크다.

그런데 철인왕후는 철종의 승은을 입은 궁녀들을 정성껏 돌보아 주었다. 마치 동생들 챙기듯 했다. 그래서 궁궐에서 흔했던 왕비와 후궁들 간의 갈등과 암투, 그런 게 없었다. 바람직한 국모의 모습이었다.

철종에게 철인왕후는 아내이자, 나이 어린 누나이고, 말 통하는 말벗이며 속 통하는 동지였을 것 같다. 하지만 모든 걸 다 터놓고 말할 수는 없었을 것이다. 이를테면 안동김문 이야기 같은 거. 그래도 괜찮다. 모든 걸 몽땅 다 털어놓고 말하는 부부는 세상에 없다.

VIII. 철종의 자취

용흥궁

김상용 순의비

쉬는 시간입니다

강화나들길

철종외가

철종왕릉, 예릉

용흥궁 (강화군 강화읍)

용흥궁

　강화군 강화읍 고려궁지 아래 용흥궁공원과 성공회 성당이 있고 그 아래 용흥궁이 있다. 좁은 골목을 사이에 두고 위 담장은 성공회 성당, 아래 담장은 용흥궁이다. 최근에 용흥궁 뒷담에도 출입문을 냈다. 그렇다 보니 처음 성공회 성당을 찾은 이들은 용흥궁까지 성당 영역인 것으로 오해하기도 한다.

　龍興宮(용흥궁)!

　높다란 대문에 현판이 걸렸다. 용은 임금을 상징했다. 임금이 일어난 궁이라는 뜻이다. 이 자리에서 원범이 귀양살이하다가 즉위했다. 이 동네 옛날 이름이 내수골이라서 용흥궁을 내수궁(內需宮)으로 부른 적도 있었다. 즉위 전에 임금이 살던 집은 그 임금이 즉위한 뒤 일종의 별궁(別宮)으로 대우받는다. 그래서 '궁(宮)'으로 부르게 되었다.

　대문 들어서면 아늑하고 아담한 조선의 공간이 열린다. 행랑까지도 그럴듯하다. 뒤편 계단으로 오르면 날렵하면서도 진중해 보이는 건물 한 채가 더 있고 그 옆으로 자그마한 비각이 있다. 봄이면 담쟁이가

용흥궁 능소화

생동하고 흙마당에서는 라일락이 터진다. 혼자 와서 제힘으로 핀 민들레도 곱다. 여름이면 기어이 담을 넘은 능소화가 피고 진다.

원범이 이렇게 근사한 집에서 귀양살이했나. 그럴 리가. 누추한 초가였다. 원범이 즉위한 뒤 강화유수 정기세(1814~1884)가 새로 지은 것이다. 그때가 1853년(철종 4)이다. 유수 정기세가 자청해서 지은 것 같지만, 임금 철종이 먼저 지시했다고 보는 게 적절하다.

1853년(철종 4) 4월 13일, 경연을 끝내고 철종이 강화 얘기를 꺼내더니 정원용에게 일렀다. "내가 살던 집이 근래에 많이 허물어졌다고 하오. 보수하면 좋겠소." 정원용이 대답했다. "유수가 가서 확인해보니, 과연 썩고 허물어진 곳이 많아서 곧 이엉으로 지붕을 이으려 한다고 합니다."

그랬더니 철종이 말했다. "이엉으로 이으면 매번 이런 걱정을 하게 되니 기와로 고치는 것이 좋겠소."[324] 허물어져 가는 초가집에 무거운 기와를 어찌 올리랴. 아예 새로 지으라는 소리나 마찬가지다. 철종은 재목이 좋아서 기와를 얹어도 까딱없을 거라고 했으나, 그렇지가 않았다. 이래서 용흥궁이 세워지게 된 것이다.

용흥궁 대문 옆에 비석 2기가 나란히 섰다. 하나는 정원용, 하나는 정기세를 칭송하는 비이다. 정원용과 정기세는 부자간이다. 아버지 정원용은 원범을 즉위시키려고 강화로 모시러 왔던 대신이다. 아들 정기세는 용흥궁을 지은 강화유수였다. 철종이 용흥궁을 짓도록 정원용에게 말한 날이 1853년(철종 4) 4월 13일이다. 정원용의 아들 정기세를 강화유수로 임명한 날은 한 달 전인 3월 14일이다. 아버지에게 말해서 아들이 짓게 하려는 생각을 철종이 했던 것 같다.

한편, 정원용·정기세의 생사당이 강화에 있었다. 정기세가 유수로 근무하면서 지역민의 신망을 크게 얻었던 모양이다. "관리와 백성들을 어루만지고 아끼는 마음이 치성하였고, 교화로 폐해를 없앴으며" 세금도 줄여 주었다고 한다. 정기세가 강화유수직을 마치고 돌아갈 때 강화 주민들이 "길을 막고 눈물을 흘리면서 지팡이로 서로 연결하며 가는 길을 막고는" 가지 마시라, 더 계시라, 간청했다.

이후 주민들이 강화부성 남쪽에 생사당을 짓고 정원용과 정기세의 초상을 모셨다.[325] 지금은 1864년(고종 1)에 세운 두 사람의 생묘비만 남았다.

정원용 비는 '相國鄭公元容淸德愛民永世不忘生廟碑'(상국정공원용청덕애민영세불망생묘비)라고 새겼고 정기세 비는 '行留守兼鎭撫使鄭公基世淸德愛民永世不忘生廟碑'(행유수겸진무사정공기세청덕애민영세불망생묘비)라고 새겼다. 백성을 사랑해 준 은혜 영원히 잊지 않고 기억하겠다는 내용이다. 일반적인 불망비(선정비) 양식인데 생사당에 세웠기에 '생묘(生廟)'를 더했다.

이 비들은 어디로 갔을까? 용흥궁 정문 옆에 있는 비석 두 기가 바로 이 생묘비이다. 언제인지 모르겠으나 강화부성(지금 강화산성) 남쪽 생사당 터에 있던 비석을 이곳으로 옮긴 것이다.

정기세는 강화유수였으니까 선정비를 세운 게 이상하지 않은데 정원용의 비는 왜 세운 걸까. 정원용이 1853년(철종 4)에 강화에 와서 노인들을 초대해 극진한 잔치를 베풀어 주고 과거도 주관했다. 철종의 지시를 따라 행한 것이기는 하지만, 그때 강화 주민들은 한양에서 높은 분이 직접 와서 노인들 대접하는 걸 보며 고마움을 간직했을 것이다. 더해서 원범을 임금으로 모시러 온 장본인이었고 정기세 유수의 아버지이기도 하다. 그래서 아버지와 아들을 함께 모셨던 것 같다.

용흥궁 안 비각으로 가보자. 쪽문 안으로 들어서면 한 뼘 마당. 세월 따라 굽은 묵직한 느티나무 한 그루가 비각을 품었다. 한 발짝 떨어져 그들을 바라보는 고령의 향나무 한 그루도 운치가 있다. 작은 비각 안에 조그만 비 하나. '哲宗朝潛邸舊基'(철종조잠저구기)라고 새겼다. 철종의 잠저가 있던 옛터라는 뜻이다.

즉위하기 전 임금이 살던 집을 왜 잠저라고 할까?

잠저의 잠(潛)은 '잠수하다' 할 때의 잠이다. 물에 잠기다, 숨어 있다, 이런 뜻이다. 저(邸)는 집!

'잠저'는 '잠룡'과 관계있다. 잠룡(潛龍)은 아직 하늘에 오르지 않고 물속에 숨어 있는 용이라는 뜻이다. 즉위 전의 임금이라는 의미를 내포한다. 지금도 언론에서 대통령 선거에 출마할 가능성이 있는, 주목되는 사람을 잠룡이라고 표현한다. 그러니까 잠저란, '잠룡 때의 저' 정도의 뜻으로 볼 수 있겠다.

철종잠저비는 언제 세운 것일까?

얼른 생각하기에 강화유수 정기세가 용흥궁을 지은 1853년(철종 4)에 이 비도 세운 것 같다. 하지만 아니다. 비각 뒤로 가서 비 뒷면을 들여다보자. 글씨가 잘 안 보이지만 그래도 첫 두 글자는 읽을 만하다. '大韓'? 그러하다. 대한제국 때 세운 비이다.

비 뒷면에 이렇게 새겼다. '大韓光武四年庚子九月 日重建'(대한 광무 4년 경자 9월 일 중건). 대한제국 광무 4년 경자년 9월 어느 날에 중건했다는 의미이다. 광무 4년 경자년은 1900년이다. 그러니까 이 잠저비가 선 해는 1900년인 것이다.

무엇을 중건했다는 말인가. 비석을 다시 세웠다는 의미는 아닐 것이다. 비석은, 세웠다는 의미로, 대개 입(立) 자를 쓴다. 여기서 중건은 용흥궁을 고쳐 지었다는 말로 보아야 할 것이다. 1900년에 용흥궁을 중건하고 그 기념으로 잠저비를 세운 것이다. 그런데 《속수증보강도지》

정원용·정기세 생묘비
왼쪽이 정기세 생묘비이고 오른쪽이 정원용 생묘비이다. 강화읍 용흥궁 입구에 나란히 섰다.

(1932)에는 대한제국 때인 계묘년(1903년)에 이재순이 용흥궁을 중건했다고 나온다. 비문과 3년 차이가 난다.

두 가지 추정이 가능하다. ①1900년에 용흥궁을 중건하면서 잠저비를 세웠고 1903년에 또 보수했을 것이다. ②《속수증보강도지》 해당 기록이 오류일 것이다. 이재순이 1900년에 용흥궁을 중건했는데 그걸 1903년으로 잘못 적었을 것이다. ①, ② 가운데 무엇이 맞는지 단정하기는 어렵다.

이재순이 누군데?

> 전교하기를, "새로 급제한 이재순에게 사악(賜樂)하라." 하였다. 또 전교하기를, "이 가문에 과거 급제의 명성이 성대하니 매우 기특하고 기쁘다. 전계대원군의 사우에 정경(正卿)을 보내어 전작례(奠酌禮)를 섭행하게 하라." 하였다.[326]

사악(賜樂)이란, 급제 축하 잔치에 악사 등 공연단을 보내주는 것이다. 1868년(고종 5)에 이재순(1851~1904)이 18세 나이로 과거에 급제하자, 고종이 기뻐했다. 전계대원군 모신 사당에 사람을 보내서 예를 올리게 했다.

이재순이 전계대원군과 관련 있는 인물임을 짐작할 수 있다. 그렇다. 이재순은 철종의 형 영평군 이경응의 양자다. 그러니까 은언군 이인이 이재순의 증조부이고 전계대원군 이광이 할아버지이며 철종은 그의 삼촌이 되는 것이다. 이재순이 1900년에 철종 잠저, 용흥궁을 반듯하게 정비하고 1904년에 세상을 떠났다. 그가 죽기 얼마 전, 고종에 의해 청안군(淸安君)에 봉해졌다. 청안군 이재순이다.

용흥궁 잠저비각 옆 마당에 어설프게 지어놓은, 늘 잠겨 있는, 현대식 화장실이 있다. 거슬린다. 고풍스럽고 정갈한 용흥궁의 분위기를 확 깬다. 화장실 없애고 그 자리에 나무라도 심는 게 어떨까, 오래전 어느 모임에서 필자가 했던 말이다. 누군가에게서 뜻밖의 대답을 들었다. "개인 재산이라서 쉽지 않을 거예요."

그렇구나. 수십 년 동안 나랏돈으로 보수하고 정비하고 가꾸어 온 문화유산이 개인 소유였구나. 그러면 용흥궁 주인은 누구인가. 전계대원군의 봉사손(奉祀孫)인 이해승(1890~?)의 후손이다.

전계대원군 이광의 아들은 회평군 이원경, 영평군 이경응, 철종 이원범이다. 장남 회평군은 일찍 사망했고 임금이 된 막내 이원범도 후사

용흥궁 잠저비각

없이 세상을 떠났다. 따라서 영평군 이경응이 전계대원군의 제사를 모시면서 집안 재산도 물려받았다.

용흥궁을 중건한 이가 영평군 이경응의 양자인 청안군 이재순이라고 했다. 이재순의 양자가 풍선군 이한용이고 이한용의 양자가 바로 청풍군 이해승이다. 전계대원군 이광–이경응–이재순–이한용–이해승으로 이어진 가계이다. 그래서 용흥궁이 이해승의 후손 소유인 것이다.

철종 집안의 계승 과정을 표로 구성해 보았다. 사도세자의 다섯 아들 가운데 의소세자와 정조는 제외하고 은언군, 은신군, 은전군만 정리했다. 은언군 이인의 아들은 상계군, 풍계군, 전계대원군만 뽑았다. 양자는 빨강 글씨로 적었다.

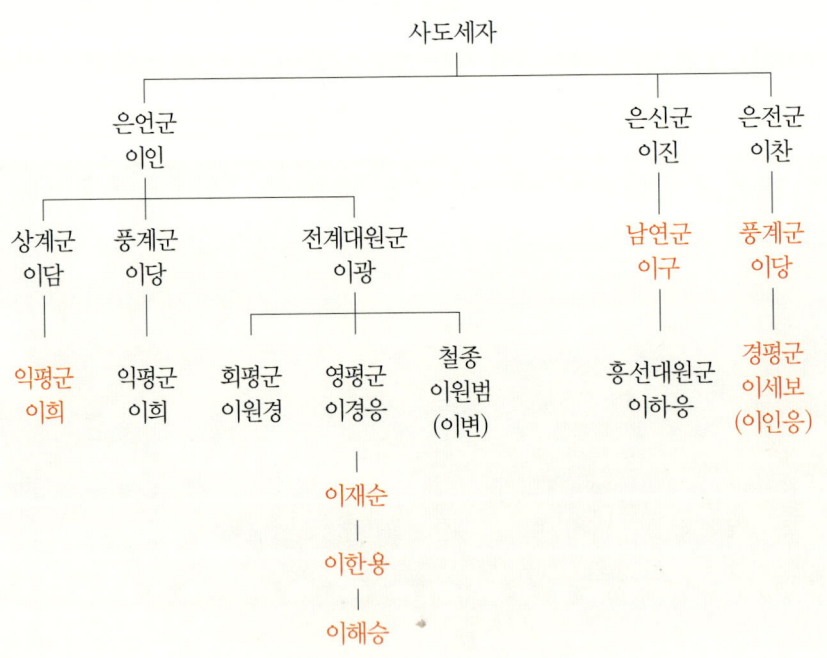

왕가의 피를 이어받은 덕분에, 비록 양자 입적 과정을 통해서이지만, 이해승은 어려서부터 아주 쉽게 출세 가도를 달리게 된다. 나라가 망해도 계속 달린다. 어디로?

친일의 길로.

1910년, 일제는 대한제국이 그들의 식민지가 되는 데 공을 세운 조선인 수십 명의 등급을 나눠서 후작, 백작, 자작, 남작 이렇게 귀족 작위를 주었다. 21살 이해승은 제일 높은 후작이 되었다. '상금'도 16만 8천엔 받았다. 지금 가치로 수십억 원에 해당하는 액수라고 한다. 일제강점기에 열심히 친일 활동을 하며 일제의 특혜를 받아 돈 벌어 큰 부자가 되었다.

광복 이후 반민족행위특별조사위원회가 설치되면서 친일파에 대한 심판의 기회가 마련됐다. 1949년 2월 이해승도 반민특위 조사를 받고 갇혔다. 그런데 반민특위가 와해되면서 모든 친일행위자가 풀려났다. 이해승도 풀려났다. 죄를 지으면 벌을 받는 것이 상식인데, 그 시대, 상식적이지 않았다.

1950년, 6·25 전쟁이 터졌다. 이때 이해승이 납북되었다. 장남이 일찍 사망해서 이해승의 엄청난 재산은 손자 이우영에게 상속됐다. 이우영은 철종의 생모 용성부대부인의 묘가 있었던 서울 홍은동에 호텔을 짓는 등 사업을 벌여 재산을 키웠다.[327]

2005년에 친일반민족행위진상규명위원회가 설치되고 2006년에 친일반민족행위자재산조사위원회가 출범하면서 친일파 재산에 대한 국가 환수가 추진된다. 이해승 집안의 재산도 환수 대상이다. 이에 불복

한 이해승의 후손이 소송을 걸었고 국가가 거듭 패소하는 결과를 낳는다. 이 문제는 진행형이다. 2016년 3월, 정부는 친일 재산 환수 소송을 벌이면서 이해승의 후손 소유인 용흥궁을 가압류했다.[328] 용흥궁도 현재 진행형이다.

두드러진 친일파는 분명히 죄인이다. 역사의 죄인이다. 친일파 후손은 죄인이 아니다. 후손이 죄지은 것은 아니지 않은가. 하지만, 친일파의 후손은 죄스러운 마음을 요만큼이라도 간직하여야 한다. 염치라는 단어의 의미를 곱씹어야 한다. 조상의 재산 덕에 호의호식하는 후손이라면 특히 그래야 한다. 에그, 어쩌다가 용흥궁에서 친일파 얘기까지 나왔나 그래.

한편, 일제강점기에 한 신문은 용흥궁 건물의 퇴락을 안타까워하는 기사를 실었다. 대략 풀어보면 이런 내용이다.

> 현재 그 건물은 경성 모 후작에게 맡겨 관리해 왔는데…방마다 사람을 들여 집세를 받아먹었을 뿐 한 번도 수리하지 않아서 그 집꼴이 말이 아니어서 칸마다 방을 들이고 굴뚝을 내어 추녀와 벽은 검정에 그을리고 벽은 헐어져 보는 이로 하여금 보기 싫고 더구나 외지에서 강화를 찾는 이는 대개 이 용흥궁을 참관하건만 그들에 대한 강화 사람들의 면목이 없게 된다 한다.[329]

여러 가구가 세 들어 살면서 집꼴이 엉망이 되었다. 칸마다 방을 들

용흥궁 뒤채

여서 용흥궁의 원형도 많이 훼손되고 말았다. '궁'으로서 위엄은 사라지고 다닥다닥 다가구주택이 되었다.

'경성 모 후작'은 이해승이다. 돈만 밝히는 이해승, 용흥궁에서도 돈만 뽑으려고 했나 보다. 이러면 안 되는 거였다. 전계대원군 후손이라는 지위 덕분에 '출세'했어도 전계대원군에 대한 존중은 조금도 없었던 셈이다. 용흥궁을 중건한 양조부 이재순에 대한 존중도 물론 없었다.

김상용 순의비

　병자호란(1636~1637). 청군이 조선을 침공하자 인조는 조정을 강화도로 옮기겠다고 했다. 세자빈과 봉림대군 등 왕실 사람들과 노약한 신하들을 먼저 보냈다. 얼마 뒤 인조가 소현세자 등과 함께 강화로 향하는데, 청군이 어느새 내려와 길목을 위협했다. 인조는 할 수 없이 강화도 가는 걸 포기하고 남한산성으로 들어간다.
　이때 영의정을 지낸 김상용은 강화에 들어와 있었다. 1637년(인조 15) 1월, 청군이 강화도에 상륙해 강화부성으로 밀려오자 김상용은 부성 남문루에서 자결한다. 그의 죽음은 충절의 실천이었으며, 청나라에 굴복하지 않겠다는 의지의 표현이었다.
　김상용이 세상을 하직할 때 그의 동생 예조판서 김상헌은 남한산성에 있었다. 차라리 죽을지언정 청나라에 항복할 수 없다는 척화론을 주도하고 있었다. 강화도와 남한산성, 형제가 자리한 곳은 달랐으나 그들의 이상은 같았다.
　1698년(숙종 24), 숙종은 김창집을 강화유수로 임명한다. 유수 김

김상용 순의비 (강화군 강화읍)

창집이 1700년(숙종 26)에 김상용의 순절을 기리는 비를 세운다. 보통 '김상용 순의비'라고 부르는데, 비에는 선원선생순의비(仙源先生殉義碑)라고 새겼다. '선원'은 김상용의 호이다.

김창집은 나중에 영의정이 된다. 그의 아버지 김수항도 영의정을 지냈다. 능력이 있으니까 영의정도 한다. 그런데 능력 못지않게 중요한 것이 배경이다. 김창집 집안이 번영하게 되는 것은 조상의 후광 덕분이기도 하다. 김창집은 바로 김상헌의 증손이다.

병자호란을 겪은 조선의 지배층은 '척화'를 이데올로기 삼는다. 명분뿐인 대명의리와 반청의식에 기대어 자신들의 무능과 부끄러움을 감춘다. 그럴수록 김상용, 김상헌에 대한 선양이 강조되고 자연스럽게 그들 가문 사람들이 영달을 누리게 된다. 바로 안동김문이다. 특히 김상헌의 직계 후손들이 조정에서 '두각'을 나타내게 되니, 김창집이요,

김조순이요, 김문근이다.

　김상용 순의비는 강화읍 관청리 용흥궁공원 아래 있다. 옛 강화부성 남문이 있던 자리이다. 선원김선생순의비(仙源金先生殉義碑)라는 현판 걸린 비각 안에 비석 2기를 모셨다. 비가 둘인 이유?

　1700년(숙종 26)에 세운 비가 마모되어 글씨를 읽기 어렵게 되자 후손들이 세도정치기인 1817년(순조 17)에 다시 비를 새겨 세우고 옛 비는 땅에 묻었다. 두 비 내용은 거의 같다. 이후 묻었던 옛 비가 발견되자 비각 안에 둘 다 모시게 되었다. 비각 앞에서 보아 왼쪽 작은 비석(비신 높이 141㎝)이 옛 비이고 오른쪽 큰 비석(비신 높이 174㎝)이 새로 제작한 비이다.[330]

충렬사 (강화군 선원면)
김상용 선생 등 병자호란 때 순절한 분들을 모신 사우이다. 1642년(인조 20)에 창건했다.

하필 철종이 유배 살던 용흥궁 가는 길목에 김상용 순의비가 있다. 안동김문 세도의 절정기인 철종 시대, 안동김문이 그 위치에 오를 수 있게 한 발단이 된 인물 김상용! 어울릴 듯 어울리지 않는 철종과 김상용 두 사람이 같은 공간에서 바람 따라 흐른다.

비각 뒤편이 용흥궁이다. 순의비가 용흥궁을 등지고 있는 셈이다. 큰길 향해 비를 세우는 것이니 이상할 게 없다. 그런데 김상용은 자신의 순의비가 용흥궁 향해 서 있지 않고 반대 방향으로 선 것을 다행으로 여기고 있을 것 같다. 차라리 외면이 맘 편하다.

김상용은 〈훈계자손가〉를 지어서 후손들에게 당부했었다. 후손들아! 내 말을 명심하여 꼭 지켜다오. 스스로 돌아보고 경계하라, 남을 흉보지 마라, 싸우지 마라, 부귀를 탐하지 말고 어질게 살아라, 욕심 부려 몹쓸 짓 해서 악명을 얻지 마라!

세도정치기 안동김문은 선조(先祖) 김상용의 절절한 당부를 얼마나 지켰는가.

쉬는 시간입니다

"사느라고 애들 쓴다."

김용택 시인의 '쉬는 날'[331]이라는 시는 이렇게 시작됩니다.

시인은 "오늘은 시도 읽지 말고 모두 그냥 쉬어라." 그러면서 "시드는 햇볕이나 발로 툭툭 차며 놀아라." 이렇게 권합니다.

여기까지 철종 따라 오시기에 애쓰셨습니다. 고맙습니다. 이제 거의 다 와 갑니다. 시인은 시 읽지 말고 쉬라고 했지만, 우리는 오랜만에 시를 맛보며 쉬는 걸로 하지요. 전문(全文)을 소개하고 싶으나 여건상 그러기가 곤란하니 한 꼭지씩만 옮깁니다. 무슨 시냐고요? 주로 사랑 시입니다.

20, 30대의 사랑만 사랑이 아닙니다. 사랑은 누구나의 가슴에 있습니다. 사랑은 세대에 따라 성향에 따라 유화가 되고 수채화도 되며 파스텔화가 되기도 합니다.

자, 갑니다.

문득 아름다운 것과 마주쳤을 때
지금 곁에 있으면 얼마나 좋을까, 하고
떠오르는 얼굴이 있다면 그대는
사랑하고 있는 것이다
……

    - 이문재, '농담'[332]

……

흙 파인 돌계단에 앉아 찬찬히 처마의 달 그늘을 걷어내던 사람
벼 바심 끝난 논바닥에 뒹구는 바람을 끌어다가
옷깃 안으로 여미던 사람
문득, 돌아선 곳에서 나를 달빛 든 눈으로 바라보던 사람
그 사람
……

    - 박경희, '바라보다가 문득'[333]

……

기다려본 적이 있는 사람은 안다
세상에서 기다리는 일처럼 가슴 애리는 일 있을까
네가 오기로 한 그 자리, 내가 미리 와 있는 이곳에서
문을 열고 들어오는 모든 사람이
너였다가

너였다가, 너일 것이었다가
다시 문이 닫힌다
사랑하는 이여
오지 않는 너를 기다리며
……

   - 황지우, '너를 기다리는 동안'[334]

……

어느새 창밖에는 눈발 가득하고요
나는 아직 못한 말이 있는데
아니 할 말이 많은 것 같은데
두고 온 말들은 머릿속을 맴돌고
나는 이렇게 아픈데
여전히 아무 말 못했는데
빙그레 미소를 머금은 당신,
내 앞에 웃고만 있네요

   - 곽효환, '웃는 당신'[335]

……

이 나이에 오는 사랑은
다 져서 오는 사랑이다
뱃속을 꾸르럭거리다

목울대도 넘지 못하고
목마르게 내려앉는 사랑이다
……

　　- 박규리, '지금 오늘 이 이별은' [336]

아침에 창을 열었다
여보! 비가 와요
무심히 빗줄기를 보며 던지던
가벼운 말들이 그립다
……

　　- 신달자, '여보! 비가 와요' [337]

오늘은 일찍 집에 가자
부엌에서 밥이 잦고 찌개가 끓는 동안
헐렁한 옷을 입고 아이들과 뒹굴며 장난을 치자
나는 벌 서듯 너무 밖으로만 돌았다
어떤 날은 일찍 돌아가는 게
세상에 지는 것 같아서
길에서 어두워지기를 기다렸고
……

　　- 이상국, '오늘은 일찍 집에 가자' [338]

울지마라
외로우니까 사람이다
살아간다는 것은 외로움을 견디는 일이다
공연히 오지 않는 전화를 기다리지 마라
눈이 오면 눈길을 걸어가고
비가 오면 빗길을 걸어가라
……
    - 정호승, '수선화에게'[339]

당신 그리는 마음 그림자
아무 곳에나 내릴 수 없어
눈 위에 피었습니다

꽃피라고
마음 흔들어 주었으니
당신인가요
……
    -함민복, '달과 설중매'[340]

  이 정도에서 시 맛보기를 멈추고 영화로 넘어갑니다.

  2016년에 개봉한 '해어화(解語花)'라는 영화가 있습니다. 해어화는 말을 알아듣는 꽃, 기생을 의미하는 단어라고 합니다. 영화 속 대사

중에 설명이 나오더군요. 해어화! 아름다운 듯하면서도 왠지 서글픈 영화 제목입니다.

사랑과 열등감을 아프게 버무린 이 영화의 영문 제목은 'Love, Lies'. 마지막에 여인의 눈물이 흐르고 '사랑 거짓말이'라는 노래가 흐릅니다. 가사가 이렇습니다.

거짓말이
거짓말이
임 날 사랑 거짓말이
임 날 사랑 거짓말이
사랑 사랑 거짓말이
꿈에 뵌단 말이
그 더욱 거짓말
날같이 잠 아니 오면
어느 꿈에 뵈리
아
사랑 거짓말
……

이 노랫말은 조선시대 시조 '사랑이 거짓말이'를 곡에 맞추어 푼 것입니다.

그러면 '사랑이 거짓말이'라는 시조를 볼까요.

스랑 거츳말이 님 날 스랑 거츳말이

꿈에 뵌닷 말이 긔 더옥 거츳말이

날갓치 좀 아니 오면 어늬 꿈에 뵈이리

현대어로 바꾸면 이렇게 됩니다.

사랑한다는 거짓말이, 임이 나를 사랑한다는 거짓말이

꿈에 보인다는 말이 그것이 더욱 거짓말이다

나같이 잠이 아니 오면 어느 꿈에 보이겠는가[341]

"제가 꿈에 보였다고요? 그럼 당신은 잠을 잤다는 얘기네요. 전 당신 그리며 밤을 꼬박 새웠답니다."

이런 의미가 됩니다.

그러면 이 시조를 지은 이는 누구일까요?

황진이?

허난설헌?

아닙니다, 아니고요.

김상용입니다. 조금 전 만나고 온, 병자호란 때 순절한 선원 김상용입니다. '임'이 여인이든 임금이든, 그 강고한 척화론자께서 이런 말랑말랑한 시조를 지었습니다. 사람, 참, 모르는 겁니다.

이제 가던 길 다시 갈게요.

강화나들길

2007년, 제주 올레길이 열리기 시작했다.
걷고픈 사람들의 마음도 열리기 시작했다.
전국 곳곳에서 멋진 길들이 다시 태어났다.
걷고 걷고 걷는다.
2009년, 강화에서도 길의 역사가 시작됐다.
과거, 현재, 미래, 굽이굽이 흐르는 길, 강화나들길이다.

2005년, 강화역사문화연구소
역사를 사랑하는 지역 주민 30명 남짓
봄여름가을겨울
《심도기행(沁都紀行)》을 강독한다.
《심도기행》은 강화 선비 화남 고재형(1846~1916)이
1906년에 강화도 각 마을을 돌아보며
보고 듣고 느낀 점을 한시로 짓고

거기에 설명을 추가한 기행문집이다.
모두 256수가 실린 《심도기행》은
시집이면서 인문지리서이고 또 훌륭한 역사서이다.
2008년에 강화역사문화연구소 김형우 소장 등이 번역하고
인천대학교 인천학연구원에서 《역주 심도기행》이라는 이름으로
출간했다.

강화역사문화연구소에서 《심도기행》을 강독하며
그때 고재형 선생이 다닌 그 길을 따라 걸어보는 게
어떨까.
남궁호삼 등 뜻있는 이들이 모여 길을 걷게 되었고
아, 이 좋은 걸
널리 알리자, 길을 열어보자
나들이하듯 설레는 강화의 길을.

하여 사단법인 강화나들길이 태어났고
2009년 3월에 4개 코스로 개장하게 된다.
지금은 20개 코스 총 310.5km
강화 본섬에 교동도 석모도 주문도 볼음도까지
문화유산 다채로운 역사의 섬에
아름다운 산, 바다, 들, 갯벌
저어새 그리고 철새

강화나들길 카페(cafe.daum.net/vita-walk)를 통해
걷는 이, 걷고 싶은 이
따듯하게 소통하며 정보 주고받으며
오늘도 걷는다.

1코스, 심도역사문화 길
2코스, 호국돈대 길
3코스, 고려왕릉 가는 길
4코스, 해가 지는 마을 길
5코스, 고비고개 길
6코스, 화남생가 가는 길
7코스, 낙조 보러 가는 길
8코스, 철새 보러 가는 길
9코스, 교동도 다을새 길
10코스, 교동도 머르메 가는 길
11코스, 석모도 바람 길
12코스, 주문도 길
13코스, 볼음도 길
14코스, 강화도령 첫사랑 길
15코스, 고려궁 성곽 길
16코스, 서해 황금들녘 길
17코스, 고인돌 탐방 길

강화나들길 15코스 고려궁 성곽길

강화도령 첫사랑 길 안내판(철종외가)

18코스, 왕골공예마을 가는 길

19코스, 석모도 상주해안 길

20코스, 갯벌 보러 가는 길

강화도령 첫사랑 길, 14코스

강화읍 용흥궁에서 선원면 철종외가를 잇는 길이다.

용흥궁 – 청하동약수터 – 남장대 – 찬우물약수터 – 철종외가, 11.7km.

강화읍 남산 중턱 청하동약수터

나무꾼 원범이 첫사랑 봉이를 처음 만난 장소라고 말해진다.

사실이 아닌들 어떠랴.

전해지는 이야기가 스토리텔링 되어 추억과 향수를 부르고

내가 선 여기를 각별한 공간으로 만든다.

영화 '강화도령'(1963)에서도 이 약수터가 언급된다.

문제는 구분이다. 스토리텔링은 스토리텔링이요, 역사는 역사다.
스토리텔링으로 이루어진 '이야기'가 그대로 역사인 척 말해지고
심지어 홍보된다면, 그것은, 아니다.

약수터에서 조금 힘내 오르면 남산 정상
거기 강화산성 남장대가 있다.
강화읍 남산, 견자산, 북산을 빙 두른
강화산성은 1711년(숙종 37)에 완공됐다. 대략 7㎞.
남산 정상에 우뚝한 정자 모양 남장대(南將臺)는
관측소이자 군사 지휘소 역할을 했던 곳이다.

강화산성 남장대

산성 쌓을 당시에는 돌로 만든 대(臺)만 있었는데
1769년(영조 45)에 건물을 지었다.
물론, 지금 건물은 근래에 새로 지은 것이고.
사방 전망이 참으로 좋다.

덩달아 나도 스토리텔링!
원범이 청하동약수터에서 봉이를 만났다면
여기 남장대 아니 올 수 없었겠지.
"나 잡아 봐라!"
유치한 잡기 놀이
사랑은 유치한 것도 고급지게 만든다.
봉이 허벅지를 베고 누워 깜빡 잠이 들었을지도 몰라.
잠든 원범 얼굴 내려보는 봉이의 행복한 미소

그려, 그때가 좋은 것이여.
그때가 좋은 것인가.
그때만 좋았던 것인가.
툭툭 털고 일어나 남쪽으로 길 잡아 내려가면
찬우물 약수터에 이른다.
강화에서 유명한 약수터다.
한때 관광지였다.
지금도 약수터 앞에 동네 아낙들이 나와 앉아

남장대 상공에서 본 강화읍내 [출처: 강화군청]

농작물 펼쳐놓고 손님을 기다린다.
밤 굽는 내, 옥수수 삶는 내, 사람을 부른다.
원범이 여기서 봉이도 만나고
나무하다 목말라 한 모금
외가댁 가다가도 한 모금
그랬다고 한다.
우리도 찬우물 약수 마시고 힘내 출발
시골 들판 시골 동네
풀 따라 꽃 따라 걷다 보면
아, 저기네.
아, 힘들어.
철종외가.

철종외가

　강화군 선원면 냉정리, 도로명 주소는 '철종외가길', 너른 들판이 시작되는 아늑한 터, 거기 철종외가가 앉았다. 철종의 외가 쪽 친척 염보길이 살던 집이라고 전한다.

　용흥궁이 세워진 1853년(철종 4)에 지어졌다고 한다. 인터넷을 검색해봐도 그렇게 나오기는 하는데, 그냥 추정일 뿐이다. 철종외가는 1853년(철종 4)이 아니라 1860년(철종 11)에 지은 것으로 보는 게 적절하다.

　2014년에 인천광역시 주관으로 철종외가를 실측 조사했다. 그때 사랑채 대청 천정에서 '숭정기원후사갑경신년사월이십일자시입주상량(崇禎紀元後四甲庚申年四月二十日子時立柱上樑)'[342]이라고 쓴 글씨가 발견됐다.

　조선시대에는 명나라 연호로 연대를 표기했다. 병자호란 이후에는 청의 연호를 써야 했고 공식적으로 그렇게 했다. 그렇지만 공공연하게 명의 연호도 계속 사용했다. 여전히 묘비에 '有明朝鮮國(유명조선국)'

철종외가 사랑채 (강화군 선원면)

이라고 새겼다. 명나라가 망한 이후에도 그랬다.

  망한 나라 연호가 어디 있다고?

  '숭정'이다. 숭정은 명나라 마지막 황제 의종이 1628년부터 1644년까지 사용했던 연호이다. 그러니까 명의 마지막 연호가 숭정이다. '숭정기원후사갑경신년'은 숭정이란 연호를 쓰기 시작한 1628년 이후 네 번째 경신년이라는 뜻이다. 그해가 바로 1860년(철종 11) 경신년이니, 이때 철종외가를 지었다고 보는 것이 옳다.

  누가 지은 것일까?

  그걸 모르겠다. 가능성 있는 인물을 떠올려본다. 염보길, 강화유수, 염종수, 철종. 객관식 문제라고 치고 한 사람을 골라야 한다면, 필자는 강화유수를 찍겠다.

　이때 강화유수는 조충식(1784~?)이었다. 철종 때 대사간과 대사헌을 지낸 뒤 강화유수가 되었다. 1859년(철종 10) 6월 25일부터 1860년(철종 11) 9월 5일까지 유수 직을 수행했다. 그의 후임 유수가, 염종수 사건을 조사한 이명적이다.

　조충식이 철종의 외조부인 염성화 묘역을 정비하고 묘비를 세웠다고 한다. 묘비에 이르기를 1859년(철종 10) 8월에 비를 세웠다고 했으니, 유수로 부임하자마자 이 작업을 진행했을 것이다. 묘역을 정비했다면 철종외가도 조충식 유수가 지었을 가능성이 높다고 생각한다.

철종외가 전경 [출처: 강화군청]

철종외가 염씨 묘역 (강화군 선원면)

철종외가 상량을 1860년(철종 11) 4월에 했으니 조충식이 유수 임기를 끝내는 9월 이전에 완공되었을 것이다. 그런데 조충식 유수가 개인 판단으로 묘역을 정비하고 철종외가를 짓지는 않았을 것 같다. 염종수의 개입과 독려가 있었을 것이라는 생각이 든다.

원래 이 집은 철종의 외조부인 염성화가 살고 철종의 어머니가 자란 집이었을 것이다. 모두 고인이 된 이후의 집 사정은 알 수 없다. 새로 지은 철종외가에 처음부터 염보길이 살았는지도 알 수 없다.

염보길이 처음부터 살았을 수 있다. 하지만, 필자는 염종수가 처형되고 염보길이 염복흥(염성화의 양자)의 양자로 들어가 제사를 받들게 된 뒤부터 이 집에 거주하게 됐을 것으로 여긴다. 시기를 따지면 1861년(철종 12) 12월 이후.

대문채 앞에 섰다. 이 정도 규모의 한옥이면 대문이 솟을대문이기 십상인데 여기는 그냥 담박한 평대문이다. 안으로 들어가 본다. 앞으로 훅 나온 사랑채 누마루가 먼저 눈에 든다. 여름날 저기 앉아 매미 소리 들으며 식혜 한 사발 마시면 좋을 것 같다. 차분하게 비 내리는 날 차분하게 비를 바라보는 것도 괜찮겠다.

원래 누마루 바로 앞이 연못이었다고 한다. 예뻤겠다. 당시 모습을 머릿속에 그려보며 건물 생김새를 돌아본다. 사랑채와 안채가 한 건물로 연결되어 'ㄇ' 형태를 이루고 있다. 안마당 가로질러 내외담을 쌓아서 사랑채와 안채의 영역을 구별했다.

안채 바깥으로 우물과 장독대다. 장독대가 듬직해 보인다. 그런데 텅 비었다. 항아리 하나 없다. 그렇지, 사람이 살지 않으니 항아리가 뭔 소용. 그래도 좀 허전한 느낌. 마루에 살짝 궁둥이를 붙이고 기둥에 몸을 기댄다. 공연히 코를 흠흠 거려 본다. 굴뚝으로 피어오르는 하얀 연기 냄새를 맡고 싶다.

철종외가 옆으로, 그러니까 서쪽으로, 염씨 묘역이 있다. 이왕 여기까지 왔으니 묘역도 둘러보자.

앞에서 바라보아 왼쪽부터 염상임, 염덕석, 염성화 묘다. 가운데가 염덕석 묘이지만, 못자리의 중심은 염성화 묘다. 염성화 묘를 먼저 쓰고 나중에 염상임과 염덕석 묘를 옮겨 모신 것 같다. 염성화는 철종의 외조부, 염덕석은 철종의 외증조부, 염상임은 외고조부이다.

염성화 묘비에는 증(贈) 영의정, 염덕석 묘비에는 증 좌찬성, 염상임 묘비에는 증 이조판서라고 새겼다. 1850년(철종 1)에 철종 생모의 조상에 대한 예우로 추증한 벼슬이다.[343]

전체 묘역 좌우에 망주석 하나씩, 염성화 묘역 중앙에 장명등과 석양 한 쌍. 석물은 이게 다다. 장명등은 비스듬히 기울었고, 석양의 얼굴은 누가 그랬는지 일부를 깼다. 세 비석 모두 '龍潭(용담)'이라는 글자 둘레에 갈아낸 흔적이 또렷하다. 비석 글씨보다는 저 갈린 흔적

염성화 묘비

묘비 갈아낸 흔적
철종 외조부 염성화의 묘비이다. '龍潭(용담)'이라는 글씨 둘레로 둥글게 파인 흔적이 보인다.

에 더 눈길이 간다.

문득, 엉뚱한 생각이 들었다. 앞으로 염성화 묘비의 이름자도 갈아내고 새로 새기게 되지 않을까?

철종 집안, 특히 외가 쪽은 모든 게 너무 불확실하다. 심지어 염성화의 한자 이름도 무엇이 맞는 건지 잘 모르겠다. 저마다 다르다. 여기 비석에는 廉星華다. 별이 빛난다. 《승정원일기》도 묘비와 같이 星華라고 썼다. 그런데 염씨 전자 족보에서 검색하면 聖華다. 실록은 완전히 달라서 成化라고 적었다. 廉成化! 도대체 뭐가 맞는 것인지…

철종왕릉, 예릉

강화도에 특이하게도 고려왕릉이 4기나 있다. 희종왕릉 석릉, 고종왕릉 홍릉, 강종왕비 원덕태후릉 곤릉, 원종왕비 순경태후릉 가릉이다. 왕릉인 것은 확실해 보이나 누구의 무덤인지 알 수 없는 능내리석실분까지 더하면 강화의 고려왕릉은 5기가 된다. 물론 조선왕릉은 1기도 없다.

개성 주변에 있어야 할 고려왕릉이 왜 강화도에 있는가. 강화도가 대몽항쟁기에 고려의 수도였기 때문이다. 1231년에 몽골군의 침략이 시작됐다. 1232년(고종 19)에 고려 조정은 강화도로 천도했고 1270년(원종 11)에 개성으로 환도했다. 그러니까 강화도가 고려의 수도로 기능한 기간은 1232년부터 1270년까지 39년간이었다. 이때 강화에서 세상을 떠난 이들이 강화에 묻혔다.

홍릉은 강화 고려산에 자리 잡았다. 나머지 왕릉들은 진강산에 모셔졌다. 가보면 예외 없이 규모가 작다. 석물들도 변변치 않다. 조선왕릉에 비교하면 초라하기 그지없다.

그런데 달리 생각하면, 지금 고려왕릉이 너무 작은 것이 아니라 조선왕릉 영역이 너무 넓은 것도 같다. 왕과 왕실의 권위를 높이고 신성성을 강조하는 드넓은 왕릉, 죽은 왕의 무덤 조성을 위해 동원됐던 수많은 산 백성, 그들의 고단함….

일찍이 세종은 왕비 소헌왕후릉을 조성할 때 동원된 백성의 고단함을 걱정하며 이렇게 말했다. "1만 5천 명을 사역시켜 죽은 사람이 백여 명이나 되고, 지금은 병든 사람도 또한 적지 않으니, 사망자가 더욱 많아질 것을 어찌 알겠는가."[344] 왕릉 하나 만드는데 1만 5천 명이 동원됐다. 공사 중 사망한 백성이 백여 명이나 됐다.

경기도 고양시에 서오릉이 있고 서삼릉도 있다. 종종 헷갈린다. 철종왕릉 예릉은 서삼릉에 있다. '서삼릉'은 한양 서쪽에 있는 세 개의

철종왕릉 예릉 전경

고종 홍릉 (경기 남양주)

왕릉이라는 뜻이다. 철종왕릉 예릉 외에 효릉(인종)과 희릉(중종왕비 장경왕후릉)이 모셔졌다.

　서삼릉에 이렇게 딱 3기의 왕릉만 있느냐. 그렇지 않다. 영역 안에 여러 기의 원과 묘가 더 있다. 옛 무덤은 묻힌 이의 신분에 따라 능·원·묘, 이렇게 셋으로 나뉜다. 능(陵)은 왕과 왕비의 무덤이다. 원(園)은 세자와 세자빈의 무덤이다. 세손의 무덤도 원이다. 그리고 왕을 낳은 후궁의 무덤도 원이라고 한다. 묘(墓)는 능과 원이 아닌 모든 무덤이다. 세자 무덤만 '원'이고, 왕자들의 무덤은 그냥 '묘'다. 폐위된 왕이나 왕비의 무덤도 '묘'이다.

　서삼릉 영역 안에 소경원(소현세자 무덤), 의령원(사도세자의 아들인 의소세손 무덤), 효창원(문효세자 무덤)이 있고 연산군 어머니인 폐비 윤씨의 회묘를 비롯해 왕실과 후궁의 묘가 여럿 있다. 후궁 묘역에는 문효세자를 낳은 의빈성씨의 묘도 있다. 사극 '이산'(2007~2008)에서 한지민이 연기한 성손연, '옷소매 붉은 끝동'(2021)에서 이세영이 연기한 성덕임, 그녀들이 정조 후궁인 의빈성씨 역할이었다.

그런데 서삼릉의 모든 능·원·묘가 개방된 것이 아니다. 통제구역으로 묶여 가보기 어려운 곳이 많은데 인종왕릉 효릉도 비공개 지역이다. 폐비 윤씨와 의빈성씨의 묘도 비공개지역 안에 있으나 조선왕릉(http://royaltombs.cha.go.kr) 사이트에서 관람 예약을 하면 약속한 일시에 입장이 가능하다.

철종왕릉으로 간다. 가자.

걷는다. 조금 더 걷고 싶은데 그래도 되는데 어느새 예릉 앞이다. 서삼릉은 다른 왕릉 공간보다 규모가 작아 보인다. 원래는 아주 넓었는데 잘라내서 개발하고 그래서 지금의 영역으로 줄었다. 서삼릉 영역 안에서도 공개 지역만 볼 수 있기에 상대적으로 작게 느껴진다.

홍살문이 반듯하다. 키 큰 소나무가 고개 숙여 인사하듯 비스듬하게 자랐다. 전체적으로 군더더기 없이 깔끔한 분위기이다. 홍살문 안으로 들어가면 정면에 정자각이 당당하고 옆으로 비각이 있다.

조선의 정통 방식으로 지은 마지막 왕릉, 철종왕릉 예릉이다. 눈에 익은 정(丁)자 모양 정자각(丁字閣)도 여기가 마지막이다. 고종과 순종 왕릉은 황제의 격식을 따라 조성해서 분위기가 다르다. 정자각도 정(丁)자 모양이 아니라 직사각형 구조의 건물이다. 침전이라고 부른다.

예릉 정자각 내부

　예릉 정자각, 동쪽 계단으로 오른다. 이 안에 음식을 진설하고 제사를 모신다. 저 위 봉분 앞 돌상, 즉 혼유석에는 음식을 놓지 않는다. 일반인의 묘와 왕릉의 다른 점이다. 혼유석(魂遊石)은 말 그대로 혼령이 머무는 자리이다. 이를테면 방석이나 의자 같은 용도라고 할 수 있겠다.

　정자각 안 천장을 살핀다. 우와, 대들보가 장난이 아니다. 빛바랜 단청이 곱다. 아름다운 위엄이 느껴진다. 세상에는 늙어갈수록 더 고운 것들이 분명히 존재한다.

　정자각 서쪽 계단으로 내려온다. 이제 봉분 모신 능침으로 올라간다. 사전에, 정해진 절차를 밟아 촬영 허가를 받았다. 서삼릉 관리소에서 내준 노랑 완장을 차고 허가증까지 목에 걸고서야 봉분으로 갈 수 있었다. 지키는 사람도 없는 것 같은데 그냥 슬쩍 올라가 보면 안 될까? 그랬다간 경을 친다. 사람 눈만 눈이 아니다.

　'철종이시여, 이제야 뵙습니다.'

　능침 공간이 생각보다 아주 넓다. 봉분이 둘, 쌍분이다. 봉분을 두른 난간석에 당대 장인의 기술과 정성이 고스란히 녹아 있다. 앞에서 보아 왼쪽(서쪽) 봉분이 철종의 무덤이고 오른쪽이 철인왕후 무덤이다. 생시에는 동쪽이 서쪽보다 높은 자리이지만, 저세상에서는 서쪽이 높은 자리이다. 그래서 다른 무덤들도 대개 이런 배치를 취한다.

 문무석인, 석마, 망주석, 석양과 석호, 다양한 석물들이 배치됐는데 다른 왕릉과 다른 점은 중앙의 장명등이 앞으로 불쑥 나온 자리에 섰다는 점이다. 봉분과 거리가 꽤나 멀다. 낯설기도 하고 참신하기도 하다.

 그런데 철종왕릉의 석물은 왕릉 조성 때 새로 제작한 것이 아니다. 대부분 다른 왕릉에 썼던 석물을 재사용한 것이다(철인왕후 봉분 앞에 있는 혼유석은 왕릉 조성 때 새로 만들었다).[345]

 아니, 다른 사람도 아니고 왕의 무덤을 조성하는데 석물을 '중고품'으로 썼다고?

철종과 철인왕후릉

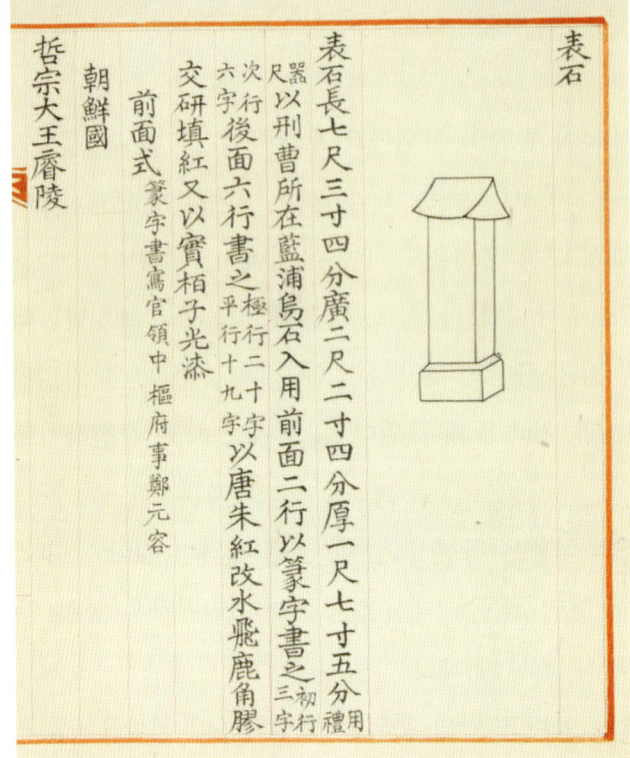

예릉 표석 [출처: 규장각 한국학연구원]
《철종국장도감의궤》의 표석 부분이다. 오른쪽에 비석 모양을 그리고 중앙에 비석의 크기 등을 적었다. 왼쪽에 비석 앞면에 새길 글 '朝鮮國 哲宗大王睿陵'이라고 기록했다.

    그렇다. 경비를 절감하고 백성의 노동 부담도 줄여 주려는 조치였다. 철종왕릉 예릉만 그랬던 것이 아니다. 현종왕릉 숭릉, 순조왕릉 인릉도 석물을 재사용했다. 그러면 예릉의 석물들은 어느 왕릉에서 왔는가.

    중종왕릉 정릉과 순조왕릉 인릉의 석물이다. 그 사연을 보자.

    서삼릉에 있는 왕릉 가운데 하나가 희릉이라고 했다. 예릉에서 가깝다. 희릉은 중종왕비 장경왕후릉이다. 원래 중종왕릉도 왕비 장경왕후릉과 같이 여기 있었는데 중종의 계비 문정왕후가 중종왕릉만 지금의 서울 서초구로 옮겼다. 그때 중종왕릉 정릉의 석물을 그대로 땅에 묻어 두고 갔다. 가까운 자리에 철종왕릉이 들어설 때 그 석물을 캐내 다시 쓴 것이다.

왜 묻고 갔나? 크고 무거운 석물을 옮겨가는 게 보통 일이 아니다. 백성들이 너무 힘들다. 한강도 건너야 한다. 운반 과정에서 파손될 가능성도 높다. 공력이 너무 많이 든다. 차라리 새 왕릉 들어서는 곳 주변에서 새로 석물을 만드는 것이 경제적으로도 유리하다. 그래서.

순조왕릉 인릉은 원래 경기도 파주에 있었는데 1856년(철종 7)에 태종왕릉 헌릉(서울 서초구) 쪽으로 이장했다. 역시 석물을 묻고 갔다. 그래서 멀지 않은 철종왕릉으로 인릉 석물을 옮겨와 배치했다.[346]

왕릉 석물을 만드는 석재는 주로 북한산 주변에서 구했다고 한다. 그런데 순조왕릉 인릉을 파주에 조영할 때는 강화 석모도 돌을 가져다 석물을 만들었다.[347] 그 석물이 철종왕릉으로 왔다. 그 하나가 장명등이라고 한다. 강화에서 온 돌이 철종을 지키고 있는 셈이다.

능침에서 내려와 정자각 옆, 아담한 비각으로 간다. 비각 안 검은색 빗돌에 얼굴이 비친다. 더듬더듬 비문을 읽어본다.

大韓
哲宗章皇帝睿陵
哲仁章皇后祔左

이렇게 새겨져 있다. '대한 / 철종장황제예릉 / 철인장황후부좌' 이다. 부좌(祔左)란, 부인을 남편 왼쪽에 모신다는 뜻이다. 비 뒷면을 보니 융희 2년에 세웠다고 나온다. 융희 2년이면 대한제국기인 1908년이다.

철종 황제? 그렇다. 황제다. 황후다. 1908년에 순종이 진종(추존왕, 영조의 장자)을 진종소황제(眞宗昭皇帝)로 헌종을 헌종성황제(憲宗成皇帝)로 철종을 철종장황제(哲宗章皇帝)로 추존했다.[348] 왕후는 황후로 올렸다. 그래서 비문에 철종장황제, 철인장황후라고 새긴 것이다.

그러면 처음 철종왕릉 조성 때는 비석에 뭐라고 새겼을까. 이렇게 새겼었다. "朝鮮國 哲宗大王睿陵(조선국 철종대왕예릉)"

음, 철종장황제라, 철종장황제! 추존된 최종 호칭으로 부르는 것이 적절할지도 모른다. 그런데 좀 멋쩍다. 혼란스럽기도 하고. 이미 고종이라고 해야 할지 고종 황제라고 해야 할지, 명성왕후로 써야 할지 명성황후라고 해야 할지, 고개를 갸웃했던 적이 있다.

대한제국(大韓帝國)을 어떻게 볼 것인가. 대한제국 때 나라가 망했다. 황제의 나라? 그래서 뭐? 허장성세로 보이기도 한다. 그래서 '황제'가 자랑스럽지는 않다. 대한제국기 나라를 살리려 애쓰던 고종의 노력을 머리로 기억하지만, 가슴에는 와 닿지 않는다.

그러나 분명한 것은, 그때 우리나라가 대한제국이었다는 사실이다. 내 부모가 맘에 안 든다고 내 부모 아니라고 할 수 없다. 내 부모가 부끄러운 짓 했다고 외면할 수 없다. 대한제국, 설사 맘에 차지 않아도 내 나라다. 우리나라다.

능침 향해 철종에게 꾸벅 고개 숙였다. 당신 살던 강화도 사투리로 인사했다. 즉위 초 경연에서 철종이 우렁찬 목소리로 책을 읽었던 것처럼 나도 큰소리로 인사했다. 그래야 저 위까지 들리지.

"안녕히 계시겨. 또 오갔시다."

이크, 주변을 돌아본다. 아무도 없다. 창피할 뻔했다.

홍살문을 나섰다. 타박타박, 땅을 보고 걷는다. 새들이 지저귄다. 고개 들어 이 나무 저 나무 돌아본다. 저 새들은 지금 노래하고 있는 것인가, 울고 있는 것인가.

지금껏 나는, 철종 얼굴에, 철종 일생에, 덧씌워진 얼룩을 조금이나마 씻어낸 걸까, 아니면 또 다른 얼룩을 덧입힌 걸까.

그림자 홀로 꼭 붙어 나를 따라온다.

철종왕릉 가는 길

| 발문

'강화도령'이라 불리는 조선시대 철종 임금의 삶과 그 시대상을 다룬 이경수 선생님의 저서가 출간을 앞두고 있다. 제목이 '철종의 눈물을 씻다'이다. 제목에서 알 수 있듯이 철종은 후대 사람들의 오해로 눈물을 흘리고 있고, 저자는 진실을 밝혀 그 억울한 눈물을 씻어 주고자 한 것이다.

우리에게 철종은 일자무식의 나무꾼이었다는 선입견이 있다. 1960년대 〈강화도령〉이라는 영화와 드라마의 영향이 컸을 것이다. 이런 선입견은 《조선왕조실록》 등 철종과 그 시대에 대한 기본 사료도 제대로 읽지 않은 채 내린 흥미 위주의 평가였다. 《철종의 눈물을 씻다》를 읽으면 대부분 사실이 아니었음을 알 수 있다. 이 책에는 철종에 대한 잘못된 인식을 바로잡으려는 노력이 여기저기에 보인다. 70여 항목의 작은 주제로 나누어 읽기 쉽게 풀어 주었으니 굳이 긴 호흡이 아니어도 편안하게 저자의 뜻을 이해할 수 있다.

저자의 글을 대하면 금방 마음이 훈훈해진다. 그의 문투와 시선이 친근하고 따뜻하기 때문이다. 문장이 물 흐르듯 걸림이 없고 흥미로워 재미있는 이야기를 듣는 듯 즐겁다. 어려운 당시의 사료와 역사 용어를 친절하게 풀어 설명해준다. 독자의 눈높이에 맞춰 설명하는 방법이, 야채와 생선 같은 재료를 다듬고 맛있게 요리해서 식탁에 올려준 음식을 대하는 듯 즐겁게 한다.

그의 책을 읽는 일은 즐겁기만 한 것이 아니라 유익하기도 하다. 역사적 사실에 대한 고증이 철저하고 의미 부여가 공정하여 쉽게 공감하게 하는 힘을 지니고 있다. 그것은 관련 자료와 참고문헌을 망라하고 분석하여, 서술 내용이 든든한 사실에 바탕하고 있기 때문이다. 저자는 사진 촬영에도 남다른 조예가 있다. 책에 실린 사진은 대부분 저자가 직접 답사하고 찍은 사진들이다. 글만큼이나 따뜻한 시선을 사진에서도 볼 수 있다.

저자는 강화도에서 태어나서 자랐고 지금도 살고 있다. 그는 강화도 역사를 통해 한국사의 깊이를 더하는 연구에 애정을 품고 그 활동을 계속하고 있다. 그 결과 지금까지 10권이 넘는 역사책을 열정적으로 집필하였다.

그의 강화도 역사 관련 첫 저서는 20여 년 전에 쓴 ≪역사의 섬 강화도≫(2002)이다. 강화도의 역사와 문화유산을 각 시대별로, 각 지역별로 쉽게 풀어 썼다. 역사책도 이렇게 재미있게 쓸 수 있구나 하는 것을 느낄 수 있는 책이다. 이 책이 저자와 필자를 만나게 해주었다.

역사를 품은 땅, 강화의 역사 스토리텔링인 ≪강화도史≫(2016)는, 스토리텔링이라 말해지지만, 사실은 철저한 사료 비판과 공정한 역사 해석이 담긴 정통 역사서이다. 이 책 한 권을 통독하면 강화도 역사의 개관을 이해하는 데에 부족함이 없을 것이라고 생각한다.

한국사의 각 시대별 주제별로 쓴 저서도 여러 권 있다. 고려시대 강화도읍기를 다룬 ≪왜 몽골제국은 강화도를 치지 못했는가≫(2014), '강화도에서 보는 정묘호란과 병자호란'이란 부제가 붙은 ≪오군 오군 사아이거호≫(2022), 강화의 성곽을 확충하고 돈대를 쌓아 강화의 방어체제를 구축한 조선 숙종에 관한 ≪숙종, 강화를 품다≫(2014), 강화도가 프랑스·미국·일본 등 근대 문명과의 만남의 장소였음을 밝힌 ≪강화도, 근대를 품다≫(2020) 등 다 열거할 수는 없지만 모두가 주옥같은 작품들이다. 그는 강화도 역사에 관한 한 가장 깊은 애정을 가진 학자이자 저술가이고, 친절한 역사 교육자라고 말할 수 있다.

저자가 얼마 전에 이런 말을 했다. "임금은 재위 기간에 이룬 업적도 중요하지만, 진정으로 백성과 나라를 사랑했는가 하는 점도 업적 못지않게 중요한 의미를 지닌다고 생각한다." 시대 상황과 임금으로서 능력의 한계로 인하여 두드러진 업적을 남기지 못한 철종이지만, 그의 백성 사랑하는 마음은 진심이었을 것이라는 것이다.

강화도 역사학자 이경수 선생님의 책을 다시 접하게 되어 설레고 기대되는 바가 크다. 이 책은 철종에 대한 오해와 잘못된 선입견을 바로잡는 데 큰 역할을 할 것이다. 그리고 철종은 이 책에 의해 비로소 바르고 당당한 모습으로 세상 밖으로 나오게 될 것으로 믿는다.

김 형 우
강화역사문화연구소 소장
(전)안양대학교 교수

도움받은 자료

단행본

- 강화군·강화문화원, 《강화금석문집》, 2006.
- 강화문화원, 《강도의 민담과 전설》, 1994.
- 경상대학교 남명학연구소 패림 번역팀, 《역주교감 패림 철종기사1~4》13, 민속원, 2009.
- 규장각한국학연구원 엮음, 《조선국왕의 일생》, 글항아리, 2009.
- 김경준, 《철종 이야기》, 아이올리브, 2006.
- 김기봉, 《역사들이 속삭인다》, 프로네시스, 2009.
- 김동석, 《조선시대 선비의 과거와 시권》, 한국학중앙연구원출판부, 2021.
- 김문식·김정호, 《조선의 왕세자 교육》, 김영사, 2003.
- 김승용, 《우리말 절대지식》, 동아시아, 2016.
- 김지영·김문식·박례경·송지원·심승구·이은주, 《즉위식, 국왕의 탄생》, 돌베개, 2013.
- 김택영 저, 조남권·안외순·강소영 역, 《김택영의 조선시대사 한사경》, 태학사, 2001.
- 다보하시 기요시 지음, 김종학 옮김, 《근대 일선관계의 연구(상)》, 일조각, 2013.
- 박제형 지음, 이익성 옮김, 《근세조선정감》, 탐구당, 2016.
- 박헌용 지음, 이연세 등 역주, 《역주 속수증보강도지(상)》, 인천광역시 역사자료관, 2016.
- 서종태·이상식 역주, 《추안급국안》83, 흐름, 2014.
- 신명호, 《조선 왕실의 의례와 생활, 궁중문화》, 돌베개, 2002.
- 원창애·박현순·송만오·심승구·이남희·정해은, 《조선시대 과거제도 사전》, 한국학중앙연구원출판부, 2015.
- 이건창 지음, 송희준 엮어 옮김, 《조선의 마지막 문장》, 글항아리, 2008.
- 이경수, 《강화도史》, 역사공간, 2016.
- 이경수, 《숙종, 강화를 품다》, 역사공간, 2014.
- 이경수, 《한국사 키워드 배경지식》, 역사공간, 2019.
- 이상곤, 《왕의 한의학》, 사이언스북스, 2014.
- 이상식 역주, 《추안급국안》84, 흐름, 2014.
- 이성무, 《조선시대 당쟁사 2》, 아름다운날, 2007.
- 이승희 역주, 《순원왕후의 한글편지》, 푸른역사, 2010.
- 인천광역시, 《시 지정문화재 (철종외가) 정밀실측조사 보고서》, 2014.
- 정승호·김수진, 《조선의 왕은 어떻게 죽었을까》, 인물과사상사, 2021.
- 정원용 지음, 허경진·전송열 옮김, 《국역 경산일록》4·5·6, 보고사, 2009.
- 지두환, 《철종대왕과 친인척》, 역사문화, 2009.

- 최양업 지음, 정진석 옮김, 《너는 주추 놓고 나는 세우고》, 바오로딸, 2021.
- 한국건축역사학회 편, 《한국건축답사수첩》, 동녘, 2006.
- 황규열, 《교동사》, 교동문화연구원, 1995.
- 황현 저, 김준 번역, 《매천야록》, 교문사, 1994.
- E.J. 오페르트 지음, 신복룡·장우영 역주, 《금단의 나라 조선》, 집문당, 2019.

논문

- 김대홍, 〈경국대전의 중앙통치제도〉, 서울대학교 대학원 석사학위논문, 2004.
- 김명숙, 〈이재 권돈인(1783-1859)의 정치활동과 정치론〉, 《한국사상과 문화》 38, 한국사상문화학회, 2007.
- 김민규, 〈은언군과 전계대원군 묘 석물 연구〉, 《미술사학연구》 295, 한국미술사학회, 2017.
- 김민규, 〈조선왕릉 장명등 연구〉, 동국대학교 대학원 석사학위논문, 2009.
- 김엘리, 〈19세기 초 효전 심노숭의 유배생활 연구〉, 중앙대학교 대학원 박사학위논문, 2016.
- 김영주, 〈신문고 제도에 대한 몇 가지 쟁점〉, 《한국언론정보학보》 39, 한국언론정보학회, 2007.
- 김우철, 〈헌종 10년(1844) 회평군 이원경 모반 사건과 그 의미〉, 《역사와 담론》 55, 호서사학회, 2010.
- 김윤희, 〈이세보의 유배일기 『신도일록』에 수록된 시조의 연작성과 자기 위안〉, 《온지논총》 51, 온지학회, 2017.
- 김정자, 〈헌종 후반~철종 초반 정국과 정치세력의 동향〉, 《조선시대사학보》 96, 조선시대사학회, 2021.
- 김준혁, 〈정조의 훈련대장 구선복 제거와 장용대장 임명〉, 《역사와실학》 44, 역사실학회, 2011.
- 김지영, 〈조선시대 왕실 여성의 출산력〉, 《한국학》 34, 한국학중앙연구원, 2011.
- 김태웅, 〈대학생을 위한 고전시가 교육 사례 연구〉, 《열상고전연구》 57, 열상고전연구회, 2017.
- 나영훈, 〈조선후기 훈련대장의 성격과 정치적 위상〉, 《청계사학》 23, 청계사학회, 2021.
- 박주, 〈조선후기 왕족여인 송 마라아의 천주교와 가족사 재조명〉, 《한국사상과 문화》 84, 한국사상문화학회, 2016.
- 박주, 〈조선 후기 순원왕후와 안동 김문의 관계에 대한 재조명〉, 《한국사상과 문화》 89, 한국사상문화학회, 2017.

- 박혜숙, 〈18~19세기 문헌에 보이는 화폐단위 번역의 문제〉, 《민족문학사연구》38, 민족문학사학회, 2008.
- 송찬섭, 〈1862년 농민항쟁기 암행어사의 파견과 성과〉, 《역사연구》38, 역사학연구소, 2020.
- 송찬섭, 〈1862년 삼정이정청의 구성과 삼정이정책〉, 《한국사학보》49, 고려사학회, 2012.
- 송찬섭, 〈1862년 삼정이정논의와 환곡정책의 전개〉, 《역사연구》23, 역사학연구소, 2012.
- 오바타 미치히로, 〈의정부와 비변사의 공통점과 차이점에 관한 고찰〉, 《논문집》14, 평택대학교, 2000.
- 오수원, 〈조선후기 세도정치 연구〉, 연세대학교 대학원 석사학위논문, 2013.
- 오종록, 〈세도정치〉, 《내일을 여는 역사》7, 2001.
- 유영옥, 〈개화기 국사 교과서의 연기법〉, 《역사와 경계》79, 부산경남사학회, 2011.
- 윤민경, 〈19세기 후반~20세기 초반 '세도정치기' 역사 인식〉, 《한국사학사학보》43, 한국사학사학회, 2021.
- 이상엽·정건섭, 〈조선후기 지방행정에 있어서 이서의 부패유발요인과 반부패개혁론〉, 《한국지방자치학회보》16, 한국지방자치학회, 2004.
- 이승복, 〈'신도일록'에 나타난 유배체험의 서술 양상과 그 의미〉, 《고전문학과 교육》40, 한국고전문학교육학회, 2009.
- 임병준, 〈암행어사제도의 운영성과와 한계〉, 《법사학연구》24, 한국법사학회, 2001.
- 임혜련, 〈19세기 국혼과 안동김문 가세〉, 《한국사학보》57, 고려사학회, 2014.
- 임혜련, 〈철종대 정국과 권력 집중 양상〉, 《한국사학보》49, 고려사학회, 2012.
- 임혜련, 〈철종초 순원왕후 수렴청정기의 관인 임용 양상과 권력관계〉, 《사학연구》110, 한국사학회, 2013.
- 임혜련, 〈한국사에서 섭정·수렴청정권의 변화 양상〉, 《한국사상과 文化》62, 한국사상문화학회, 2012.
- 장유승, 〈조선 왕실의 작명 연구〉, 《동방한문학》86, 동방한문학회, 2021.
- 정구선, 〈조선시대 천망제도 연구〉, 《동아시아고대학》62, 동아시아고대학회, 2021.
- 정은주, 〈'강화부궁전도'의 제작배경과 화풍〉, 《문화역사지리》21, 한국문화역사지리학회, 2009.
- 정인영, 〈정조대 홍국영의 정치 활동〉, 《사학지》57, 단국사학회, 2018.
- 정해득, 〈조선후기 사친추숭과 능원제도〉, 《조선시대사학보》86, 조선시대사학회, 2018.
- 조상제, 〈19세기 후반의 농민항쟁 연구〉, 경희대학교 대학원 박사학위논문, 1991.
- 차문성, 〈조선시대 왕릉 석물의 재료와 제작 방법 변화에 관한 연구〉, 《문화재》52, 국립문화재연구소, 2019.
- 최강현, 〈'긔유긔사' 작자에 대하여〉, 《홍익》21, 홍익대학교, 1980.
- 최성환, 〈정조대 탕평정국의 군신의리 연구〉, 서울대학교 대학원 박사학위논문, 2009.
- 최화인, 〈전근대 사회보장제도 연구:조선시대 환곡제를 중심으로〉, 성균관대학교 대학원

박사학위논문, 2017.
- 한상권, 〈조선후기 세도가문의 축재와 농민항쟁〉, 《한국사시민강좌》 22, 일조각, 1998.
- 홍기은, 〈일성록의 삭제에 대한 연구〉, 성균관대학교 대학원 석사학위논문, 2009.
- 홍인희, 〈철종대 정국과 철종의 왕권 확보 노력〉, 고려대학교 대학원 석사학위논문, 2010.
- 홍재휴, 〈당저등극시연설〉, 《국문학연구》 6, 효성여자대학교 국어국문학연구실, 1982.

신문

- 권용국, '강화도령 철종 계조모 묘 사라지나', 〈김포신문〉, 2010.11.14.
- 김대중, '그는 '강화도령' 인가', 〈조선일보〉, 1992.06.21.
- 김미영, '병 주고 약 주는 "마음" 착해빠져도 암이 많더라', 〈한겨레신문〉, 2010.02.01.
- 김종성, '철종, 그는 왜 자신의 지식을 숨겼을까', 〈오마이뉴스〉, 2020.12.26.
- 김태권, '말문이 막힌 왕의 최후', 〈한겨레신문〉, 2018.01.15.
- 박경호, '강화도 용흥궁', 〈경인일보〉, 2016.05.05.
- 박임근, '동학농민혁명으로 써야 한다', 〈한겨레신문〉, 2022.10.19.
- 박태원, '장편소설 군상(91)', 〈조선일보〉, 1949.09.23.
- 윤효정, '한말비사—최후 육십년 유사(1)', 〈동아일보〉, 1931.02.17.
- 이규태, '상쾌 이야기', 〈조선일보〉, 1992.11.24.
- 이한우, "한국 방송사극의 개척자' 신봉승 작가', 〈조선일보〉, 2010.05.23.
- 장재진, '무지개 뜬 취임식… 윤 대통령, 주먹인사 나누며 국민 속으로', 〈한국일보〉, 2022.05.11.
- 정완재, '화제 모은 강화도련님', 〈조선일보〉, 1963.01.29.
- 황경상, '친일파 후손의 70년', 〈경향신문〉, 2015.01.01.
- 황성혜, '불쌍한 친구…우리가 강화도령 앉힌 셈', 〈조선일보〉, 2008.02.22.
- 〈경향신문〉, '강화도령 과잉 코메디 희화', 1963.06.10.
- 〈경향신문〉, '재로 화한 국보', 1955.01.06.
- 〈중동매신〉, '강화도의 유적 용흥궁 퇴락 개수할 길은 없는가', 1940.05.08.
- 〈중앙일보〉, '강화도서 현지 로케', 1975.10.28.

사진

- 강화군청
- 광명시청
- 국립고궁박물관

- 국립중앙도서관
- 국립중앙박물관
- 국사편찬위원회
- 꿈속의 나비(blog.naver.com/siffler)
- 규장각 한국학연구원
- 마산일보
- 인천시립박물관
- 한국학중앙연구원

인터넷 사이트

- 강화나들길 http://www.nadeulgil.org
- 강화나들길 카페 https://cafe.daum.net/vita-walk
- 국립고궁박물관 https://www.gogung.go.kr
- 국립문화재연구소 문화유산연구지식포털 https://portal.nrich.go.kr
- 국립중앙도서관 https://www.nl.go.kr
- 국립중앙박물관 https://www.museum.go.kr
- 국사편찬위원회 한국사데이터베이스 http://db.history.go.kr
- 국사편찬위원회 한국역사정보통합시스템 http://www.koreanhistory.or.kr
- 규장각 한국학연구원 https://kyu.snu.ac.kr
- 나무위키 https://namu.wiki
- 네이버 뉴스 라이브러리 https://newslibrary.naver.com
- 네이버 사전 https://dict.naver.com
- 다음 사전 https://dic.daum.net
- 문화재청 국가문화유산포털 https://www.heritage.go.kr
- 블로그 https://blog.naver.com/suhbeing
- 위키백과 https://ko.wikipedia.org
- 전통문화포털 https://www.kculture.or.kr
- 조선왕릉 http://royaltombs.cha.go.kr
- 파주염씨 전자 족보 http://www.pajuyom.kr/
- 한국고전번역원 한국고전종합DB http://db.itkc.or.kr
- 한국영상자료원 한국영화데이터베이스 https://www.kmdb.or.kr
- 한국학중앙연구원 한국민족문화대백과사전 http://encykorea.aks.ac.kr
- 한국학중앙연구원 한국역대인물종합정보시스템 http://people.aks.ac.kr

미주

I. 사극과 역사

1 《정조실록》 13년(1789) 9월 26일.
2 정완재, '화제 모은 강화도련님', 〈조선일보〉, 1963.01.29.
3 〈경향신문〉, '강화도령 과잉 코메디 희화', 1963.06.10.
4 김대중, '그는 '강화도령' 인가', 〈조선일보〉, 1992.06.21.
5 황성혜, '불쌍한 친구…우리가 강화도령 앉힌 셈', 〈조선일보〉, 2008.02.22.
6 〈중앙일보〉, '강화도서 현지 로케', 1975.10.28.
7 이한우, "한국 방송사극의 개척자' 신봉승 작가', 〈조선일보〉, 2010.05.23.
8 김태권, '말문이 막힌 왕의 최후', 〈한겨레신문〉, 2018.01.15.
9 박제형 지음, 이익성 옮김, 《근세조선정감》, 탐구당, 2016. 19쪽.
10 김택영 저, 조남권·안외순·강소영 역, 《김택영의 조선시대사 한사경》, 태학사, 2001. 464쪽.
11 다보하시 기요시 지음, 김종학 옮김, 《근대 일선관계의 연구(상)》, 일조각, 2013. 51~52쪽.
12 최양업 지음, 정진석 옮김, 《너는 주추 놓고 나는 세우고》, 바오로딸, 2021. 132~133쪽.
13 《순조실록》 1년(1801) 4월 25일.
14 《비변사등록》 철종 즉위년(1849) 8월 21일.
15 《비변사등록》 철종 즉위년(1849) 8월 21일.
16 《승정원일기》 철종 즉위년(1849) 11월 2일.
17 《비변사등록》 철종 5년(1854) 2월 15일.

II. 그때 그 시대

18 《정조실록》 24년(1800) 2월 26일.
19 《승정원일기》 정조 24년(1800) 2월 26일.
20 박주, 〈조선 후기 순원왕후와 안동 김문의 관계에 대한 재조명〉, 《한국사상과 문화》 89, 한국사상문화학회, 2017.
21 이승희 역주, 《순원왕후의 한글편지》, 푸른역사, 2010. 59쪽.
22 《헌종실록》 14년(1848) 7월 17일.
23 박태원, '장편소설 군상(91)', 〈조선일보〉, 1949.09.23.
24 《순조실록》 8년(1808) 10월 22일.
25 이규태, '상쾌 이야기', 〈조선일보〉, 1992.11.24.
26 《철종실록》 철종대왕 묘지문.
27 이승희 역주, 《순원왕후의 한글편지》, 푸른역사, 2010. 127쪽.
28 이경수, 《한국사 키워드 배경지식》, 역사공간, 2019. 401~403쪽.

29　임혜련, 〈한국사에서 섭정·수렴청정권의 변화 양상〉, 《한국사상과 文化》 62, 한국사상문화학회, 2012, 196쪽.
30　《순조실록》 즉위년(1800) 7월 4일.
31　《고종실록》 즉위년(1863) 12월 8일.
32　《철종실록》 2년(1851) 8월 20일.
33　《성종실록》 3년(1472) 2월 20일.
34　《연산군일기》 즉위년(1494) 12월 29일.

III. 강화, 그 질긴 인연

35　정인영, 〈정조대 홍국영의 정치 활동〉, 《사학지》 57, 단국사학회, 2018, 61쪽.
36　《정조실록》 3년(1779) 9월 26일.
37　《정조실록》 3년(1779) 9월 26일.
38　《정조실록》 10년(1786) 12월 22일.
39　《정조실록》 5년(1781) 4월 5일.
40　《영조실록》 47년(1771) 4월 12일.
41　《순조실록》 15년(1815) 12월 19일.
42　《정조실록》 2년(1778) 12월 22일.
43　《정조실록》 10년(1786) 11월 20일.
44　《정조실록》 10년(1786) 12월 9일.
45　《정조실록》 10년(1786) 12월 8일.
46　나영훈, 〈조선후기 훈련대장의 성격과 정치적 위상〉, 《청계사학》 23, 청계사학회, 2021, 184쪽.
47　《정조실록》 10년(1786) 12월 11일.
48　《정조실록》 10년(1786) 12월 28일.
49　《정조실록》 10년(1786) 12월 28일.
50　《정조실록》 10년(1786) 12월 30일.
51　《정조실록》 13년(1789) 9월 26일.
52　《승정원일기》 정조 13년(1789) 9월 26일.
53　《정조실록》 14년(1790) 11월 18일.
54　《정조실록》 19년(1795) 10월 11일.
55　《정조실록》 22년(1798) 9월 7일.
56　《정조실록》 22년(1798) 9월 8일.
57　《순조실록》 5년(1805) 6월 20일.
58　《순조실록》 5년(1805) 6월 20일.
59　《정조실록》 15년(1791) 2월 18일.
60　《순조실록》 1년(1801) 5월 28일.
61　《순조실록》 21년(1821) 8월 7일.
62　《순조실록》 1년(1801) 3월 16일.
63　《순조실록》 1년(1801) 4월 27일.

64 《순조실록》 1년(1801) 5월 28일.
65 《순조실록》 1년(1801) 5월 29일.
66 최성환, 〈정조대 탕평정국의 군신의리 연구〉, 서울대학교 대학원 박사학위논문, 2009, 83쪽.
67 《영조실록》 47년(1771) 2월 7일.
68 《영조실록》 47년(1771) 7월 12일.
69 《정조실록》 16년(1792) 윤4월 27일.
70 《정조실록》 1년(1777) 8월 11일.
71 《순조실록》 1년(1801) 11월 12일.
72 《승정원일기》 순조 1년(1801) 12월 15일.
73 《승정원일기》 순조 5년(1805) 8월 29일.
74 《승정원일기》 순조 8년(1808) 윤5월 29일.
75 《승정원일기》 순조 13년(1813) 6월 24일.
76 《비변사등록》 순조 12년(1812) 2월 4일.
77 《순조실록》 12년(1812) 2월 21일.
78 《순조실록》 17년(1817) 11월 27일.
79 《순조실록》 17년(1817) 11월 30일.
80 《순조실록》 17년(1817) 11월 30일.
81 《승정원일기》 순조 17년(1817) 12월 20일.
82 《승정원일기》 순조 19년(1819) 6월 5일.
83 권용국, '강화도령 철종 계조모 묘 사라지나', 〈김포신문〉, 2010.11.14.
84 《순조실록》 22년(1822) 2월 28일.
85 정원용 지음, 허경진·전송열 옮김, 《국역 경산일록》3, 보고사, 2009, 239쪽.
86 서종태·이상식 역주, 《추안급국안》 83, 흐름, 2014, 86쪽.
87 서종태·이상식 역주, 《추안급국안》 83, 흐름, 2014, 74쪽.
88 서종태·이상식 역주, 《추안급국안》 83, 흐름, 2014, 240쪽.
89 《철종실록》 부록 명순왕비서하행록
90 정원용 지음, 허경진·전송열 옮김, 《국역 경산일록》3, 보고사, 2009, 240쪽.
91 정원용 지음, 허경진·전송열 옮김, 《국역 경산일록》3, 보고사, 2009, 243쪽.

Ⅳ. 나는 조선의 군주다

92 《헌종실록》 15년(1849) 6월 6일.
93 《철종실록》 즉위년(1849) 7월 12일.
94 정원용 지음, 허경진·전송열 옮김, 《국역 경산일록》4, 보고사, 2009, 116~117쪽.
95 《헌종실록》 15년(1849) 6월 8일.
96 《철종실록》 철종대왕 행장.
97 장유승, 〈조선 왕실의 작명 연구〉, 《동방한문학》 86, 동방한문학회, 2021, 27쪽.
98 《승정원일기》 철종 즉위년(1849) 6월 15일.
99 《승정원일기》 철종 즉위년(1849) 7월 3일.

100 김지영·김문식·박례경·송지원·심승구·이은주, 《즉위식, 국왕의 탄생》, 돌베개, 2013, 109~110쪽.
101 《숙종실록》 39년(1713) 5월 5일.
102 《철종실록》 총서
103 이유원, 《임하필기》 제27권, 춘명일사.
104 〈경향신문〉, '재로 화한 국보', 1955.01.06.
105 정원용 지음, 허경진·전송열 옮김, 《국역 경산일록》4, 보고사, 2009, 118쪽.
106 장재진, '무지개 뜬 취임식… 윤 대통령, 주먹인사 나누며 국민 속으로', 〈한국일보〉, 2022.05.11.
107 《승정원일기》 철종 4년(1853) 4월 13일.
108 정원용 지음, 허경진·전송열 옮김, 《국역 경산일록》4, 보고사, 2009, 115쪽.
109 정원용 지음, 허경진·전송열 옮김, 《국역 경산일록》4, 보고사, 2009, 116쪽.
110 《비변사등록》 숙종 4년(1678) 윤3월 24일.
111 김엘리, 〈19세기 초 효전 심노숭의 유배생활 연구〉, 중앙대학교 대학원 박사학위논문, 2016, 96쪽.
112 박제형 지음, 이익성 옮김, 《근세조선정감》, 탐구당, 2016, 19쪽.
113 윤효정, '한말비사—최후 육십년 유사(1)', 〈동아일보〉, 1931.02.17.
114 정원용 지음, 허경진·전송열 옮김, 《국역 경산일록》4, 보고사, 2009, 300쪽.
115 《철종실록》 4년(1853) 5월 16일.
116 정원용 지음, 허경진·전송열 옮김, 《국역 경산일록》4, 보고사, 2009, 303쪽~305쪽.
117 《철종실록》 4년(1853) 5월 23일.
118 《승정원일기》 철종 5년(1854) 5월 21일.
119 《철종실록》 부록 철종대왕 행장.
120 《철종실록》 즉위년(1849) 6월 9일.
121 《철종실록》 즉위년(1849) 6월 9일.
122 최익현, 《면암집》 제1권 연보.
123 《승정원일기》 철종 6년(1855) 2월 5일.
124 정원용 지음, 허경진·전송열 옮김, 《국역 경산일록》4, 보고사, 2009, 154쪽.
125 《승정원일기》 철종 1년(1850) 5월 12일.
126 《승정원일기》 철종 4년(1853) 4월 13일.
127 《철종실록》 9년(1858) 8월 5일.
128 《철종실록》 10년(1859) 3월 25일.
129 《일성록》 철종 13년(1862) 11월 8일.
130 정원용 지음, 허경진·전송열 옮김, 《국역 경산일록》6, 보고사, 2009, 65쪽.
131 《승정원일기》 철종 1년(1850) 3월 4일.
132 《승정원일기》 철종 1년(1850) 7월 16일.
133 《철종실록》 부록 명순왕비서하행록.
134 경상대학교 남명학연구소 패림 번역팀, 《역주교감 패림 철종기사1~4》13, 민속원, 2009, 393~394쪽.
135 이승희 역주, 《순원왕후의 한글편지》, 푸른역사, 2010, 328쪽.
136 《철종실록》 2년(1851) 윤8월 24일.
137 《고종실록》 즉위년(1863) 12월 27일.

138 《태종실록》 18년(1418) 6월 3일.
139 정원용 지음, 허경진·전송열 옮김, 《국역 경산일록》 5, 보고사, 2009, 219쪽.
140 《승정원일기》 철종 1년(1850) 5월 12일.
141 이유원, 《임하필기》 제26권, 춘명일사.
142 박종인, '뭔 일이 있었건대 산이 저리 타는 것이냐!', 〈조선일보〉, 2018.01.24.
143 《철종실록》 즉위년(1849) 6월 17일.
144 정원용 지음, 허경진·전송열 옮김, 《국역 경산일록》 4, 보고사, 2009, 282쪽.
145 이경수, 《숙종, 강화를 품다》, 역사공간, 2014, 213~216쪽.
146 《철종실록》 8년(1857) 3월 5일.
147 《철종실록》 부록 명순왕비서하행록.
148 이승희 역주, 《순원왕후의 한글편지》, 푸른역사, 2010, 101쪽.
149 《헌종실록》 즉위년(1834) 11월 19일.
150 《철종실록》 8년(1857) 8월 9일.
151 정원용 지음, 허경진·전송열 옮김, 《국역 경산일록》 5, 보고사, 2009, 129~130쪽.
152 《예종실록》 즉위년(1468) 9월 24일.
153 《광해군일기》 즉위년(1608) 2월 8일.
154 《효종실록》 즉위년(1649) 5월 23일.
155 《정조실록》 24년(1800) 7월 6일.

V. 내 사람이여

156 《숙종실록》 26년(1700) 1월 20일.
157 《정조실록》 즉위년(1776) 5월 28일.
158 《철종실록》 2년(1851) 8월 29일.
159 경상대학교 남명학연구소 패림 번역팀, 《역주교감 패림 철종기사 1~4》 13, 민속원, 2009.
160 《철종실록》 12년(1861) 2월 17일.
161 명미당 이건창 지음, 송희준 엮어 옮김, 《조선의 마지막 문장》, 글항아리, 2008, 388쪽.
162 황현 저, 김준 번역, 《매천야록》, 교문사, 1994, 38쪽.
163 황현 저, 김준 번역, 《매천야록》, 교문사, 1994, 37쪽.
164 이시원, 《사기집》 상소.
165 《철종실록》 철종대왕 행장.
166 《철종실록》 9년(1858) 5월 20일.
167 《철종실록》 5년(1854) 12월 20일.
168 《철종실록》 9년(1858) 12월 1일.
169 《중종실록》 23년(1528) 2월 3일.
170 정구선, 〈조선시대 천망제도 연구〉, 《동아시아고대학》 62, 동아시아고대학회, 2021, 288쪽.
171 《숙종실록》 46년(1720) 3월 10일.
172 오수원, 〈조선후기 세도정치 연구〉, 연세대학교 대학원 석사학위논문, 2013, 29쪽.
173 김택영 저, 조남권·안외순·강소영 역, 《김택영의 조선시대사 한사경》, 태학사, 2001, 462쪽.

174 《철종실록》 5년(1854) 8월 26일.
175 김택영 저, 조남권·안외순·강소영 역, 《김택영의 조선시대사 한사경》, 태학사, 2001, 461~462쪽.
176 김택영 저, 조남권·안외순·강소영 역, 《김택영의 조선시대사 한사경》, 태학사, 2001, 461~462쪽.
177 《철종실록》 4년(1853) 6월 30일.
178 《철종실록》 4년(1853) 7월 21일.
179 《철종실록》 5년(1854) 9월 9일.
180 《철종실록》 즉위년(1849) 8월 23일.
181 《철종실록》 즉위년(1849) 7월 14일.
182 《승정원일기》 철종 즉위년(1849) 7월 21일
183 《철종실록》 4년(1853) 10월 10일.
184 《승정원일기》 철종 3년(1852) 8월 13일.
185 《승정원일기》 철종 3년(1852) 2월 4일.
186 《철종실록》 8년(1857) 1월 4일.
187 《현종실록》 1년(1660) 4월 18일.
188 이경수, 《숙종, 강화를 품다》, 역사공간, 2014, 15~20쪽.
189 규장각한국학연구원 엮음, 《조선국왕의 일생》, 글항아리, 2009, 263쪽.
190 김명숙, 〈이재 권돈인(1783-1859)의 정치활동과 정치론〉, 《한국사상과 문화》 38, 한국사상문화학회, 2007, 186~187쪽.
191 《철종실록》 2년(1851) 6월 18일.
192 《순조실록》 30년(1830) 11월 12일.
193 《철종실록》 2년(1851) 6월 25일.
194 《승정원일기》 철종 2년(1851) 10월 12일.
195 《승정원일기》 철종 3년(1852) 8월 13일.
196 《승정원일기》 철종 5년(1854) 1월 2일.
197 《승정원일기》 철종 10년(1859) 1월 6일.
198 《철종실록》 10년(1859) 4월 15일.
199 《철종실록》 10년(1859) 4월 18일.

Ⅵ. 노심초사

200 《철종실록》 2년(1851) 7월 12일.
201 《철종실록》 3년(1852) 7월 10일.
202 홍인희, 〈철종대 정국과 철종의 왕권 확보 노력〉, 고려대학교 대학원 석사학위논문, 2010, 38~39쪽.
203 《승정원일기》 철종 11년(1860) 11월 2일.
204 《승정원일기》 철종 11년(1860) 11월 3일.
205 《승정원일기》 철종 11년(1860) 11월 3일.
206 이상식 역주, 《추안급국안》 84, 흐름, 2014, 409쪽.
207 이상식 역주, 《추안급국안》 84, 흐름, 2014, 371쪽.
208 이상식 역주, 《추안급국안》 84, 흐름, 2014, 437쪽.

209 《철종실록》 13년(1862) 7월 25일.
210 이상식 역주, 《추안급국안》 84, 흐름, 2014, 452쪽.
211 이상식 역주, 《추안급국안》 84, 흐름, 2014, 462쪽.
212 《철종실록》 13년(1862) 8월 11일.
213 이상식 역주, 《추안급국안》 84, 흐름, 2014, 495쪽.
214 김명숙, 〈이재 권돈인(1783~1859)의 정치활동과 정치론〉, 《한국사상과 문화》 38, 한국사상문화학회, 2007, 184쪽.
215 윤효정, '한말비사-최후 육십년 유사(1)', 〈동아일보〉, 1931.02.17.
216 박제형 지음, 이익성 옮김, 《근세조선정감》, 탐구당, 2016, 18쪽.
217 《승정원일기》 헌종 15년(1849) 6월 6일.
218 윤민경, 〈19세기 후반~20세기 초반 '세도정치기' 역사 인식〉, 《한국사학사학보》 43, 한국사학사학회, 2021, 220~223쪽.
219 《순조실록》 19년(1819) 2월 29일.
220 《비변사등록》 철종 4년(1853) 6월 28일.
221 《승정원일기》 철종 2년(1851) 7월 23일.
222 이승희 역주, 《순원왕후의 한글편지》, 푸른역사, 2010, 401쪽.
223 신석우, 《해장집》 염종수사.
224 《승정원일기》 철종 9년(1858) 7월 29일.
225 《승정원일기》 철종 12년(1861) 9월 30일.
226 《철종실록》 12년(1861) 10월 25일.
227 《승정원일기》 철종 12년(1861) 10월 25일.
228 《영조실록》 47년(1771) 11월 23일.
229 《승정원일기》 철종 12년(1861) 10월 26일.
230 신석우, 《해장집》 염종수사.
231 《철종실록》 12년(1861) 11월 6일.
232 《철종실록》 12년(1861) 11월 6일.
233 이상식 역주, 《추안급국안》 84, 흐름, 2014, 320쪽.
234 《승정원일기》 철종 12년(1861) 12월 1일.
235 《비변사등록》 철종 10년(1859) 8월 13일.
236 《비변사등록》 철종 11년(1860) 8월 8일.
237 《비변사등록》 철종 12년(1861) 12월 10일.
238 《각사등록》, 황해병영관첩등록, 철종 12년(1861) 11월 7일.
239 김민규, 〈은언군과 전계대원군 묘 석물 연구〉, 《미술사학연구》 295, 한국미술사학회, 2017, 38쪽.
240 강화군·강화문화원, 《강화금석문집》, 2006, 261쪽.
241 《일성록》 철종 12년(1861) 10월 25일.
242 《태종실록》 2년(1402) 1월 26일.
243 《승정원일기》 철종 13년(1862) 1월 4일.
244 《승정원일기》 철종 13년(1862) 1월 10일.
245 《승정원일기》 철종 12년(1861) 12월 7일.

246 《승정원일기》 철종 12년(1861) 12월 6일.
247 《일성록》 철종 12년(1861) 11월 6일.
248 《예종실록》 1년(1469) 7월 7일.
249 《예종실록》 1년(1469) 7월 12일.
250 유영옥, 〈개화기 국사 교과서의 연기법〉, 《역사와 경계》 79, 부산경남사학회, 2011, 134쪽.

Ⅶ. 백성을 살려야 한다

251 박임근, '동학농민혁명으로 써야 한다', 〈한겨레신문〉, 2022.10.19.
252 최화인, 〈전근대 사회보장제도 연구:조선시대 환곡제를 중심으로〉, 성균관대학교 대학원 박사학위논문, 2017, 62쪽.
253 《국조보감》 철종 2년(1851) 윤8월.
254 이상엽·정건섭, 〈조선후기 지방행정에 있어서 이서의 부패유발요인과 반부패개혁론〉, 《한국지방자치학회보》 16, 한국지방자치학회, 2004, 303쪽.
255 이경수, 《한국사 키워드 배경지식》, 역사공간, 2019, 442~444쪽.
256 《승정원일기》 철종 13년(1862) 5월 22일.
257 《비변사등록》 철종 13년(1862) 5월 25일.
258 《비변사등록》 철종 13년(1862) 5월 26일.
259 《비변사등록》 철종 13년(1862) 5월 27일.
260 송찬섭, 〈1862년 삼정이정청의 구성과 삼정이정책〉, 《한국사학보》 49, 고려사학회, 2012, 58~59쪽.
261 송찬섭, 〈1862년 삼정이정청의 구성과 삼정이정책〉, 《한국사학보》 49, 고려사학회, 2012, 75쪽.
262 《비변사등록》 철종 13년(1862) 윤8월 19일.
263 《용호한록(龍湖閒錄)》, 〈경서소록제조(京書所錄諸條)〉(국사편찬위원회, 한국사료총서25)
264 《승정원일기》 철종 5년(1854) 2월 15일.
265 《철종실록》 13년(1862) 5월 26일.
266 정원용 지음, 허경진·전송열 옮김, 《국역 경산일록》 4, 보고사, 2009, 129.
267 《철종실록》 3년(1852) 10월 22일.
268 《철종실록》 4년(1853) 1월 6일.
269 《철종실록》 4년(1853) 1월 16일.
270 《철종실록》 5년(1854) 1월 25일.
271 《철종실록》 8년(1857) 7월 22일.
272 경상대학교 남명학연구소 패림 번역팀, 《역주교감 패림 철종기사 1~4》 13, 민속원, 2009, 287~288쪽.
273 《철종실록》 8년(1857) 10월 28일.
274 《순조실록》 15년(1815) 3월 3일.
275 《철종실록》 10년(1859) 1월 20일.
276 《철종실록》 10년(1859) 3월 5일.
277 《철종실록》 11년(1860) 8월 29일.
278 《철종실록》 12년(1861) 1월 29일.

279 《철종실록》 12년(1861) 6월 10일.
280 《철종실록》 13년(1862) 3월 10일.
281 《철종실록》 13년(1862) 4월 25일.
282 《철종실록》 13년(1862) 8월 13일.
283 장유, 《계곡집》 권17, 〈논군적의상차(論軍籍擬上箚)〉.
284 《철종실록》 13년(1862) 4월 29일.
285 송찬섭, 〈1862년 농민항쟁기 암행어사의 파견과 성과〉, 《역사연구》 38, 역사학연구소, 2020, 124~125쪽.
286 송찬섭, 〈1862년 농민항쟁기 암행어사의 파견과 성과〉, 《역사연구》 38, 역사학연구소, 2020, 128쪽.
287 《철종실록》 13년(1862) 6월 2일.
288 《철종실록》 13년(1862) 6월 26일.
289 《철종실록》 13년(1862) 7월 10일.
290 《세조실록》 8년(1462) 4월 17일.
291 《정조실록》 14년(1790) 2월 13일.
292 《순조실록》 33년(1833) 10월 9일.
293 《승정원일기》 철종 7년(1856) 9월 21일.
294 《비변사등록》 철종 10년(1859) 9월 20일.
295 《비변사등록》 철종 13년(1862) 2월 29일.
296 《비변사등록》 철종 13년(1862) 4월 5일.
297 《철종실록》 13년(1862) 4월 15일.
298 《고종실록》 2년(1865) 1월 1일.
299 《고종실록》 1년(1864) 1월 10일.
300 《고종실록》 1년(1864) 3월 9일.
301 《고종실록》 2년(1865) 1월 2일.
302 《승정원일기》 고종 1년(1864) 7월 11일.
303 《비변사등록》 철종 13년(1862) 5월 29일.
304 김지영, 〈조선시대 왕실 여성의 출산력〉, 《한국학》 34, 한국학중앙연구원, 2011, 267쪽.
305 《철종실록》 5년(1854) 7월 10일.
306 이상곤, 《왕의 한의학》, 사이언스북스, 2014, 387쪽.
307 《철종실록》 9년(1858) 10월 17일.
308 이유원, 《임하필기》 제25권, 춘명일사.
309 《고종실록》 8년(1871) 12월 22일.
310 《고종실록》 9년(1872) 2월 22일.
311 《승정원일기》 고종 9년(1872) 2월 10일.
312 정원용 지음, 허경진·전송열 옮김, 《국역 경산일록》 6, 보고사, 2009, 57쪽.
313 《고종실록》 즉위년(1863) 12월 15일.
314 규장각한국학연구원 엮음, 《조선국왕의 일생》, 글항아리, 2009, 256쪽.
315 《고종실록》 3년(1866) 2월 6일.

316 E.J. 오페르트 지음, 신복룡·장우영 역주, 《금단의 나라 조선》, 집문당, 2019, 65쪽.
317 정원용 지음, 허경진·전송열 옮김, 《국역 경산일록》5, 보고사, 2009, 237쪽.
318 《고종실록》 15년(1878) 9월 18일.
319 황현 저, 김준 번역, 《매천야록》, 교문사, 1994, 93쪽.
320 《고종실록》 15년(1878) 9월 18일.
321 《고종실록》 14년(1877) 1월 1일.
322 《고종실록》 3년(1866) 4월 4일.
323 《고종실록》 17년(1880) 7월 6일.

Ⅷ. 철종의 자취

324 정원용 지음, 허경진·전송열 옮김, 《국역 경산일록》4, 보고사, 2009, 300~301쪽.
325 박헌용 지음, 이연세 등 역주, 《역주 속수증보강도지(상)》, 인천광역시 역사자료관, 2016, 201쪽.
326 《고종실록》 5년(1868) 3월 20일.
327 황경상, '친일파 후손의 70년', 〈경향신문〉, 2015.01.01.
328 박경호, '강화도 용흥궁', 〈경인일보〉, 2016.05.05.
329 〈중동매신〉, '강화도의 유적 용흥궁 퇴락 개수할 길은 없는가', 1940.05.08.
330 강화군·강화문화원, 《강화금석문집》, 2006, 41쪽.
331 김용택, 《울고 들어온 너에게》, 창비, 2016.
332 고두현, 《마흔에 읽는 시》, 추수밭, 2013.
333 〈경향신문〉, 경향시선, 2010.10.28.
334 〈동아일보〉, 현대시 100년, 2008.09.26.
335 〈조선일보〉, 가슴으로 읽는 시, 2014.2.11.
336 박규리, 《이 환장할 봄날에》, 창비, 2004.
337 신달자, 《오래 말하는 사이》, 민음사, 2004.
338 이상국, 《어느 농사꾼의 별에서》, 창비, 2005.
339 정호승, 《너를 사랑해서 미안하다》, 랜덤하우스중앙, 2005.
340 함민복, 《말랑말랑한 힘》, 문학세계사, 2005.
341 김태웅, 〈대학생을 위한 고전시가 교육 사례 연구〉, 《열상고전연구》57, 열상고전연구회, 2017, 339쪽.
342 인천광역시, 《시 지정문화재 (철종외가) 정밀실측조사 보고서》, 2014, 75쪽.
343 《승정원일기》 철종 1년(1850) 4월 19일.
344 《세종실록》 28년(1446) 7월 5일.
345 차문성, 〈조선시대 왕릉 석물의 재료와 제작 방법 변화에 관한 연구〉, 《문화재》52, 국립문화재연구소, 2019, 64쪽.
346 김민규, 〈조선왕릉 장명등 연구〉, 동국대학교 대학원 석사학위논문, 2009, 57쪽.
347 김민규, 〈조선왕릉 장명등 연구〉, 동국대학교 대학원 석사학위논문, 2009, 9쪽.
348 《순종실록》 1년(1908) 7월 30일.

철종의 눈물을 씻다
강화도령 이원범의 삶과 그의 시대사

초판 2쇄 인쇄   2024년 10월 30일
초판 1쇄 인쇄   2023년 5월 3일
초판 1쇄 발행   2023년 5월 15일

지은이   이 경 수
펴낸이   김 종 일

펴낸곳   디자인센터 산
            인천광역시 강화군 강화읍 신문길44번길 5, 1층
전화   032-424-0773
E-mail   plansan0775@naver.com

ISBN   979-11-979266-4-8   03090

* 책 값은 뒤표지에 있습니다. 잘못된 책은 바꾸어 드립니다.
* 이책은 저작권법에 의해 보호를 받는 저작물이므로 무단 전재와 무단복제를 금합니다.
   이 책 내용의 전부 또는 일부를 이용하려면 반드시 저작권자의 동의를 받아야 합니다.